新闻传播系列

新媒体广告

（修订版）

高丽华　赵妍妍　王国胜　编著

清华大学出版社
北京交通大学出版社
·北京·

内 容 简 介

本书从研究人类传播媒体的产生与发展脉络入手,对传播媒体形态演变的规律进行了解读,新媒体的出现将会对媒体形态和媒体行业产生的影响进行了研究与预测,对新媒体广告的定义和特点进行了专业的界定和分析。本书对目前发展较为成熟的网络广告及其运作过程进行了较为详细的讲解和分析,包括网络广告的调查与策划、网络广告的创意与制作,以及网络广告的发布与预算等运作流程,并分别对搜索引擎广告、即时通讯广告、博客广告、SNS游戏广告等网络广告的新形式进行了介绍。对手机广告、移动电视广告这两种重要的新媒体广告也作了详细的阐释。最后,针对新媒体广告在发展中暴露出的突出问题,提出了相应的引导、规范和监督措施。

本书内容新颖,结构清晰,通过阅读本书,读者可以清晰地了解和认识新媒体广告的产生过程、表现形态和传播特征,并有助于进一步把握未来广告行业的发展趋势。

本书可作为广告学专业学生的用书,也可以作为广告从业人员业务进修的参考用书。

本书封面贴有清华大学出版社防伪标签,无标签者不得销售。
版权所有,侵权必究。侵权举报电话:010-62782989 13501256678 13801310933

图书在版编目(CIP)数据

新媒体广告/高丽华,赵妍妍,王国胜编著. —北京:清华大学出版社;北京交通大学出版社,2011.6(2020.1重印)
 ISBN 978-7-5121-0554-6

Ⅰ.①新… Ⅱ.①高… ②赵… ③王… Ⅲ.①传播媒介-广告 Ⅳ.①F713.8

中国版本图书馆CIP数据核字(2011)第087587号

新媒体广告
XINMEITI GUANGGAO

责任编辑:韩素华　　特邀编辑:朱红梅	
出版发行:清华大学出版社　　邮编:100084　　电话:010-62776969	
北京交通大学出版社　邮编:100044　　电话:010-51686414	
印 刷 者:北京时代华都印刷有限公司	
经　　销:全国新华书店	
开　　本:185×230　　印张:15.25　　字数:338千字	
版　　次:2011年6月第1版　　2020年1月第5次印刷	
书　　号:ISBN 978-7-5121-0554-6/F・820	
印　　数:8 001～10 000册　　定价:38.00元	

本书如有质量问题,请向北京交通大学出版社质监组反映。对您的意见和批评,我们表示欢迎和感谢。
投诉电话:010-51686043,51686008;传真:010-62225406;E-mail:press@bjtu.edu.cn。

前　言

20世纪末期以来，基于互联网、无线网络、数字广播电视等技术而形成的网络媒体、手机媒体、移动电视媒体、数字电视媒体等成为新媒体的代表，其业务发展突飞猛进。

据调查，近年来新媒体的受众开始逐渐增多，传统媒体的观众被分流。由于新媒体发布信息要比电视、报纸等传统媒体发布信息速度快、成本低，多数年轻人在资讯获得方面越来越依赖于互联网、手机等新媒体，传统媒体受众正呈现出明显的老龄化趋势，并将最终导致越来越多的受众对媒体偏好发生改变。

毋庸置疑，媒体环境的改变将会对广告活动产生深刻的影响。近年来，电视、报纸、杂志、广播等传统媒体广告收入增长放缓，甚至部分出现负增长，互联网、手机、楼宇电视等新媒体广告收入则一路高扬，新媒体的出现，已经改变了广告主传统的传播概念。

随着消费市场竞争的加剧，广告主越来越重视针对消费者的有效沟通方式和广告到达率，而新媒体广告正是在这方面满足了广告主的要求。网络广告和手机广告的传播优势就在于能够与目标受众开展深度的沟通和互动，并做到一对一地营销，让广告主精准地定位所要传达的目标受众，使广告效果最大化。广告主也可以利用公交车电视、楼宇电视、卖场电视等这些处于相对封闭的空间里的媒体广告形式，让受众在无可选择的情况下，实现广告信息的高到达率。选择精确有效的广告传播方式，能够充分降低广告主传播的成本，对于广告主而言，新媒体广告无疑具有非常大的吸引力。

正是基于对新媒体和新媒体广告飞速发展的关注，编者借鉴了国内外众多新媒体和新媒体广告方面的研究成果，再结合最新的实际情况，并通过对自身在教学和科研方面成果与经验的系统梳理，编写了本书。本书共分10章，主要内容包括：阐释媒体形态演变规律与新媒体的特征，介绍网络广告的特征与形式、网络广告调查与策划、网络广告创意与制作、网络广告的发布与预算、网络广告新形式，以及手机广告和移动电视广告的产生过程和传播特征。最后，探讨了新媒体广告的监管问题。

本书由北京工商大学高丽华、赵妍妍及世通华纳传媒公司王国胜共同完成。周刚、宁晶与夏益冰参与本书资料收集、整理和校对工作。本书参阅了很多专家学者、业界研究机构的研究成果，在这里一并感谢。本书的顺利完成，同时也得到了作者家人的支持和鼓励，他们的关怀是编者不断前行的动力。

鉴于新媒体广告发展日新月异，加之编者知识水平和实践经验有限，书中疏漏和不当之处，敬请各位专家读者不吝指正。

编者
2011年3月于北京

目　　录

第一章　新媒体概述 (1)
第一节　传播发展与媒体形态变化 (1)
第二节　新媒体的概念与特点 (13)
第三节　广告的发展与新媒体广告的界定 (21)

第二章　网络广告概述 (31)
第一节　网络广告的含义 (31)
第二节　网络广告的特点与分类 (36)
第三节　网络广告的产生、发展与未来 (54)

第三章　网络广告调查与策划 (59)
第一节　网络广告调查 (59)
第二节　网络广告策划 (67)

第四章　网络广告创作 (89)
第一节　网络广告创意 (89)
第二节　网络广告的文案写作 (105)
第三节　网络广告设计 (114)

第五章　网络广告发布 (119)
第一节　网络广告的发布途径 (119)
第二节　网络广告媒体的评估与选择 (128)

第六章　网络广告预算 (133)
第一节　网络广告的计费模式 (133)
第二节　网络广告预算 (138)

第七章　网络广告新形式 (145)
第一节　搜索引擎与搜索引擎广告 (145)
第二节　即时通讯与即时通讯广告 (152)

I

第三节　博客广告与微博广告 …………………………………… (163)
　　第四节　SNS 及 SNS 游戏广告 …………………………………… (171)

第八章　手机广告 ……………………………………………………… (180)
　　第一节　手机媒体的产生与发展 ………………………………… (180)
　　第二节　手机广告主要形式与技术支持 ………………………… (189)
　　第三节　手机广告的传播特点 …………………………………… (198)

第九章　移动电视媒体广告 …………………………………………… (206)
　　第一节　移动电视媒体的产生与特点 …………………………… (206)
　　第二节　移动电视媒体经营模式 ………………………………… (214)
　　第三节　移动电视广告的未来发展趋势 ………………………… (217)

第十章　新媒体广告监管 ……………………………………………… (222)
　　第一节　新媒体广告监管的特征与难点 ………………………… (222)
　　第二节　互联网广告的监管问题 ………………………………… (226)
　　第三节　短信广告的监管问题 …………………………………… (230)

参考文献 ………………………………………………………………… (236)

第一章

新媒体概述

第一节 传播发展与媒体形态变化

一、传播发展史

纵观人类传播发展史，传播媒体演变进程呈现出不断加速发展的态势，媒体类型和表现形式日益丰富。根据媒体产生和发展的历史脉络，人类的传播活动可以划分为口语传播时代、文字传播时代、印刷传播时代、电子传播时代和数字传播时代5个阶段，这个历史进程并不是一个简单的依次取代的过程，而是一个依次叠加的过程。

（一）传播时代演变

在这个进程中，从语言到文字的传播经历了几万年的时间，从文字到印刷经历了几千年的时间，从印刷到电子传播经历了几百年的时间，而从电子传播（广播产生于20世纪20年代）到数字传播仅仅经历了几十年的时间。

1. 口语传播时代

口语传播时代是人类传播活动发展的第一个阶段，这一阶段大致从原始社会开始到文字出现，经历了一个漫长的时期。口语的产生极大地加速了人类社会化的发展进程，成为迄今为止人类最重要、最灵活的传播手段。但是，仅仅作为运用声音手段进行传播的口语仍然有其不可避免的局限性。例如，口语传播受到传授双方距离和时间的限制，并且口语信息稍纵即逝，不利于记忆、存储和积累。

2. 文字传播时代

文字传播时代是人类传播史的第二个阶段。从最初的结绳符号、原始图画发展到抽象的图画文字再到真正的文字，人类逐渐掌握了完整的符号系统，给人类传播手段带来里程碑式的进步，解决了口语传播时代信息受时间、空间限制和不易保存、不易流传的弊病，使人类进入了更高的文明发展阶段。文字的出现加速了人类的发展历程，极大地推进了各地区经济、政治、文化之间的传播，对中华文明的形成和发展起到了重要作用。

3. 印刷传播时代

文字出现后，人类历史经历了一个长时间的手抄传播阶段，手抄传播采用人工操作，效率低、难度大、成本高，给信息传播造成极大的不便，基于纸张和印刷术的印刷传播时代的到来改变了这种情况。从此，人类掌握了复制信息技术，随着科技的进步，书籍、报纸、杂志等印刷媒体如雨后春笋般成长壮大，人类传播得到了前所未有的迅猛发展。

4. 电子传播时代

电子传播时代使人类首次进入了全新的信息社会。在印刷传播时代实现了信息的大量生产和复制之后，电子传播时代将信息的远距离快速传输变为现实。1858年，横跨大西洋海底电缆竣工时，接近于实时传播速度的远距离信息传递成为现实。电子传播媒体分为有线和无线两种系统。有线系统以1837年美国人塞缪尔·莫尔斯发明世界上第一台有线电报机和19世纪70年代贝尔等人成功研制电话系统为标志。目前，有线系统已经扩充到有线广播、有线电视和计算机通信网络；无线系统以1895年意大利人马克尼的无线电通信试验获得成功为开端，逐渐延伸出无线电报、无线广播、无线电话、无线电视等。

电子媒体不仅使人类传播在速度、空间和时间上获得突破性变革，而且实现了人类不同感官和器官向外部世界的延伸，形成了人体外化的声音和影响信息系统。例如，摄影、录音设备的发明，实现了声音和影像信息的复制、传播和永久保存。另外，电子技术的迅速发展直接推动了微型计算机的诞生，使得人类的传播时代进入了崭新的篇章。

5. 数字传播时代

目前，全球的大多数国家已经进入数字传播时代，数字技术和通信技术的迅速发展给人类传播带来史无前例的跳跃式进步。基于数字技术的信息革命目前正在引发一场全球范围内的传播革命，各种数字设备层出不穷，通信网络日益完善，而互联网和通信技术的结合应用更为传播方式、传播内容和传播特征带来根本意义上的改变，使得大众传播逐渐向分众传播转变，更具互动性、精确性、便捷性等优势的新媒体的诞生正式宣告了崭新传播时代的到来。

传播时代演变不断加速的动力来源于科学技术的迅速进步，新的传播技术、印刷技术的发明为报刊、出版行业的出现奠定了基础。无线电技术的发明催生了广播媒体，电视技术的出现使电视诞生，计算机通信、网络技术为网络媒体的产生提供了技术保障。新媒体的诞生带来的不仅是一种传播方式的变革，更重要的是深刻影响了现代人的生活，给人们生活方式带来全新的变革。

（二）从传播 1.0 到传播 3.0

如果把人际传播时代称为传播 1.0 时代，印刷术发明后到互联网出现之间的大众传播时代称为 2.0 时代，那么以网络媒体和手机媒体为代表进行的"点对点"的现代人际传播则标志着人类传播 3.0 时代的到来。

传播 2.0 时代即大众传播时代，指专业化的媒体组织运用先进的传播技术和产业化手段，以社会上一般大众为对象而进行的大规模的信息生产和传播活动。其传播手段是 20 世纪以来在人们生活中占据重要地位的报纸、电视、广播等大众媒体，大众媒体组织是利用先进的传播技术对信息进行生产、加工、发布，并向社会大多数人进行传播的专业组织。按照大众媒体产生的时间顺序，通常认为以深度报道为特征的报纸是第一媒体，以即时性为特征的广播是第二媒体，以现场感为特征的电视是第三媒体，报纸、广播、电视成为公认的三大媒体，主要有以下原因。

第一，大众传播功能。大众传播主要具有监测环境、社会协调、文化传承、提供娱乐四大功能。大众传播具有以下特点：大众传播中的传播者是从事信息生产和传播的专业化媒体组织；大众传播是运用先进的传播技术和产业化手段大量生产、复制和传播信息的活动；大众传播的对象是社会上一般大众，用传播学术语来说即"受众"；大众媒体与网络媒体的融合，促使大众传播从单向传播转向双向互动性传播。

第二，受众规模庞大。从传播学角度看，受众人数达到人口总数 1/4 以上的媒体称为大众媒体。纵观媒体成为大众媒体的历史进程，报纸成为大众媒体用了 200 余年，广播用了 38 年，电视用了 13 年，互联网仅用了 5 年的时间。可见，随着科学技术的快速发展，普通媒体成为大众媒体所用的时间越来越短。

第三，独特的传播优势。任何一种新兴媒体要成为大众媒体或者替代现有媒体的某些功能和作用，它必须具有现有媒体不具备的独特优势。报纸的资讯解读、深度报道，广播的即时收听、不受时空限制的听觉体验，电视的视听、声画结合等都具备其自身的优势，是其他媒体不能完全替代的。

传播 3.0 时代的媒体代表是网络媒体和手机媒体。20 世纪末期以后发展起来的、以互动性为特征的网络媒体，无论是网络媒体受众的数量，还是网络广告在传媒产业所占的比重，都使其成为当之无愧的第四媒体，以中国网络媒体发展为例，截至 2009 年年底，中国网民规模达 3.84 亿人，较 2008 年增长 28.9%，超过了美国和日本网民的总和。（2010 年中国网民数量达 4.57 亿。）2005 年，中国网络广告营业额首次超过杂志，在媒体广告市场居于"第四媒体"的地位。从传播形式来看，互联网改变了受众面对传统媒体时被动的收听局面，互动性成为其最具特点的优势。建立在互联网和通信技术之上的手机媒体，将文字、图片、音乐、视频等多种媒体融合在计算机或手机终端上，成为独特的具有大众传播功能的人际传播交流工具。

传播 3.0 时代继承了传播 1.0 时代互动性强、平民性的特点及传播 2.0 时代速度快、信息海量的优势，从根本上引起了传播方式和传播内容的变革。

二、媒体

（一）媒体的理解

1. 媒介

"媒介"一词最早出现于《旧唐书·张行成传》"观古今用人，必因媒介"，指介绍或导致双方发生联系的人或事物。"媒"在先秦时期指媒人，后来引申为致使事物发生的原因；"介"指使两事物之间产生联系的具体工具或物体。

从广义上讲，凡是能使人与人、人与事物、事物与事物之间产生联系或发生关系的物质都称之为媒介，广义上的媒介在人类的日常生活和传播学著作中经常使用。例如，在生活中人们经常说蚊虫是疾病传播的媒介；加拿大传播学者马歇尔·麦克卢汉（Marsh Mcluhan，1964）认为，媒介即万物，万物皆媒介，媒介是人体的延伸，不同的传播媒介是人的不同感官和器官向外部世界的"延伸"，例如，石斧是手的延伸，车轮是脚的延伸，书籍是眼的延伸，广播是耳的延伸等。

从狭义上讲，媒介在不同的领域具有不同的解释。例如，从符号学方面定义，媒介是承载并传递信息的物理形式，包括物质实体（如文字、印刷品、记号等有象征意义的物体、信息传播器）和物理能（如声波、光、电波等）。

从传播方面定义："媒介是一个简单方便的术语，通常用来指所有面向广大传播对象的信息传播形式，包括电影、电视、广播、报刊、通俗文学和音乐。"从渠道、信息方面定义："媒介就是渠道——即口语单词、印刷单词等。但是，这一术语常常用来指渠道和信源两者，有时甚至包括信息。""当我们说到'大众媒介'的时候，我们往往不仅指大众传播的渠道，而且指这些渠道的内容，甚至还指那些为之工作的人们的行为。"（戴维·桑德曼等，1991）。我国传播学者明安香教授认为，传播学中的媒介是指"直接为接收者传递或运载特定符号的物质实体（即载体）"。

2. 载体

载体指承载信息或者符号的具体物质承担者。载体是聚合、承载、传播内容的媒体形式，包括渠道、外观、形式、功能特性及技术性能等①。语言文字、图像、具体符号、信号等是第一载体；存储第一载体的物质实体，包括纸张、磁带、胶片、计算机存储器等是第二载体；而人（主要是人脑）被看作是新闻和信息的特殊载体，即活载体。

3. 媒体

媒体（medium）一词大约出现于19世纪末20世纪初，包含两重含义：一是指存储信息的实体，如磁盘、光盘、磁带等，中文常译为"媒质"；二是指传递信息的载体，如数字、文字、声音、图形等，中文译作"媒体"。

1943年美国图书馆协会的《战后公共图书馆的准则》一书中首次使用了"传播媒

---

① 喻国明. 从"内容为王"到"产品为王". 新闻与写作，2007（11）.

体"这一术语,指信息传播过程中从传者到受者之间携带和传递信息的一切形式的物质工具。"传播媒体"现在已经成为各种传播工具的总称,如电影、电视、广播、印刷品、计算机等均属于媒体范畴。

本书为便于理解,除引用他人原文,上述说法统称为"媒体"。

(二) 媒体概念的延伸

现代通信技术与互联网技术的结合促使社会信息化进程迅速加快,媒体也随之衍生出众多类型。媒体类型变化的核心在于媒体的构成要素发生变化,从传播角度看,媒体有3个构成要素:物质实体、符号、信息。

物质实体是传播媒体存在的首要因素。物质第一性,精神第二性,精神内容的保存和传播必须依附于具体的物质实体。口头信息稍纵即逝,不利于保存,因此能够保留信息的媒体首先应运而生,例如,早期在两根等长的绳子上打相同的结或者在两块合拢的木片上刻画记号等,这便是最初的"媒体"。文字发明以后,书写媒体先后有泥土、石头、树皮、树叶、龟甲、骨头、羊皮、木竹、布帛、青铜器、纸张等。正因为有这些媒体,符号才得以记录,信息才能够流传。因此,物质实体是构成传播媒体的前提条件,也是必要条件之一。

符号是构成传播媒体的第二要素。符号是传播媒体区别于普通物质实体的一个重要标志,也是构成传播媒体的重要因素。没有刻画、负载特定的文字、图像、声音等人类能够识别、译读符号的物质实体不能称其为传播媒体,只有写有信息的物质实体才能够称其为传播媒体。

信息是构成传播媒体的第三要素。首先,传播信息是传播媒体的基本功能,而信息是传播媒体进行传播的内容,是传者与受者发生联系的理由;其次,任何有序、完整的符号都表达特定的信息。

物质实体、符号、信息是构成传播媒体的核心要素,三者相辅相成、缺一不可。另外,将符号和信息记载到物质实体上的技术(如印刷技术、录音、摄像技术)和将信息载体转变为便于人类使用和接收的技术(如装帧技术、接收技术)等,也是构成现代传播媒体的基本条件。加拿大学者凯尔奇在充分研究新闻、娱乐、通信、网络的基础上,将新闻媒体、大众媒体、传播媒体的内涵加以延伸,提出了"信息媒体"这一新概念。见表1-1。

表1-1 媒体概念的延伸

媒体概念	媒体名称
新闻媒体	报纸、新闻性杂志、广播、电视
大众媒体	报纸、广播、电视、网络
传播媒体	报纸、杂志、广播、电视、电影、书籍
信息媒体	报纸、杂志、广播、电视、电影、书籍、通信、网络、计算机

从这一延伸脉络可以看出，媒体概念在新技术的推动下不断形成新的物质实体，其外延也在不断扩大。例如，近10年发展迅速的手机作为通信和网络融合的产物，已经呈现出媒体的特性，手机已经从只具备语音通话单一功能的通信终端转变为集语音、数据和多媒体等多种功能于一身的多元信息媒体。

三、媒体形态演变

（一）媒体变化的社会语境

传播媒体的形态变化有多方面的原因，综合而言，包括政治压力、经济竞争、社会和技术革新的推动及消费者自身感知的需要等。

1. 政治需求

作为重要的传播工具，媒体的每一个发展阶段都对应着政治发展的不同需求。媒体和政治之间的关系日益密切，一方面，政治决定和指导着媒体的发布和发展方向；另一方面，政治的发展也需要媒体进行传播和推动，两者相互依存、相互促进。总体上说，媒体的演进与政治社会的发展呈现互动特征。媒体与政治间密切的联系深刻体现在政治传播中，例如，作为"二战"的发起者，纳粹德国严格掌控了大众传播媒体，使其成为纳粹有力的宣传工具，在战争中起到不可替代的重要作用。另外，大众传播媒体在建构良好的政府形象和现代政党政治下的竞争性选举中也具有举足轻重的作用，如大众媒体在美国总统选举中逐渐发展到登峰造极的地步，总统竞选运动日益成为典型的媒体事件。

2. 经济需求

经济基础是媒体形态的物质基础，经济的发展为新媒体的诞生提供了必要的物质保障。经济基础决定上层建筑，每个时代经济的发展都对媒体形态提出了更高的要求，使更高级的媒体形态不断出现；而符合经济需求的媒体形态也为促进经济发展发挥了极为重要的作用。例如，广告主选择适合的媒体发布广告，建立品牌的知名度和美誉度，从而获得消费者。在这个过程中，媒体对广告信息进行传播，提高了广告主的经济效益。因此，媒体和经济之间的关系相辅相成、互为促进。

3. 技术创新需求

媒体作为信息传递、交流的工具和手段，在人类的发展中起着极为重要的作用。现代科学技术的快速发展使媒体的技术实力不断增强，从而加快了媒体形态演变的进程，回顾媒体发展历史，每一项新技术的出现都带来新的传播手段和传播形式，进而发展出新的媒体形态。

科学技术的创新从根本上支持和推动了媒体的发展，使得在每一个重要历史时期都出现了新的媒体技术。现代印刷术的出现产生了现代意义上的报纸；电子技术的发展使得电子媒体出现，形成媒体形态发展史上划时代的变化；无线电广播技术的出现使得无线电广播的出现；图像传播技术使得电视媒体出现；以计算机和通信技术为基础的网络技术的出现催生了网络媒体，使人类的思维方式和信息消费方式发生了重大变化。

4. 受众需求

受众需求是媒体变化的重要动力。受众对信息的渴求促使了媒介的不断前进，受众的规模、文化程度、习惯、收入、偏好、兴趣等因素决定了媒体形态的变化方向，媒体形态正是在不断满足受众日益增长的各种需求的过程中发展更新的。因此，在各种媒体趋于整合的时代，媒体不仅需要深度解读受众的行为和轨迹，而且更加需要关注受众的需求和偏好，使媒体按照受众的需求轨迹定义媒体形态。新媒体使得大众潜在的传播需求可以比较经济地得到满足，这也是博客、即时通讯、手机短信、彩信等大行其道的原因。

（二）媒体形态演变

无论何种媒体，都是在一个不断扩大的、复杂的自适应系统内共同演进。根据费德勒的归纳，媒体形态变化呈现如下规律。

1. 共进共存（Coevolution and Coexistence）

电子媒体出现以后，媒体的替代问题开始逐渐被关注。纵观媒体发展的历史，可以看出，新媒体的出现从没有完全替代既有媒体，而是新旧媒体共同存在、共同发展。例如，在媒体发展史上，广播的出现没有消灭报纸，电视的出现没有替代广播，集多种媒体功能于一身的互联网媒体的出现也没有完全替代以前所有的媒体形态。每一种新的传播媒体的出现和发展总对既有媒体形式产生某种影响，但是，每一种既有媒体形态都存在其自身不可被替代的优势，既有媒体可能会与新媒体产生融合或者合作，但是不能被新媒体完全替代，也不会走向消亡。

总之，各种形态的传播媒体相互影响与演变，媒体间的发展呈现出共进共存的规律，从而使传播渠道呈现多元化趋势。

2. 蜕变（Metamorphosis）

新媒体绝不会自发和孤立地出现，而是通过技术上的改进和革新，从既有媒体形态中逐渐蜕变而来。当新的媒体形态出现时，既有媒体形态通常会应时调整和改进，或者与新媒体产生融合关系，但是不会因为新媒体的出现而走向消亡。新媒体与既有媒体之间的关系更为准确的表达为：共同前进与共同生存，而不是相继进化和取代。例如，电子报纸的演变正说明了从20世纪70年代的teletext到80年代的videotext再到90年代万维网的诞生，其背后的理念其实都是一脉相通、不断传承的。

3. 传递性（Propagation）

新媒体形态的形成不能抛弃既有媒体形态的主要技术和运作方式，而是保持一定的传递性，继承部分特性，这些特性通过各种传播符号保持和流传出去。体现这个规律的例子很多，如浏览器的演变；从ICQ到OICQ再到QQ，乃至现在各种即时通讯软件如网易泡泡、雅虎通、MSN Messenger等，都是经典的例子。

4. 生存（Survival）

随着媒体变化速度加快，媒体环境日益复杂，媒体的"碎片化"趋势日益明显，媒体组织面临着更加复杂、更加残酷的市场竞争。传播媒体及媒体企业，为了在不断改变的媒体环境中获得生存空间，只有适时而变，根据市场情况不断调节媒体的定位和功能。例如，杂志在图书、报纸、电子媒体的多方夹击下，实行媒体定位的改变，从一般性定位转变到专门性定位，为特定群体提供服务从而获得受众市场，最终成功地生存下来。广播在面临电视的冲击下，实行受众细分，由"广播"向"窄播"转变，同时加强互动性、时效性、服务性的经营策略使其在媒体市场依然占据主导地位。

5. 机会和需求（Opportunity and need）

新媒体之所以被认可，并不仅仅取决于其技术上的先进性。技术上的特性只是提供了一种可能性，一种技术真正要得到推广发展，必须要配合相应的社会、政治、经济需求。苹果电脑曾经以性能优越著称，但由于对其他软件和硬件厂商采取不兼容的策略，最终在个人计算机市场的竞争中败给了IBM公司。

新媒体能够创造或满足新的市场需求，如即时通讯，除了在便捷性、经济性上对电话、电子邮件等通信方式产生了替代作用，融合文本、声音和画面及结组、召集、驱除等功能，加上新闻框的出现，使其同时满足受众人际传播和大众传播的沟通需求。

6. 延迟采纳（Delayed adoption）

美国未来学家保罗·萨弗认为：至少在过去的5个世纪里，新思想完全渗入一种文化所必需的时间数量，一般约为30年。根据"30年法则"，社会对新技术产品的接纳通常也需要30年时间。纵观媒体的发展历史，每种新媒体从出现到为社会普遍接受，无不经历了技术发明、技术扩散和成为标准技术的阶段，互联网就是典型的符合这一法则的新媒体，从20世纪60年代互联网技术的开发和小范围使用，到90年代成长为大众普遍使用的新媒体，充分体现了"延迟采纳"的特点。

媒体演变是技术创新、消费者需求、社会本身的演变、政治上的需要及市场力量等多个因素共同作用的结果，单独的因素不可能起到决定作用。

四、媒体行业发展趋势

从目前媒体的发展方向看，媒体间的融合将是一个不可避免的趋势。但是，不同的媒体仍然具备其他媒体不可完全替代的优势。基于媒体和社会之间的密切关系，对我国媒体形态演变的展望实际上是在探究我国未来社会的生活方式。

根据对我国媒体行业的现实与发展进行的研究与预测，学界将当前媒体环境的基本特征概括为"碎片化、数字化"，而"创新与融合"则成为传媒产业未来发展的两大主题[①]。

（一）传媒产业规模持续扩大

改革开放以来，中国经济的持续、快速发展为传媒产业的成长壮大奠定了重要的物

---

① 崔保国，等.2007年中国传媒产业发展趋势分析.中国报业，2007（6）.

质基础。从当前媒体行业发展的现状与趋势推测，媒体行业将是中国未来发展最为迅猛的行业之一。

从媒体规模看，截至 2010 年年底，中国有线电视用户数量约 1.8 亿户，数字电视用户达到 8 600 万户①；报纸的年发行量突破 500 亿份；中国网民规模达到 4.57 亿人，较 2009 年增长 19%，互联网普及率达到 34.3%，继 2008 年 6 月中国网民规模超过美国，成为全球第一之后，中国的互联网普及再次实现飞跃，赶上并超过了全球平均水平。

从媒体种类看，目前全国约有 2 000 种报纸，分属 1 200 家报社，报纸年总印量超过 900 亿对开张；电视频道达到 3 000 多个，广播电台 306 座，杂志 9 000 多种；2008 年，各种类型的网站数量达 288 万，网页总数超过 160 亿个，互联网信息资源日益丰富。

据《2008—2009 年中国传媒产业发展报告》，2008 年中国传媒产业的总产值为 4 220.82 亿元，比 2007 年增长 11.36%。广告业作为传媒市场的主要收入构成，自改革开放以来以年均增长率超过 30% 的速度成为发展最为迅速的行业之一。

1981 年中国广告营业额为 1.18 亿元，2009 年增长到 2 041 亿元，广告费占国内生产总值的比重从 1981 年的 0.024% 增长到 2009 年的 0.61%（见图 1-1）。

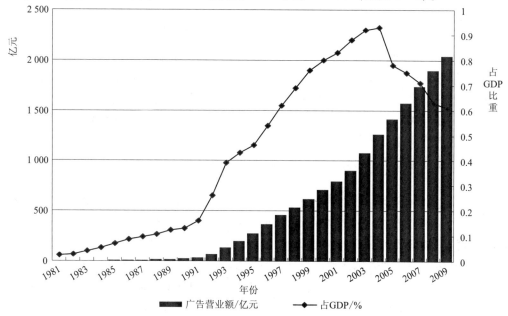

图 1-1 1981 年至 2009 年中国广告营业额占 GDP 比例

---

① 数据来源：赛迪顾问 2009—2010 年中国数字电视产业发展研究年度报告.

新媒体 广告

在过去的十多年中,中国的广告营业额增加了近4倍,同期中国GDP增长了大约3倍,广告的增长速度始终高于GDP的增长速度,中国已经成为亚洲仅次于日本的第二大广告市场(图1-2)。

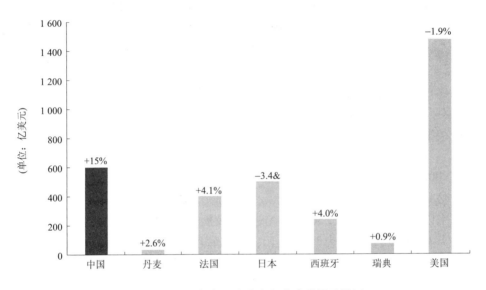

图1-2 2008年各国广告市场花费总量及增幅

(二) 媒体趋于细分和融合

媒体细分的代表性观点是"碎片化"(Fragmentation),"碎片化"原意是指完整的东西破成诸多零块。社会学理论对于社会的"碎片化"是这样界定的:当一个社会的人均年收入在1 000~3 000美元时,这个社会便处在由传统社会向现代社会转型的过渡期,其基本特征就是社会的"碎片化"。在社会的"碎片化"过程中,总体性社会发生了全方位的分化,即它同时发生了社会群体的分化、阶级的分化、产业的分化、地域的分化等。

根据社会的"碎片化"概念,媒体"碎片化"即人们对于资讯的获得不再执著于某个媒体"全程依赖",而是在不同的方面、不同的环节上使用不同的媒介,由此引发的是受众的不断分化。受众接触媒体发生重大转变是媒体"碎片化"的驱动力之一,由于越来越多的消费群体生活状态呈现移动化的特点,产生了一系列时间和空间碎片,引发了人们对碎片媒体的需求,手机、楼宇电视及移动电视等提供非实时、片段化内容的媒体不仅满足了受众的媒体需求,更令受众产生了媒体依赖性。

媒体"碎片化"表现在两个方面:一方面是传统媒体市场份额收缩,话语权威和传播效能不断降低;另一方面,是新兴媒体兴起,传播通路的激增,海量信息的堆积及表达意见的多元化①。媒体"碎片化"使传统媒体的受众出现分化,新媒体以传播方式更加灵活、传播内容更加丰富、信息直接触及主流消费人群等优势,不断分化、转移传统媒体的受众,大众媒体一统天下的局面一去不复返。

媒体趋于细分的同时,融合也成为媒体发展的大势所趋。新媒体终端和网络接入的扩大及应用的不断发展,将促使传统媒体向数字化新媒体发展,新媒体与传统的电视、报纸等媒体在内容、渠道等方面的融合将进一步加强。部分报纸、杂志和电台已经采用了线上线下多渠道发行的模式,预期未来几年,主要传统媒体的内容供应商来自手机增值服务的收入可能高于来自收费电视的收入。这些都显示出媒体融合在内容生产、内容经营等方面将面临巨大的转变。

(三) 新媒体环境下传统媒体的生存之道

受新媒体冲击及传统媒体自身竞争愈发激烈的影响,报纸、电视、广播、杂志及图书等传统媒体开始在主流受众市场衰退。受众,尤其是年轻受众的媒体接触习惯正在发生重大变化,据美国报业协会的调查,40年前,美国80%的成年人天天读报;30年前,这个比例降到72%;20年前降到65%;10年前降到61%;2004年则为50%(图1-3)。

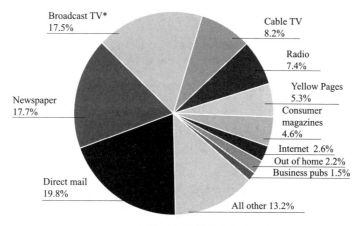

图1-3　2006年美国各类媒体广告营业额比重
数据来源:Advertising Age 2006.

2005年5月,美国一项针对2 600位网络使用者所进行的媒体消费行为调查显示,有60.9%的受访者表示他们比起前一年花在网络上的时间更多了,而减少看电视的人有35.5%,减少看杂志的人有34.1%,减少听收音机的人有27.1%,减少看报纸的人有30.3%,受众向新媒体的分流对于传统媒体的经营产生较大的冲击。

2007年中国传媒产业中,图书出版、电视广告、报纸发行等传统传媒产业的比重

---

① 喻国明. "碎片化"语境下传播力量的构建. 新闻与传播,2006(4).

呈下降趋势，2008年移动媒体、网络媒体等新型媒体实现较快增长①。

新媒体带来的冲击，使得传统媒体必须着力思考媒体创新与变革。从长远来看，新媒体的发展、成长之路势不可当。从媒体、营销和受众3个方面来看，未来新媒体势力将继续扩大，主流媒体将呈现多元化趋势，新媒体与传统媒体共存并形成相互竞争、相互补充的关系。未来媒体经营者和营销者将面对受众更为分散、对单一媒体依赖度更低、替代媒体更为丰富的媒体格局，媒体的地位将直接取决于受众对媒体的接受程度和依赖程度。传统媒体只有适应受众的变化，有效嫁接新媒体甚至演绎成新媒体，才能够延续与焕发生机，创新与发展将是新媒体环境下传统媒体的发展之道。

（四）媒体经营的主题——内容为王

传媒产业素来被称为"内容产业"，中国媒体行业拥有发达的分销渠道，但在特色内容方面则仍然滞后。因此，高质量的内容提供商在中国媒体行业价值链中将享有越来越强的议价能力，"内容为王"将是传统媒体提高核心竞争力的不二法则。以报业为例，媒体优势在于内容和编辑水平，报纸必须以权威观点见长，以专业精神、差异化内容、市场化经营增加竞争力。《华尔街日报》之所以成为一个未受新媒体冲击的典型代表，正是由于其高质量文章的不可替代性。

对于"内容为王"法则，喻国明教授提出，随着传媒产业竞争的加剧，更能体现媒体市场竞争特点和要求的法则应该进一步解释为"产品为王"，即从媒体内容上升到媒体产品的概念，从媒体产品的3个构成要素——载体、资讯、规则来加强媒体产品的建设。从载体层面看，随着媒体"碎片化"时代的到来，内容产品越来越需要通过不同载体的关联组合，形成适应人们新的媒体消费习惯的"产品链"与"服务链"，固守于一种介质形态的经营模式将被打破；从资讯层面来看，媒体内容开发的重点由"巨内容"向"微内容"转移，更加重视分众的、个性化的内容资源；从规则层面来看，包括媒体内容与载体、传播者与受众之间的关系都需要重新建构。

对于传统媒体来说，以互联网为代表的数字技术消除了媒体之间的行业壁垒，传媒形态的融合加速了内容产业的经营。在数字技术使从事内容生产与从事内容传输的行业与行业之间必须依靠协作下，在大力发展文化产业的语境下，共生共荣②。新媒体需要传统媒体的内容，传统媒体需要新媒体作载体，传统媒体、新媒体在竞争与合作中共生共存，协力发展。

（五）媒体营销和媒体内容监管面临挑战

随着传媒行业竞争的加剧，面对越来越挑剔的消费者和越来越多样化的媒体形式，

---

① 崔保国，等.中国传媒产业蓝皮书：2007—2008年中国传媒产业发展报告.北京：清华大学出版社，2008.

② 赵子忠.内容产业论：数字新媒体的核心.北京：中国传媒大学出版社，2005.

媒体组织面临比以往更加复杂的经营环境：精细化的市场区隔引发媒体"碎片化"，广告投放越发"条块化"；产品市场的激烈竞争使得媒体与消费者的沟通更加"复杂"，单一的媒体形态与媒体经营模式难以保持媒体持久的竞争力；消费者受到广告刺激的机会和比例都在增加，对信息越发"挑剔"，品牌和产品获得成功的机会越来越小。为此，媒体组织必须采取更加复杂的营销方式，整合传统媒体和新媒体的营销模式，有效利用媒体资源，通过新颖的形式和多渠道的沟通与受众建立密切关系。

值得注意的是，当前关于新媒体营销体系的建构尚需时日。原因在于传统媒体效果评测方法难以直接应用于新媒体，在传统媒体投放方面积累的经验在新媒体营销方面难以见效。与传统媒体相比，新媒体的效果监测具有明显的优势，例如，网络媒体监测体系的开发已经较为成熟，包括媒体的用户属性、用户到达率和用户接触时间等，为广告主及媒体代理公司的网络广告投放提供有效的媒体选择支撑。新媒体营销体系的建立，有助于媒体营销——尤其是新媒体营销获得更大的发展空间。

媒体内容的监管面临挑战。媒体内容数字化及快速的复制传播加大了新媒体内容监管的难度，行业迫切需要新技术应用于内容监督的过程中，除了对传播关键字过滤等手段，信息熵等理论也为新媒体内容监管引出思路。

第二节　新媒体的概念与特点

20世纪末期以来，基于互联网、无线网络、数字广播电视等技术而形成的新媒体以燎原之势迅速发展，据有关机构研究，2007年全球新媒体产业平均增长率达到20%，随着宽带网络的普及，互联网Web2.0应用的不断深入及无线通信技术的快速发展，近年来，网络媒体、手机媒体，以及融合传统媒体的数字电视、IPTV、宽带网络电视、移动电视等新媒体业务发展突飞猛进。

从学术界的研究来看，新媒体研究近两年备受关注，2006—2008年，发表在各类期刊上涉及新媒体内容的文章达300多篇，显示出新媒体已经成为传播领域的重要课题。

综上所述，无论从传媒实务的角度，还是从理论研究的角度，新媒体都是传媒产业的新生力量和值得关注的课题。

一、新媒体理解

对于"新媒体"这一热门领域，无论业界还是学界都没有一个准确的概念界定。正如清华大学出版社出版的《新媒体百科全书》主编琼斯·斯蒂文所说："新媒体是一个相对的概念，相对于图书、报纸是新媒体；相对于广播、电视是新媒体；'新'是相对于'旧'而言的。新媒体又是一个时间概念，在一定的时间段之内，新媒体应该有一个相对稳定的内涵。新媒体同时又是一个发展的概念，科学技术的发展不会终结，人

新媒体 广告

们的需求不会终结，新媒体也不会停留在任何一个现存的平台上。"可见，新媒体和时代相连，新媒体的概念是一个动态的变化过程，媒体的"新"与"旧"是相对而言的，很难形成一个完整、标准的定义，因此，人们对于新媒体的理解，有的是根据媒体的形态，有的是将新媒体与传统媒体比较，学界常常用"有别于传统媒体"的反向划归方法为这个概念做一个模糊的概括。

目前学界对于新媒体的理解有以下几种典型说法。

清华大学熊澄宇教授指出，新媒体主要是指在计算机信息处理技术基础上产生和影响的媒体形态，包括在线的网络媒体和离线的其他数字媒体形式。新媒体并不是终结在数字媒体和网络媒体这样一个平台上，对于新媒体的理解要重视两个概念：一是以前没有出现的新媒体；二是受计算机信息技术影响而产生变化的新媒体形态，目前更需要关注的是数字媒体之后的新媒体形态。

中国人民大学匡文波认为，新媒体（New Media）是一个相对的概念，是报刊、广播、电视等传统媒体以后发展起来的新的媒体形态，包括网络媒体、手机媒体、数字电视等。新媒体亦是一个宽泛的概念，是利用数字技术、网络技术，通过互联网、宽带局域网、无线通信网、卫星等渠道，以及计算机、手机、数字电视机等终端，向用户提供信息和娱乐服务的传播形态。严格地说，新媒体应该称为数字化新媒体。在目前的经济技术条件下，互联网是新媒体的主体[1]。

互联网实验室对于新媒体的定义是：新媒体是基于计算机技术、通信技术、数字广播等技术，通过互联网、无线通信网、数字广播电视网和卫星等渠道，以计算机、电视、手机、PDA、MP4等设备为终端的媒体，能够实现个性化、互动化、细分化的传播方式，部分新媒体在传播属性上能够实现精准投放、点对点的传播，如新媒体博客、电子杂志等。互联网实验室将新媒体划分为以下几种类型：第一类是基于互联网技术的新媒体，包括电子杂志、电子书、网络视频、博客、播客、视客、群组、其他类型的网络社区等。第二类是基于数字广播网络的新媒体，如手机电视、数字电视、车载电视、公交电视等。第三类是基于无线网络产生手机短信、手机WAP等新媒体形式。第四类是跨网络的新媒体，包括IPTV等。

业界对于新媒体也提出了很多理解，具有代表性的观点有以下几种。

美国《连线》杂志对新媒体的理解是：新媒体是所有人对所有人的传播。这个概念从传播者的角度对于新媒体进行界定，由于没有对新媒体的形态和新媒体的特点作出更为详细的解释，很难将这个理解作为新媒体的学术概念。

《传媒》杂志社朱学东认为，从媒体形态发展角度看，新媒体概念包括两层含义[2]：一是基于技术进步引起的媒体形态的变革，尤其是基于无线通信技术和网络技术革命基

---

[1] 匡文波. 2006新媒体发展回顾. 中国记者. 2007（1）.
[2] 朱学东博客，http：//blog.sina.com.cn/u/4847721e01000528.

础上出现的媒体形态，如网络媒体、数字电视、IPTV、手机、博客、电子杂志等。二是随着人们生活方式的转变，一些长期存在但未被社会发现传播价值的渠道、载体，因为营销理念的变革和泛商业化的运用，成为信息传播的新载体，如楼宇电视、车载移动电视等新兴的户外媒体，相较于成熟的传统四大媒体和传统的户外媒体，它们是一种新的媒体形态。这个概念所界定的新媒体外延比较广，根据中华广告网的概括，包括数字电视、直播卫星电视、移动电视、IPTV、网络电视（Web TV）、无线上网、温暖触媒、楼宇视屏（各种大屏幕）、手机媒体（手机短信、手机彩信、手机游戏、手机电视、手机电台、手机报纸等）、网上即时通讯群组、对话链（Chatwords）、虚拟社区、博客（blog）、播客、搜索引擎、简易聚合（RSS）、电子邮箱、门户网站等。这个概念和根据它所概括的新媒体形式，既包括技术驱动所出现的区别于传统媒体的网络、手机等新媒体，也包括传统媒体与新媒体融合所产生的新兴媒体形态，如移动电视、IPTV、楼宇液晶电视等。

凤凰网刘爽认为，对于新媒体的理解应该从两个层面展开：一是从物理平台的层面，新媒体是一个新的信息载体。二是从媒体运作方式的层面，新媒体从内容产生、编辑和传输方式都发生了根本的变革，具有"去中心化"、"个性化"、"互动性"的特点，符合长尾经济时代的生产特征。三是新媒体体现出社会思潮和时代精神，可以上升到社会学和哲学的范畴加以理解。

本书作者认为，这里所讨论的新媒体是相对于传统意义上的报刊、广播、电视这些大众传播媒体而言的，指随着传播新技术的发展和传媒市场的进一步细分而产生的新型传播媒体，主要是指学界和业界分别称为第四媒体、第五媒体的宽带网络媒体和手机媒体两类新媒体。

二、新媒体传播的特点

新媒体在信息传播与经营模式等方面与传统媒体有着巨大的差异，新媒体与传统媒体的差异不仅在于出现了一种新的技术手段、平台和介质，更在于新媒体带来的从内容生产方式到传播语境的变化。

（一）传播模式发生巨变

新媒体在信息内容、传播模式、传播受众方面与传统媒体有着截然不同的特征。

从传播信息形式看，传统媒体以文字、图片、声音、画面等信息形式进行传播，信息形式不够丰富和灵活；新媒体则充分发挥互联网、无线通信网络的技术优势，融合多媒体、动画、互动技术、数字内容等多种信息形式，信息的实时性、灵活性和丰富程度都高于传统媒体。

从信息传播的状态看，传统媒体是典型的"一对多"式的单向信息传播模式，信息反馈和过程比较复杂；新媒体则可以实现P2P（Peer to Peer，"多对多"）的信息传播模式，通过互联网、手机短信等新媒体方式，任何人都可以经济而便捷地以众多形式向他人传播信息，且信息反馈及时便捷。

从传播受众看，新媒体受众群体从大众转向小众。传统媒体是大众媒体（Mass Media），具有公共产品的性质；新媒体被称为细分媒体（Nicety Media），可以通过技术手段、传播模式等方式针对特定受众信息传播。新媒体导致了消费者偏好的改变，受众有可能接触到越来越多的媒体和信息，对于信息传播的过程的参与性越来越高，新的传播状态使传统的大众媒体的"大众"正在逐渐变为"小众"。

（二）新媒体传播特征

（1）互动性。传统媒体充当信息源与受众之间的中介，由于技术条件、信息采集方法及单向传播模式的制约，信息传播过程中媒体与受众的互动性无从体现。新媒体基于网络和通信技术所提供的信息路径及存在空间强化了传播的双向性，媒体与受众之间的互动性传播得以实现。

（2）主动性。回顾人类的大众传播史，印刷传播和电子传播的形态、通道是固定的，传播者具有较强的垄断性和控制权。新媒体时期的媒体形态更加丰富，传播行为更加自由，由于数字化带来的交互性，传播者与信息接收者之间的界限不再分明，受众信息接收的主动性大大增强。通过发送手机短信、撰写博客日志、发起网络群聊，任何人在"任何时候、任何地点、对任何人"进行信息传播，传统主流媒体的话语权垄断得以突破。受众在接收信息时的主动性和消费偏好变得日益重要。

（3）个性化。不同于传统媒体信息生产的模式化与大众化，新媒体针对大众需求提供个性化的内容，传播过程强调信息传播者和信息接收者的平等交流，而"多对多"的信息交流方式使得受众之间可以同时进行个性化交流。为受众提供的个性化"窄播"、"点播"服务将取代传统媒体的"广播"模式。

（4）移动化。"移动化"将是未来新媒体的重要特征。随着无线网络技术和通信网络技术的融合，网络应用将逐步移动化。媒体移动化的最重要因素源于人们对摆脱束缚、实现自由的强烈渴望，移动通信使人们可以摆脱"固定"的束缚，获得联系的便利和自由；互联网内容与服务越来越丰富，使用越来越便利，特别是移动上网的实现，必然影响未来媒体的走向。新媒体的发展将从PC、笔记本终端走向手机终端，网络视频、博客、播客等新媒体从固定走向移动化。

（三）以最新的技术手段为基础

技术创新是新媒体产业发展的内在动力。新媒体的发展归根结底是技术的推动，包括无线通信、网络等科技发展的最新技术，通过互联网、宽带局域网、无线通信网和卫星等渠道，新媒体向用户提供视频、音频、语音数据服务、连线游戏、远程教育等集成信息和娱乐服务。

新媒体产业是计算机技术、通信技术、数字广播等技术不断创新和发展的成果。互联网新技术的发明与应用，推动媒体产品不断更新，新的服务和应用层出不穷，尤其是Web2.0概念的提出，以个性化、去中心化和信息自主权的特征吸引了众多网络受众的参与，博客、播客、网络论坛更是引发了"草根传播"的热潮。从2004年开始，新媒体的国民覆盖率迅速增长（见图1-4）。截至2008年12月，我国的移动用户数量达到6.48亿，互联网用户数达3亿，户外新媒体的受众也达到了1.95亿。新媒体的扩散在中国进入了快速增长阶段。以手机为例，2009年底，中国手机用户达到7.47亿户，人均持有量高于计算机，随着3G应用的推广，3G牌照的发放，手机电视、手机报、手机游戏、手机移动搜索等手机业务即将进入良性发展期。

随着技术发展的速度不断加快，新媒体的换代升级会越来越接近摩尔定律——使用性能越来越好，而获取或进入的"门槛"会越来越低。

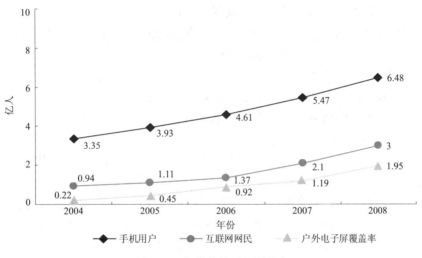

图1-4 新媒体的国民覆盖率

数据来源：易观国际2009

三、新媒体对于媒体生态的影响

（一）新媒体成为热点产业

新媒体之所以成为热点产业，不仅在于传播方式与传播形态的创新，更在于新媒体所形成的全新商业模式，以及新媒体在融资模式、盈利、营销方面的创新。

从资本市场来看，新媒体产业已经成为众多产业关注和投资的热点。自20世纪末期风险投资商追捧网络概念，催生新经济的代表——网络经济发展以来，互联网媒体关于投资、收购、合并等产业变革的主题始终没有中断过。2005年以来，以博客、网络社区、网络视频等为代表的Web2.0新型互联网应用模式的普及进一步为新媒体的高歌猛进提供了动力；2006年，PPLive、千橡等获得风投巨额投资，传媒机构如央视、凤凰等大举进军新媒体产业，新媒体成为关注热点。2007年，中国新媒体用户潜力、营销能力等潜在商业价值受到国际风险投资商和传统媒体机构的青睐，风险投资资金不断流

新媒体 广告

入新媒体产业。

从产业政策来看,国家政策对新媒体产业的发展空前重视。2006年,《国家"十一五"时期文化发展规划纲要》(简称《纲要》)颁布,《纲要》第十六条指出:"发展新兴传播载体,充分发挥国家主流媒体在信息、人才等方面的资源优势,发展手机网站、手机报刊、IP电视、移动数字电视、网络广播、网络电视等新兴传播载体,丰富内容,创立品牌,不断提高市场占有率。"第四部分"新闻事业"也对网络媒体提出了要求:"办好新闻网站。按照突出重点、合理布局、整合资源、办出特色的总体要求,做大做强重点新闻网站,努力营造健康向上的舆论氛围。加快建设一批综合实力强、在国内外有广泛影响的新闻网站。形成若干个与我国地位相称的、具有较强国际竞争力和影响力的综合型网络媒体集团,争取其中一到两家重点新闻网站进入世界前列。"国家政策的支持为新媒体产业提供了进一步发展的契机。

(二)改变媒体市场的格局

新媒体产业发展引发了传媒产业变革,对媒体市场份额进行了重新分割。据中国传媒大学广告主研究所的研究,2007年,互联网和商务楼宇LCD是广告主新媒体投放费用中最大的两部分,2008年,广告主在手机媒体和电梯海报的广告预期投放有所增长。随着新媒体业务应用进一步成熟,价值进一步提高,新媒体分流传统媒体的广告资源和用户资源更加明显(见图1-5)。

新媒体在加剧媒体市场竞争,分流传统媒体市场份额的同时,也影响了整个媒体产业的生态环境。中国新媒体的两大组成板块——网络媒体和手机媒体近年均实现较快增长。2009年中国网络广告市场规模达207.3亿元,同比增长21.9%。艾瑞咨询预计,

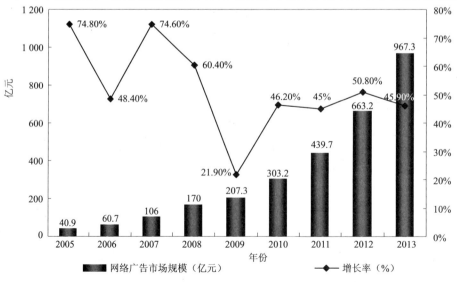

图1-5 2005—2013年中国网络广告市场规模

2010年中国网络广告市场规模将加速增长，预计将达303.2亿元。新媒体广告相对低廉的价格，以及用户数量的激增使得广告主从成本较高的传统媒体转向新兴广告媒体，新媒体逐渐成为商业广告投放的主要渠道和市场（见表1-2）。

表1-2 2005—2006年广告主新媒体投放情况

新媒体类型	投放媒体	广告品牌	营销形式
博客	新浪博客	AMD、上海家化等	博客代言产品或品牌
博客	博客网	TCL集团、卓越亚马逊等	精准投放，投放预算3 000万元人民币
电子杂志	POCO	欧莱雅、宝洁、三星、理光、佳能、摩托罗拉、耐克、必胜客和麦当劳、中信	企业杂志、互动广告等
电子杂志	阳光导航	青岛啤酒、百胜集团（必胜客）、广东电信、中建三局、上海世博会、泰康人寿、中信实业等客户	企业杂志、互动广告等
网络视频	MySpace	百事、丰田汽车、可口可乐、汉堡王等大客户的广告	活动推广、缓存广告、页面广告
网络视频	UUsee	雅虎、兰蔻、大众汽车、IBM、雪佛兰	活动推广、缓存广告、页面广告

数据来源：互联网实验室，2006（12）.

（三）新媒体发展的融合趋势

互联网实验室发布的《2006—2007中国新媒体发展研究报告》提出了"融合新媒体"的概念，融合是新媒体发展的显著特点，这种融合既包括新旧媒体的融合，也包括技术融合引起的终端融合和网络融合。

1. 新媒体与传统媒体融合

从新媒体的媒体属性看，新媒体和传统媒体在其独立发展之外，又是交叉融合发展的。传统媒体与新媒体的融合发展是媒体发展的重要方向，传统媒体在内容生产、品牌传播中有独特优势，新媒体凭借技术和渠道优势也占据强者地位，两者是相互依存、相互借鉴、共同发展的互补关系。

具体来说，新旧媒体的融合有以下几种形式。

（1）传统媒体与互联网的融合。传统媒体与网络媒体的融合，借助网络传播提高自己在传统领域的内容优势。品牌强大的电视或报纸媒体可以通过创办网站实现快速发展，影响力小的传统媒体则应该专注于内容优势，借助其他新媒体实现网络传播。

（2）传统媒体与手机的融合。传统媒体与手机媒体融合已经成为传统媒体拓展受众市场、细分受众群体和实现媒体内容商业延伸的有效方式。例如，随着3G技术的成熟与手机业务模式的深入应用，手机电视、手机报等传统媒体与手机融合的新媒体形式，将为传统媒体带来比单一媒体更优越的流量和盈利增长。

（3）多种媒体的融合。基于受众对于不同媒体的接触时间、接触机会存在差异，媒体之间通过互补更好地实现强强联合。2006年9月6日，北京人民广播电台开通DAB广播式手机电视业务，除转播北京人民广播电台节目外，还首播中央一台及北京一台的电视节目，用户可以免费使用3种媒体，实现了广播、电视与手机三者的融合，充分发挥电视内容丰富、手机携带方便和广播覆盖面广，可移动接收的多种优点。

（4）传统媒体与新媒体的并购与合作。新媒体与传统媒体的融合，除了传统媒体涉足新媒体，更直接的是两者之间的并购。1998年NBC并购Snap Online，1999年新闻集团与雅虎签订合作协议，2000年美国在线合并时代华纳，2005年新闻集团收购了全球最大的博客网站MySpace。上述并购与合作案例，正是传统媒体为扩大媒体市场影响力、开展多元化经营及提高核心竞争力而与新媒体产业的深入融合。

2. 技术的融合

新媒体产业是影响数字家庭产业链、通信产业链、传统媒体产业链等众多产业的热点产业。新媒体产业的技术发展是各种融合趋势形成的基础，新媒体产业的发展，促进了信息技术与内容产业之间的嫁接与融合，带动了基于互联网、无线网络、数字广播电视等众多产业的变革、转型和融合，并促使这些产业不断创新和发展，向融合化和移动化方向发展。

在网络融合和终端融合的基础上必将出现融合的新媒体，如现在以计算机为终端的博客，在网络支持和终端支持条件具备以后，呈现在手机上的新媒体就是移动博客、移动视频等。

（四）新媒体营销价值凸显

新媒体的营销价值正得到广告主及广告公司、公关公司等营销机构的认同，新媒体逐渐成为企业整合营销中的重要组成部分。新媒体的营销传播能力和价值正在逐步得到认同，受到越来越多的企业和营销机构关注，新媒体的市场规模近年来也保持着高速增长态势。

研究表明，随着市场供给的饱和与竞争的加剧，广告主越来越强调细分市场及目标营销的效果，正如提出"长尾理论"的克里斯·安德森所说，文化和经济重心正在加速转移，从需求曲线头部的少数大热门（主流产品和市场）转向需求曲线尾部的大量利基产品和市场。在一个没有货架空间的限制和其他供应瓶颈的时代，面向特定小群体的产品和服务可以和主流热点具有同样的经济吸引力。广告不再是对大众的劝服，而是"分众"进行信息传播。传统媒体一味强调大发行量、高收视率和收听率的盈利模式面临挑战经营模式，大众媒体的市场效用增长减缓。

据市场研究公司CTR的研究，2008年，传统媒体广告市场花费增长率进一步收缩，广告花费总量达3 120亿元人民币（不含互联网和新媒体），电视广告以12%的增幅保持领先地位；杂志、电台广告增长速度明显减慢；报纸广告业务下滑局面依旧，比上年降低1%；户外媒体广告受到城市整治和户外新媒体等诸多影响，出现6%的负增长。相反，新媒体经营保持爆发之势，互联网广告花费达116亿元人民币，增长率高达48%，占媒体市场4%的份额。商务楼宇LCD以76亿元人民币的广告花费总量位居第5位，占媒体市场2%的份额。

（五）新媒体盈利模式仍需探索

数字化、网络化的新媒体发展，突破了传播的物质壁垒，降低了传播的边际成本，导致传媒市场更为广阔，竞争更为激烈。2006年是新媒体产业整合、收购、扩张的一年，伴随着技术的成熟与新媒体企业的发展走上正轨，新媒体产品和服务的开发速度加快，电子杂志、网络视频、互动社区等新产品和服务不断出现。

互联网实验室界定了新媒体产业链的范围：涉及内容生产商、软件及技术提供商、网络运营商、平台提供商、营销机构与广告主多个环节。技术开发商和设备生产商要通过新技术的商业化和产品的更新换代来获取市场空间；网络运营商要穿越行业壁垒和制度边界来扩大经营内容，寻找新的经济增长点；而内容提供商则要突破媒体的限制，扩大产品分销的渠道和增加市场议价的能力，这些需要新媒体产业链的各个环节，围绕着刺激和满足消费者接收和发送信息的市场需求开展业务。由于目前新媒体产业的发展无法绕开通过产品和服务进行盈利的问题，新媒体发展商业利益是第一位的。

目前有些新媒体形式，如博客、电子杂志、网络视频等基于互联网平台的新媒体提供的服务种类较多，发展快速且应用服务比较完善，已经形成了相对成熟的盈利模式，有些新媒体形式，如基于数字广播网络、跨网络的新媒体则尚处于初级阶段，应用服务尚不完善，未来的盈利模式还需要进一步探索。

第三节　广告的发展与新媒体广告的界定

一、广告的发展与变化

（一）广告观念的变化

"广告是经济社会的晴雨表"。随着我国经济的不断发展，广告业也发生了巨大的变化。由于社会商品生产数量急剧增加，商品同质化程度越来越高，广告的宣传作用日益凸显，这是人们接触变化的物质前提。广告已经逐渐成为现代人们日常生活不可或缺的组成部分，也成为人们重要的信息来源。在中国，广告观念主要经历了3个时期的重要变化。

第一阶段，20世纪80年代。广告传递信息的功能日益显露，受众对广告从拒绝到

新媒体 广告

逐渐认可。

1979年之前，中国的广告业基本上处于停滞状态。企业也对广告持有漠然的态度。计划经济体制下，"凭票供应"使企业在产品生产、销售、经营管理方面缺乏自主权，加上生产力水平低，生产、销售能力有限，市场处于卖方市场，广告主广告意识淡薄。改革开放之后，市场机制的引入改变了"产品不愁销"的局面，旧有体制和渠道在新的情报网络和机制建立之前消失，更使得不少企业陷入混乱之中。一些企业积压着大量产品苦于没有销路，而另一些企业则苦于没有货源，于是广告成了沟通二者的桥梁，广告效益十分显著，"一条广告救活一个企业"的例子屡见不鲜。20世纪80年代中期，作为卖方市场向买方市场的过渡阶段，企业的市场观念处于"以推销为中心"的初级阶段，多数企业做广告的目的并不是想主动占领市场，而是想通过广告将积压的产品卖出去，对于作为营销工具之一的广告应当承担何种职能缺乏清晰的认识。

在这一时期，由于政策环境变迁及经济开放程度的推动，各种类型的广告公司陆续出现，经历了从单一到多元，从区域到国际的经营模式发展变迁。随着以经济建设为中心的确立及《关于鼓励外商投资的规定》的发布，广告经营单位所有权从过去以国有或集体所有制为主的单一结构开始向外资和民营所有制的多元化结构转化。跨国广告公司开始进入中国，拉开了国际观念和本土观念相互影响的序幕。

经过一段时间，电视观众接受了这种"节目带广告"的搭配方式。随着改革开放后人们生活方式的变化，消费者生活节奏的加快，人们开始重视信息的作用。在这种情况下，广告得到受众的承认，并且越来越多地在日常生活中发挥作用，广告已经成了一种重要的生活情报来源。

图1-6所示为北京、上海、广州三城市居民每日广告接触比较。

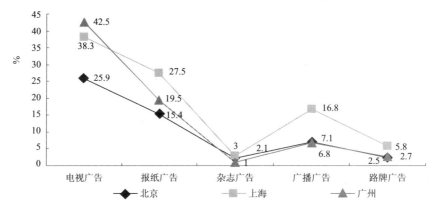

图1-6 三城市居民每日广告接触比较

资料来源：1988年广告受众调查。北京 $n=903$；上海 $n=600$；广州 $n=400$

总体而言，我国改革开放之后，广告市场重建初期，由于大量的生产资料广告的存在，一般消费者对广告采取拒绝的态度，广告在消费活动中所起到的作用也是十分微小的。1985年前后，随着消费生活的变化和消费品广告的增多，消费者的广告态度有所变化。这时，广告主是作为一种生活的情报源被消费者所承认。在1989年市场疲软的情况下，广告的促销作用进一步显露出来，除了提供商品信息的情报机能以外，广告的文化机能也开始被消费者所注意。

第二阶段，20世纪90年代。广告为受众传递商品信息，引导社会潮流和受众的生活方式。

经过了复苏时期的发展，20世纪80年代中期到90年代中期的中国广告业进入到一个以"低起点、高速度"为特征的补偿性发展阶段。在这个阶段，不少国内企业逐渐认识到广告的作用，尤其是电视广告，造就了一批知名品牌，如燕舞、大宝、健力宝、太阳神等。在经历了长期的物资短缺经济之后，这些率先进行广告宣传的企业，很容易就会在消费者心中留下深刻的印象。到了20世纪90年代中后期，中国广告市场的高速发展已经发生了明显转变。

随着政府对外国商品广告限制的放宽，这一时期中外经济贸易交流进一步深化，广告对中外经济贸易交流发挥了重要的推动作用。据统计，仅1993年外商来华广告营业额就达1.6亿元人民币。外商广告的大规模增多，意味着中国市场从封闭到开放，商品构成从单一到多元，消费选择从简单到多样。在此过程中，外来的营销理论、经营模式开始涌入中国，为探索中的广告业提供了各种理论范式，中国企业的广告观念也开始了迅速西化的历程。

与此同时，跨国广告公司纷纷入驻中国市场。截止到1998年，奥美、盛世、李奥贝纳、智威汤逊、达比思、电通、博报堂等世界知名广告公司均在中国建立了合资公司，中外合资广告公司数量超过500家。跨国广告公司短时间内大规模涌入中国市场，对中国广告观念的发展具有复杂而深远的影响。

伴随着广告产业规模的高速增长，媒体广告日益"产品化"，综合性广告业务体系逐渐成形，专业化广告部门开始成立，媒体的广告经营理念不断更新、服务意识显著提升。媒体经营者的广告观念发生了从"创收方式"到"经营支柱"的定位转变。

对受众而言，大多数受众认同广告的信息传递、品牌塑造、引导潮流等功能，尤其是接触广告较多的受众认同度高于接触广告较少的受众，但是广告的可信度仍然受到受众的普遍质疑。在消费观念上，接触广告较多的受众具有乐于尝试新产品、价格敏感度较低，注重商品品牌等特点，而接触广告较少的受众正好相反，他们的价格敏感度相对较高，尝试新产品的积极性相对较低。

总体而言，进入20世纪90年代，广告传递商品信息、树立品牌形象的功能已受到普遍认可。同时，广告还影响着受众的生活方式。"新三年、旧三年、缝缝补补又三年"的生活观逐渐被追求时尚、彰显自我的现代生活范式所取代，对某些商品的拥有状况逐渐成为个人地位、身份、荣誉的象征。随着时间的推移，广告引导社会潮流的功能日益增强，对受众消费观念和消费行为的影响力日渐强大。

新媒体 广告

第三阶段，进入21世纪，新媒体重塑受众的广告接触习惯，受众对广告主观上排斥，但客观上又承认其影响力。

进入新世纪，我国社会政治、经济、文化等各个方面都已经发生了巨大的深刻变化。国际化的经营理念、世界范围内的市场需求，极大地加速了我国企业向外拓展的步伐。在"中国制造"行销世界的同时，广告成为我国企业全面走向世界、打造中国品牌的首选手段，在世界舞台上大放异彩。

继1995年"三九集团"将"三九胃泰"的巨幅广告挂在了美国时代广场之后，海尔集团的广告和产品展厅在2003年分别进驻了日本东京银座、曼哈顿原格林尼治银行大楼，青岛啤酒的广告也在美国数个城市的几千辆出租车上安家落户，全球遍地开花的中国广告，不但传播着"中国制造"的产品信息，同时也承载着中国企业向世界市场进军的雄心壮志。

在2008年奥运会这一国际盛事中，我国企业把握营销契机，和国际企业共同参与、共同博弈。规模巨大、形式多样、覆盖媒体范围广泛的广告，满载着我国企业的品牌、产品和理念，向全球广泛传播。广告，已经超越了企业营销的范畴，成为了一种承载着国家形象、经济水平和民族精神的介质，宣传着中国、影响着世界。表1-3为接触各种广告的百分比。

表1-3 接触各种广告的百分比

排名	广告类别	人次/人	百分比	排名	广告类别	人次/人	百分比
1	电视广告	255	85.0%	8	广播广告	137	45.7%
2	户外液晶电视广告	222	74.0%	9	电梯间内广告板	125	41.7%
3	报纸广告	218	72.7%	10	手机短信广告	123	41.0%
4	网络广告	205	68.3%	11	其他广告	115	38.3%
5	公交车身广告	195	65.0%	12	霓虹灯广告	91	30.3%
6	路牌广告	177	59.0%	13	直邮广告	90	30.0%
7	杂志广告	159	53.0%	样本量=300，累计百分比=704.0%			

接触率是关于受众广告接触情况的最直接表现，接触时间则反映出受众广告接触的程度。根据2008年城市居民消费行为与广告接触研究，城市居民平均每人每天的广告接触时间是13分钟。受众对于不同类别广告的接触时间长短存在着明显差异。图1-7直观地显示了一周7天受众的各类广告接触时间所占份额。可以看出，电视广告接触时间占受众广告接触时间总量的份额最高，其次为报纸广告，排在第三位的是户外液晶电视广告和网络广告。

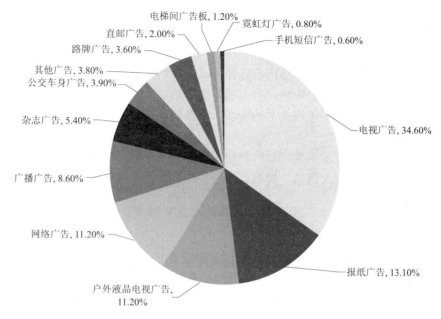

图1-7 一周7天城市居民各类广告接触时间所占份额

对北京、上海、广州三地居民所持的广告态度调查显示，大部分居民对目前的广告态度是：主观上排斥，但是客观上又承认它的影响力。与10年前相比，人们对广告的信任度越来越低。导致消费者对广告的信任度持续降低的原因主要有3个方面：一是广告自身的原因，随着中国广告业突飞猛进的发展，广告的表现形式越来越多样化，广告的数量也越来越多，这就必然存在良莠不齐的情况，尤其是一些制作简陋、内容不真实的医疗保健广告备受消费者指责；二是媒体曝光越来越多，无论是国内品牌还是世界知名品牌负面消息越来越多，企业面临诚信危机，这也间接影响了人们对广告的信任度；三是消费者日渐成熟，随着消费经历逐渐增多，对广告的认知也越来越理性。

(二) 广告媒体的发展

麦克卢汉在《理解媒介：人的延伸》中认为，作为社会发展的基本动力，媒介所演变出的每一种新形式都将开辟出人类交往和社会活动的新领域。他认为传播媒介最重要的效果在于，它影响了我们的理解与思考的习惯。广告在其发展的过程中也发生了巨大的变化。

广告发展的早期，主要通过大众传播媒体——报纸、杂志、广播、电视等进行传播。随后，户外广告媒体——霓虹灯、户外灯箱、路牌等悄悄盛行。再到后来，以车体、车票、站牌等为代表的交通媒体也逐渐成为广告的栖身之处。当可利用的广告媒体都已被充分发掘之后，不满足的商家又把广告媒体的概念更延伸了一步，T恤、台历、电梯、超市塑料袋、入场券、公交车扶手、饭店菜单，甚至连人体都成了广告媒体介质。

数字传播技术催生的新媒体层出不穷，为广告业搭建了新型传播平台。以互联网、

新媒体 广告

手机、数字电视等为代表的新兴广告媒体平台的成型,为广告公司在营销活动中细分市场、实现精准传播奠定了基础。基于数据库的一系列营销手段促进了广告传播模式的更新;移动媒体、数字电视的逐渐普及,根植于其上的个人信息平台、家庭信息平台等概念也随之演进,为广告业提供了除传统媒体形式之外的广阔空间,在新媒体广告价值开发和广告渠道成型的推动下,媒体经营者将广告打造成了新媒体、新技术的交汇点。广告方式的更新,直接体现了传媒技术的进步。受众能够接触到的广告形式越来越多,原有的广告接触习惯被重塑。

同时,由于互联网技术的推广及广泛应用,各种便于人们联系和了解信息的渠道越来越多,越来越细。如个人网站、博客、播客、维客、社交网站等,新技术的发展为广告媒介的拓展开辟了道路。

二、新媒体广告的界定

新媒体的出现,使得广告传播的环境和规则被不可避免地重新定义和书写,其与传统媒体最大的区别在于传播状态由一点对多点变为多点对多点。新媒体的传播模式是以大众传播双向互动为基础的,它归纳符号的信息作用,区别信息的内容需求,发扬交互式或准交互式的双向传播优势,分门别类地对使用者按需定向传送。因此,在新媒体环境中,传播的通道不再是线性的,而是非线性的;传播的载体也不再是独立的,而是多元的。这时候,广告作为一种传播的通道和载体,在新媒体环境中也必然会呈现出新的、有别于以往的内容和形式。这些"新广告"的出现对广告主而言意味着更多元、更立体的广告载体选择,对受众而言意味着更多样、更复杂的接受习惯。图1-8所示为传统媒体与新媒体传播模式对比分析。

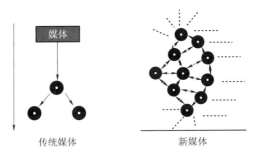

图1-8 传统媒体与新媒体传播模式对比分析①

本书认为,所谓的新媒体广告就是将新媒体作为传播载体的广告。新媒体广告的产生是伴随着新媒介技术的产生应运而生的。近几年来,随着新媒体的不断涌现,在传统的电视、广播、平面媒体、户外传媒等广告之外,新媒体广告正在冲击和分流着传统的

---

① 资料来源:互联网实验室. 传统媒体与新媒体传播模式对比分析,2006(12).

广告市场，除了互联网这一新兴广告平台外，新媒体广告的种类和形式繁多。从新媒介技术和新媒体给受众带来的不同体验和感受的角度出发，可以把新媒体广告作出以下的分类：互联网广告、搜索引擎广告、即时通讯、博客、SNS 游戏广告、数字电视广告、手机广告、户外液晶电视广告等。

三、新媒体广告的特点

传统媒体广告很大程度上受地域限制，而新媒体广告从诞生之日起，就打破了地方性与全国性媒体广告的界限，它具有了全球性媒体特征的同时，也突破了传统媒体在时空上的限制、受众群体的限制。

1. 交互性

交互性是新媒体广告的最大特点，它不同于其他媒体的信息单向传播，而使信息具有了双向交互的特点。当受众获取他们认为有用的信息时，厂商也可以相应得到受众信息的反馈。以触动传媒为例，其最大的优势在于互动。出租车内的乘客可以根据自身的需求与爱好触摸屏幕，选择信息，参与喜爱的活动，这种传播媒体的方式摆脱了广告的隐性弱点，由强制性的被动接受变为亲自体验和主动参与。触动传媒这种通过讲话、说故事、玩游戏的方式，让消费者习惯于从这个平台中获得时效、时尚、实惠的信息与知识，从而接受这样的一个信息平台成为其日常的一种生活方式。

2. 跨时空

传统媒介如报纸、杂志具有很强的地域限制，新媒体广告不受时空限制，传播范围极其广泛。互联网可以将全球 160 多个国家和地区的 1 亿多网民紧密地联系起来，24 小时不间断地把广告信息传播到世界各地。

3. 感官性强

新媒体广告通过各种先进技术的运用，可以使消费者亲身体验产品、服务与品牌。这种以图、文、声、像的形式，传送多感官的信息，让顾客如身临其境般感受商品或服务。以北京地铁隧道广告为例，其广告系统是集计算机技术、电子显示技术、通信技术、计算机图像工程学为一体的一种数字成像系统，它运用电影的原理，通过乘客的视觉暂留，借助隧道壁面安装的高性能的 LED，使在高速移动的地铁或火车上的乘客看到一系列连续的彩色动画广告画面。这种新鲜的地铁隧道广告以其高稳定性、高清晰度、效果逼真的画面，达到吸引乘客注意力，提高广告受众对于广告信息传播的兴趣并强化了商品记忆。

4. 受众数量统计精确

利用传统媒体投放广告，很难精确地知道有多少人接受到广告信息，而在互联网上可通过权威、公正的访客流量统计系统，精确统计出广告的受众数，以及这些受众查阅的时间和地域分布。客户群体清晰易辨，广告行为收益也能准确计量，有助于客商正确评估广告效果，制定广告投放策略，对广告目标更有把握。

四、新媒体广告的发展现状

新媒体的不断涌现,使我国的广告市场也逐渐发生了变化,传统媒体的市场份额有所下降,特别是一些平面媒体、报纸杂志等广告经营面对着新媒体的冲击,有着严重的压力,而电视媒体暂时还趋于稳定(见表1-4)。与此同时,互联网广告、户外广告、电台广告等新媒体广告高速增长。截至2009年上半年,各种新媒体广告经营额都有较大增长(见图1-9)。

表1-4 2004—2008年中国传媒产业形态

项目	2004年	2005年	2006年	2007年	2008年
报纸数量/份	1 922	1 931	1 938	1 938	—
期刊数量/种	9 490	9 468	9 468	9 468	—
广播电台数量/家	282	273	267	263	—
电视台数量/家	314	302	296	287	—
www站点数量/家	668 900	694 200	843 000	1 504 000	2 878 000
手机用户数量/万户	33 482.4	39 342.8	46 109.2	54 728.6	64 100
固定电话数量/万户	31 244.3	35 043.3	36 781.2	36 544.8	34 100
网民总人数/万人	9 400	11 100	13 700	21 000	29 800
手机上网人数/万人	—	—	1 700	4 430	11 760

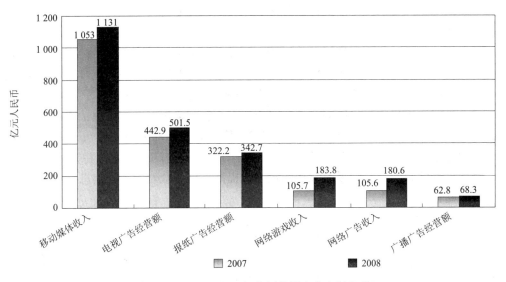

图1-9 2007—2008年中国传媒产业市场细分

1. 互联网广告

互联网作为新媒体中的龙头老大，已获得连续8年的高速增长。据中国传媒大学广告主研究所统计，中国网络营销市场规模自2001年开始便呈现出高速增长的态势，其年增长率最高超过100%，速度远远高于传统媒体，而其市场规模在整个广告市场的比重也逐年上升。艾瑞市场咨询的数据预测，到2010年，中国互联网广告占整体广告市场的比重将接近美国，达到10.5%。

2. 搜索引擎、即时通讯、博客、SNS游戏广告

无论是在中国还是全球，搜索引擎市场都在如火如荼的发展。据DCCI互联网数据中心的研究，2009年中国搜索引擎广告营收规模达到70.1亿元人民币，2010年搜索引擎的营收规模达99.7亿元。

截至2009年年底，我国即时通讯产品用户规模已经突破2.77亿人，而互联网网民总人数也不过3.84亿人，这意味着，上网人数中72%的网民都会拥有一个即时通讯账户。庞大的用户规模使其也具有较大的商业价值。截至2009年6月底，我国博客用户已经达到1.81亿人，博客空间超过3亿。读者对博客的阅读更为频繁，每周阅读博客的读者占到了读者总数的72.4%。而且博客使用者较一般的网民而言，拥有更高的学历和收入。博客市场呈现出了用户规模庞大、忠诚度高、高度契合等优势。

根据CNNIC测算，2009年社交网站已经成为中国网民的第九大应用类型，用户规模达到1.76亿。计世资讯（CCW Research）调研结果显示，2010年第一季度中国社交SNS网站的市场收入规模达到3.85亿元，同比增长72.6%，呈现高速增长态势。随着中国SNS已经获得了一定规模的用户积累，SNS社区网站的服务模式和商业模式正在逐步积累形成。

3. 户外液晶电视广告

截止到2009年上半年，车载移动电视的广告市场规模已经占到户外液晶电视广告的28.55%。车载移动电视市场处于稳步增长的态势。易观国际最新的统计数据显示，2009年中国车载移动电视的市场收入规模已经达到了19.01亿元人民币。根据央视—索福瑞的调查报告显示，乘客在公交车上看移动电视，遇到广告继续收看的比例达到82.9%。

高档商务楼宇中的液晶电视受到了很多高端商务人群的关注，尼尔森媒介研究所的调查发现，喜欢楼宇液晶电视作为广告媒体的人数相当多，以北京为例，高达66.5%的目标人群喜爱楼宇液晶广告。毫无疑问，楼宇液晶电视在广告产业中拥有比较良好的发展前景，它从受众定位到整个广告的传播渠道，为传统媒体开辟了一条新的路径。

在卖场液晶电视方面，分众是这个领域当之无愧的垄断者。截至2010年3月31日，分众传媒卖场终端联播网覆盖全国包括家乐福、沃尔玛、华联、易初莲花、华联吉买盛、乐购、农工商、易买得、华润万家等超过4 000家大卖场、超市及便利店。

新媒体 广告

4. 手机广告

当前我国的手机拥有量已雄踞世界第一。手机作为一种新型媒体，它的新角色身份也呼之欲出。它集多媒体、移动性、随身性、私密性、交互性、定向传播、定向记录、即时反馈等特色于一身，是一种比较理想的新型媒体。

据 Enfodesk 易观智库发布的《中国无线营销市场专题报告 2010》，2009 年中国无线营销市场规模达 9.80 亿元，同比增长 30.0%。

第二章

网络广告概述

自20世纪90年代,全球网络进入商业领域以来迅速发展,目前已经成为推动当今世界经济发展和社会进步的重要基础信息设施。据瑞典互联网流量监测机构 Pingdom 公布的2009年全球互联网产业的相关统计数据显示,截至2009年9月,全球网民总量已达17.3亿,全年网民增幅达18%[①]。今天,越来越多的人在网络的海洋中搜索和浏览他们所需要的信息,网络作为一个具有强大传播功能的新媒体,日益受到人们的重视。1998年5月,联合国新闻委员会正式提出:互联网已成为继报纸、广播、电视之后的"第四媒体"。

网络广告,简单地说,就是在网络上做广告。互联网本身所蕴涵的巨大商机,使得网络广告的市场在近十几年间正在以惊人的速度增长。与传统的传播媒体(报纸、杂志、电视、广播)广告及近来备受垂青的户外广告相比,网络广告具有得天独厚的优势,是实施现代营销媒体战略的重要一部分。

第一节 网络广告的含义

一、网络广告的定义

在给网络广告下定义之前,首先理解什么是"广告"。《中华人民共和国广告法》(1994年)中所称的广告,是指商品经营者或服务提供者承担费用,通过一定媒体和形式直接或间接地介绍自己所推销的商品或所提供的服务的商业广告。需要说明的是,对

---

① 2009年全球网民突破17亿,博客总量接近1.3亿,http://www.cnii.com.cn/20080623/ca608828.htm.

新媒体 广告

于广告的定义可以从狭义和广义两个角度来界定,上述广告的定义是从狭义的角度界定的。广告有商业广告和非商业广告之分,与企业经营盈利活动有关的广告活动属于商业广告,也是狭义的广告;非经营盈利性的广告属于非商业广告,即是广义的广告,包括社会公益事业性的广告、社会道德文明建设一类的广而告之、政府公共通告,以及非经营性的个人广告等形式,其中一部分非商业广告称为公益广告。

网络广告作为一种新媒体广告,与传统广告相比有很多相似之处,它的明显区别在于传播广告信息的载体是互联网。但对于网络广告的理解,不能简单地等同为"网络 + 广告"。网络广告是一种全新的广告模式,是一种基于网络的复合型的广告形式。事实上,也可以从广义和狭义两个角度来理解网络广告。广义上的网络广告,是指一切基于互联网技术传播信息的方法和过程。狭义上的网络广告,可以参见《北京市网络广告管理暂行办法》(2001年4月)中关于网络广告的界定:"本办法所称网络广告,是指互联网信息服务提供者通过互联网在网站或网页上以旗帜、按钮、文字链接、电子邮件等形式发布的广告。"狭义的网络广告定义主要是从目前几种主流的网络广告形式的角度进行的归纳,对于尚处于发展初期的网络广告市场来说,这样的界定对规范和监督网络广告的具体活动更具有针对性和可执行性。

二、网络广告的要素

广告包括五要素,即广告主、广告信息、广告媒体、广告受众和广告效果。这五要素同样适用于网络广告,只是要素的内容和特征有所不同。

(一) 广告主

广告主是广告信息的发布者,也是广告活动的源头。《中华人民共和国广告法》(1994年)中规定:"广告主,是指为推销商品或者提供服务,自行或者委托他人设计、制作、发布广告的法人、其他经济组织或者个人。①"在市场竞争日趋激烈的今天,可以说广告主遍布在各行各业。按照广告主的经营内容分类,广告主包括生产商、销售商和服务商。按照广告主的经营性质分类,广告主包括企业、政府机构、社会团体、事业单位和一般公民。

网络广告的广告主,是指在互联网上发布广告的企业、团体或个人。由于早期上网的人多以受过高等教育和熟悉计算机操作为主,因此,最早愿意尝试网络这种全新的宣传方式,而进入网络广告领域的广告主大多来自IT行业(如计算机、网络和电话通信业)。随着互联网的迅猛发展,网络广告以其交互性强、传播广泛、针对性强、反馈及时等优势吸引了很多传统广告主开始在网络广告领域上尝试投放广告,网络广告的接受度不断地提高。目前,中国网络广告主主要集中在IT、网络服务、手机通信、交通汽车、房地产、游戏等行业。但中国目前还有大量的广告主愿意在电视等传统媒体上花费

---

① 中华人民共和国广告法, http://www.a.com.cn/cn/hygl/ggfg/zd/fl – zhrmghgggf.htm.

大笔预算，而对于网络广告的重视程度还不太够，相比在美国，快速消费品行业已经成为网络广告投放费用最大的行业。图2-1所示为2005年中国网络广告主20强。

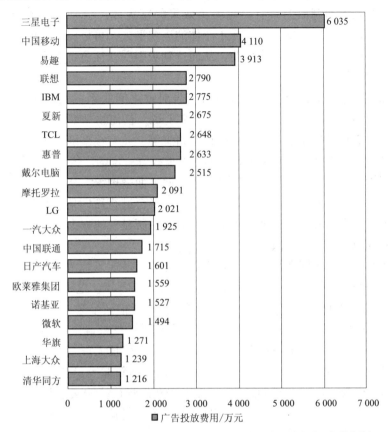

数据来源：iAdTracker, 2006(1)；根据iAdTracker检测中国大陆超过100家主流网络媒体获得

图2-1　2005年中国网络广告主20强①

（二）广告信息

广告信息是指广告所传递的关于企业、产品或服务的信息。由互联网的特性，网络广告所传递的信息量和信息的表现形式都是传统媒体广告所无法比拟的。比如，报纸广告的信息量要受到版面篇幅的限制；电视广告的信息量要受到频道播出时间和播出费用的限制。而网络广告能够容纳的信息量是难以计量的，网络广告信息可以是简练的一句话，也可以是长篇大论的详细介绍。

基于多媒体技术，网络广告信息比以往传统媒体广告信息的表现形式更加的丰富多

---

① 2005年中国网络广告主二十强新鲜出炉，三星居首，http://news.iresearch.cn/viewpoints/20060210/26102.shtml.

彩。有旗帜式的横幅广告（Banner），有按照一定轨迹在网页上飞行的移动图标广告（Moving-icon），有点击页面后自动弹出并播放的视频广告（Video），还有融合了多媒体技术与网络技术而制成的具有美轮美奂效果的富媒体广告（Rich Media）等表现形式。网络广告信息集图、文、声、像于一体的表现形式，可以将产品的外观、功能、特征更加形象、生动地展示在受众面前，从而达到吸引受众注意，提升广告效果的目的。

（三）广告媒体

广告媒体是指能够借以实现广告主与广告对象之间联系的物质工具，是传达（运载）广告信息符号的物质实体[1]。从这个意义上讲，任何物品都可以成为广告媒体。除了主流媒体，像报纸、杂志、广播、电视、路牌等，还有很多随处可见的广告媒体，如T恤衫、购物袋、公交车、建筑物等，都可以承载着一定的广告信息传达给广泛的消费者。对于网络广告的媒体，可以从广义和狭义两方面来理解。从广义上讲，通常是指互联网；从狭义上讲，就是指基于互联网这一传播平台进行新闻信息传播的网站[2]。自从互联网诞生后，不论其发展速度，还是其作为媒体所显现的强大的传播与营销功能，都是以往任何其他媒体无法匹敌的。

事实证明，在互联网诞生不到40年的时间里，呈现了惊人的发展速度。据统计，在美国，将一种媒体发展到5 000万受众，广播用了38年，电视用了13年，有线电视用了10年，而互联网仅用了5年。传播学者大卫·亚伯拉罕逊（David Abrahamson）曾经说过："对于未来的情况和互联网的发展，我们唯一能够确定的事情就是我们对此一无所知。但是，我们现在唯一可以预见的是，互联网前程无量。"

1998年5月，联合国秘书长科菲·安南在联合国新闻委员会年会上将互联网列为报刊、广播、电视之后的"第四媒体"，提出"在加强传统的文字和声像传播手段的同时，应利用最先进的第四媒体——互联网以加强新闻传播工作"。从此，网络媒体成为媒体产业中不可或缺的支柱之一。

近年来，网络媒体展示了强大的传播优势。网络媒体传播信息时效性强，传播的信息容量大、内容丰富，多媒体技术的发展让网络媒体拥有更多的信息传播方式，同时网络媒体的实时互动和一对一的沟通功能更是传统媒体无法赶超的。

随着网络媒体影响力的不断提升，网络媒体在帮助企业开展营销、传播商品信息、塑造企业形象方面的功能也越来越受到广告主的重视。据国际数据公司的报告显示，2007年美国互联网广告总支达225亿美元，比2006年的169亿美元增长了27%，网络广告的增长速度远远高于其他媒体的广告增长速度。预计到2011年，美国互联网广告市场规模将增至313亿美元。

在中国，据艾瑞咨询研究，2007年中国网络广告市场规模达106亿元人民币，

---

[1] 罗子明. 现代广告概论. 北京：清华大学出版社，2005.
[2] 钱伟刚. 第四媒体的定义和特征. 新闻实践，2000（7）.

2003—2007 年网络广告市场平均增幅为 65.3%，是媒体广告市场中增幅最快的，预计 2011 年中国网络广告市场规模将达到 370 亿元人民币。网络广告占广告市场的比例逐年递增，网络广告已经成为网络媒体的主要收入之一。

（四）广告受众

广告受众是指广告信息的接收者，网络广告的受众就是网民。任何广告活动都是广告主有目的地向广告受众传递某类商品或服务的信息，旨在影响广告受众对该商品或服务的态度，乃至影响其购买行为。因此，具体了解广告受众是哪些人，他们有什么特征和爱好，他们经常接触哪类媒体，又有怎样的媒体接触习惯，对提高广告效果都是至关重要的。

据中国互联网络信息中心（CNNIC）发布的《第 26 次中国互联网络发展状况统计报告》显示，2010 年上半年，我国网民继续保持增长态势，互联网普及率进一步提高。截至 2010 年 6 月，总体网民规模达到 4.2 亿，突破了 4 亿关口，较 2009 年年底增加 3 600 万人。互联网普及率攀升至 31.8%，较 2009 年底提高 2.9 个百分点。

报告显示，网民每周上网时长继续增加，人均周上网时长达到 19.8 个小时。网民年龄结构继续向成熟化方向发展，30 岁以上各年龄段网民所占百分比均有所上升，整体从 2009 年年底的 38.6% 攀升至 2010 年中的 41%。与此同时，网民学历结构呈低端化变动趋势，初中和小学以下学历网民增速超过整体网民。网民在家和单位上网的比例继续提升，2010 年上半年，有 88.4% 的网民在家上网，33.2% 的网民在单位上网。

2010 年上半年，我国网民的互联网应用表现出商务化程度迅速提高、娱乐化倾向继续保持、沟通和信息工具价值加深的特点。网络音乐、网络新闻和搜索引擎的使用率位列前三名。

其中，商务类应用表现尤其突出。截至 2010 年 6 月底，网络购物、网上支付和网上银行的使用率分别为 33.8%、30.5% 和 29.1%，用户规模分别达到 1.42 亿、1.28 亿和 1.22 亿，半年用户规模增幅分别为 31.4%、36.2% 和 29.9%，增速在各类网络应用中排前三名。

娱乐应用方面，2010 年上半年，网络视频用户规模达到 2.65 亿，使用率从 2009 年末的 62.6% 上升到 63.2%。虽然增幅不大，但却结束了去年用户下滑的局面，使用率开始缓慢上升。2010 年上半年，网络视频新增用户 2 500 万，增幅达 10.4%。

网络广告受众与传统媒体受众的最大区别在于，网络广告受众有更大的自主权，他们可以随意点击和关闭他们所接触到的网络广告，也可以通过安装广告屏蔽软件将许多网络广告挡在浏览界面之外。因此，如何吸引网络广告受众主动点击他们感兴趣的广告是非常关键的，要做到这一点，就需要对网络广告受众进行准确、深入的了解和分析，在制作和投放网络广告时做到有的放矢。

（五）广告效果

广告效果是指以广告作品为载体的广告信息经过媒体传播之后，对广告对象和广告主所产生的所有直接和间接影响[①]。广告效果有狭义和广义之分。狭义的广告效果是指广告所获得的经济效益,即广告传播促进产品销售的增加程度,也就是广告带来的销售效果;广义的广告效果则是指广告活动目的的实现程度,是广告信息在传播过程中所引起的直接或间接变化的总和,它包括广告的经济效益、心理效益和社会效益。

对广告效果的测定和评估是广告活动的一个重要步骤,通过这个步骤可以了解广告信息到达广告对象的程度,考察广告主题、广告诉求是否到位,广告媒体策划是否合理,最终评估广告活动的效果是否达到预期目标,为下一期的广告活动提供决策依据。

网络广告效果,即指网络广告作品通过网络媒体刊登后所产生的作用和影响。网络媒体的特性决定了网络广告在传播方式、传播效果方面与传统媒体广告是不同的,同时也使受众对广告信息的接收方式、接收效应产生很大的差异。

网络广告的一大特点是传受之间的互动性与可选择性。当受众在计算机屏幕前移动鼠标主动地选择信息时,许多因素在影响着广告信息的传播,同时也就在影响着受众的决定,进而影响着网络广告的传播效果,如网站的知名度、广告的形式和浏览广告的操作技能等因素。决定受众选择的因素还有信息内容的有效性与趣味性。受众总是选择他们需要的、对他能产生某种利益的信息。另外他们会选择一些娱乐性、趣味性的信息(如以游戏方式出现的广告等)。

为让更多的广告对象去主动点击广告主的网络广告,达到理想的广告效果,就要在网络广告的策划阶段充分考虑到上述因素,进行策略性思考。网络广告策划与传统媒体广告策划有一定的相似之处,但因为网络媒体及网络受众具有特定的性质,所以在网络广告的策划过程中又必须结合网络的固有特性进行考虑。关于网络广告策划,会在后面的章节作重点讲解。

第二节 网络广告的特点与分类

一、网络广告的特点

网络广告是随着国际互联网的发展而逐步兴起的,互联网基于先进的计算机、通信和数码技术,呈现了许多传统媒体不具备的优势,这也使得网络广告在发展的过程中拥有了许多得天独厚的优势。当然,作为新生事物,网络广告明显的不足也是存在的。

(一)网络广告的优势

1. 传播范围广,无时空限制

网络广告的传播是世界范围的,只要是与网络相连,所有计算机终端的客户都可以

[①] 罗子明. 现代广告概论. 北京:清华大学出版社,2005.

成为网络广告的对象,通过互联网,网络广告主可以将产品或服务的信息传输到世界各地。据国际互联网数据统计机构 Internet World Stats 不久前公布的数据显示,2010 年初,全球网民总数为 17 亿(全球人口总量为 67 亿),中国网民也已经突破了 4 亿大关。且全球互联网产业规模将继续壮大,网民数量持续增长,尤其是发展中国家网民增速更快。从网民的总量和发展速度来看,可以说,网络广告的受众分布在世界的各个角落。

网络广告的传播还不受时间和空间的限制,互联网将广告信息 24 小时不间断地传播到世界各地。只要具备上网条件,任何人在任何地点都可以看到这些信息,这是其他广告媒体无法实现的。

2. 信息容量大,内容丰富

网络广告能够容纳难以计量的内容和信息。互联网独有的超链接技术,使得网络广告的信息量之大、范围之广是报纸、电视无法比拟的。如报纸广告的信息量受到版面篇幅限制;电视广告的信息量受到频道播出时间和播出费用的限制。而在网络上,一个小小的广告条背后,可以链接海量的广告信息,广告主可以把关于公司的详细信息,产品或服务的种类、功能、用途、价格、外观等,只要是广告主认为有必要向消费者介绍的信息都可以放在自己的网站上,而不必担心因为篇幅增加要承担高额的广告费。

3. 表现形式丰富多彩,感官性强

多媒体技术的应用与发展,使得网络广告超越了传统媒体广告只有一种或几种符号、手段的传播方式。网络广告采用文字介绍、声音、影像、图像、颜色、音乐等于一体的丰富表现手段,具有集报纸、广播、电视的各种优点于一身,表现形式更加丰富多彩,更加吸引受众。这种以图、文、声、像的形式,传送多感官的信息,会让顾客如身临其境般地感受商品或服务,提高了广告信息传播的有效性。

4. 及时修改与更新,实时性强

网络广告可以随时发布、随时更新、随时修改,这是传统媒体广告无法比拟的。传统媒体发布广告后,若想更改,难度是比较大的。即使可以改动,也是代价不菲,往往得不偿失。比如说,电视广告发出后,播出时间就已确定。由于电视是线性播放的,牵一发而动全身,播出时间改一下,往往全天的节目安排都要重新制作,代价很高。所以,即使对安排不满意,也很难更改。对于报纸和杂志来说,有一定的发行周期,想要更改广告信息,最快也要等到下次发行时才能调整。而网络广告在这方面则容易得多,因为网站使用的是超链接技术,在一个地方进行修改对其他地方的影响很小。而且,网络广告制作简便、成本低,容易进行修改。当然,随着网络和带宽技术的改善,为了追求更好、更震撼的效果,网络广告的制作会越来越复杂、体积会越来越大,修改也会相应地提升成本。但是从目前来说,修改一个典型网络广告的成本和难度都比传统媒体要小得多。

5. 投放的准确性和针对性强

网络传播具有分众化的特点,网络中的群体往往具有共同爱好和兴趣,无形中形成了市场细分后的目标顾客群。在网络上，采用计算机数据库的设计，可以对网民进行分辨，再根据其过去的行为和习惯，广告主可以将特定的商品广告投放到有相应消费群体的站点上去，目标市场明确，从而达到有的放矢。而受众也会因广告信息与自己专业相关或是感兴趣，而更加关注此类信息。

企业不但可以将某些网络广告准确地投放给某些特定的目标人群，甚至可以做到一对一的定向投放。利用软件技术，根据不同来访者的特点，网络广告可以灵活地实现时间定向、地域定向、频道定向，从而实现对消费者的清晰归类。比如，在北京举办一个某类产品展销会，广告主就可以要求网站通过识别用户的 IP 地址，只将广告暴露给来自北京的潜在消费者，这种一对一的广告发布方式，使广告投放的针对性更强，在一定程度上保证了广告的到达率。

6. 灵活的互动性和非强迫性

所谓互动性，是指信息接收者不仅仅是接收信息，还可以转变为信息的传播者，他能够向信息的发出者表达意见、发表看法、进行信息的交流与反馈，从而参与信息的传播，实现传者与受者的无差别化。传统媒体的信息传播很难实现真正意义上的互动传播，但在网络上，信息传播的互动性非常明显。比如，消费者在访问企业网站时，不但可以随意浏览对自己有用的信息，还可以通过在线提交表单或发送电子邮件等方式，完成在线选购、在线定制、在线付费等一系列的在线交易流程，企业一般会在很短的时间内就能收到信息，并根据消费者的要求和建议及时作出积极反馈。对企业来说，许多消费者在网站上提供的个人资料，以及给企业的留言等信息，都是宝贵的消费者反馈信息。企业可以根据这些信息及时对产品和服务加以改进，以满足消费者的不同需求，从而赢得更广阔的市场空间。

另外，报纸、杂志、电视、广播、户外等传统传媒在传播信息时，都具有很大的强迫性；而网络传播的过程则完全是可选择的、非强迫性的，这一点同传统传媒有本质的不同。从人性化的角度看，网络传播的非强迫性不会招致受众的反感，是一个非常得网民心的优点。

7. 易统计性和可评估性

传统媒体广告的发布者无法得到有多少人接触过该广告的准确信息，因此一般只能大致推算一下广告的效果。而网络广告的发布者则可通过权威的广告统计系统提供庞大的用户跟踪信息库，从中找到各种有用的反馈信息。也可以利用服务器端的访问记录软件，如 cookie 程序等，追踪访问者在网站的行踪。其曾点击浏览过哪些广告或是曾经深入了解了哪类信息，访问者的这些行踪都被储存在 cookie 中，广告商通过这类软件可以随时获得访问者的详细记录，即点击的次数、浏览的次数及访问者的身份、查阅的时间分布和地域分布等。

与传统媒体的做法相比，上述方式可随时监测广告投放的有效程度，并更精确且更有实际意义。一方面，精确的统计有助于企业了解广告发布的效果，明确哪些广告有效，哪些无效，并找出原因，及时对广告投入的效益作出评估，以便调整市场和广告策略。另一方面，广告商可根据统计数据评估广告的效果、审定广告投放策略，及时采取改进广告的内容、版式、加快更新速度等顺应消费者的举措，进一步提高广告的效益，避免资金的浪费。

（二）网络广告的不足

1. 网络普及率不高及发展不均衡

网络广告的发展要受制于网络本身，目前相对于传统媒体的覆盖率，网络的普及程度不高。国务院新闻办公室主任王晨2010年4月29日在北京表示："截至目前，中国网民人数达到4.04亿；互联网普及率达到28.9%，超过世界平均水平。"总体来看，我国的网络普及率已经超过28%，超过了国际的平均水平，对于一个发展中国家来讲，这是了不起的成绩。但与互联网发达国家冰岛、美国相比，差距还比较大。与韩国、日本、俄罗斯等国家的网络普及率相比也有一定差距。

目前受经济发展、教育和社会整体信息化水平等因素的制约，我国互联网的发展和应用还存在着区域和城乡发展不平衡的问题，同样成为限制网络广告发展的一大障碍。据国务院新闻办在2010年6月8日发表《中国互联网状况》白皮书指出，中国互联网呈现东部发展快、西部发展慢，城市普及率高、乡村普及率低的特点。截至2009年年底，东部地区互联网普及率为40.0%，西部地区为21.5%；城市网民占网民总数的72.2%，农村网民占27.8%。弥合地区之间、城乡之间的"数字鸿沟"，中国还需要付出艰苦努力。

另外，中国互联网"宽带不宽"的问题仍然存在。受制于带宽的制约，网络广告对文件的大小必须进行限制。根据Akamai5公司的报告数据计算，我国平均上网速度只有857 kbps，接入速度远远落后于美国、日本、韩国等互联网发达国家。由此看来，网络广告的发展将在相当长的一段时间里受制于互联网的普及和发展。

2. 广告效果监测困难

众所周知，电视、广播、杂志、报纸等传统媒体的广告监测已相当成熟，但在日新月异的互联网领域，网络广告的监测是比较无序和混乱的。长期以来，国内还没有一家得到认可的第三方机构可以提供量化的评估标准和方法。对网络广告效果的评估主要是基于网站本身提供的数据，网站说点击量是多少就是多少，没有任何第三方的介入。因此，这些数据的准确性、公正性，一直受到某些广告主和代理商的质疑。

不过近两三年，上述情况略有好转。少数处于强势的广告主在和网站洽谈时，会引用一些第三方的数据。但这样的公司毕竟是少数，在和网站的博弈中，更多的广告主只能无可奈何地放弃引入第三方数据的努力。因此，广大广告主希望能够拥有一个提供第三方数据监测的工具，从而帮助他们了解、分析自己投放的网络广告实际效果究竟如何。

前不久，国内一家独立第三方数据统计分析服务提供商——联网时代（北京）科技有限公司（CNZZ）推出了首款广告效果分析产品——网络广告效果"多维度"考量系统。目前该公司推出的网络广告监测工具还是测试版，正式版可能不久将推出。网络广告是否真正进入效果可量化的时代？广告主真正能够避免盲目和无效的投放吗？恐怕还需到时间来验证。

3. 广告创意水平有待提高

在网络广告日益火暴的今天，随便打开一个网页都会看到大量的网络广告闪来闪去，但这些广告究竟有多少能够吸引住消费者的眼球？又有多少广告能让消费者主动去点击？很多广告商想通过弹出式广告、自动播放的视频广告、邮件广告等带有强迫式接受性质的广告形式来吸引受众的注意，反而招致受众对网络广告的厌恶和逃避。造成这种局面的主要原因之一是目前中国网络广告的整体创意水平不高，多数网络广告没有准确抓住网民受众的心理，广告表现自然缺乏吸引力。

网络广告的创意该如何发展？什么样的创意才算是好创意？笔者认为，影响网络广告创意的因素主要来自互联网本身，即互联网的媒体特性对创意有着显著影响。首先，互动性是互联网作为媒体的独特优势。发挥网络广告的互动性优势，让受众不再只是被动地接受广告信息，而是主动地与广告信息产生互动或选择，并能够参与到广告的内容互动生成和传播中来。

其次，互联网的高科技在促进广告创意方面也可以有积极表现。互联网是计算机科技和网络科技的结合，注定这个媒体的高科技特性，可以为网络广告带来更加多变的表现方法，创建更多复杂的视觉效果，为网络广告创意提供广阔的创意空间。

总之，好的网络广告创意，应能激发消费者的购买欲望，更能与消费者建立一条特殊的情感纽带与沟通渠道，还能帮助广告主在有限的广告投放额度的前提下，扩大广告宣传效果。

4. 广告监管相对滞后

目前，我国对于网络广告的监管还没有设立专门的政府相关机构，对于网络广告从制作到发布的整个流程也缺乏专业的管理监督手段进行跟踪和监控。对比美国、韩国等国家已经建立比较成熟的网络广告监管体系，中国网络广告尚处于无序的发展阶段。

由于我国网络广告的监管不力，许多问题日渐突出。比如，网络广告发布的形式、内容多与现行法律法规不符，特别是虚假的网络广告已严重影响到社会稳定，并呈泛滥的趋势，消费者及网络用户深受其害，社会各界反应强烈。同时，许多网民每天还不得不看到无数个垃圾邮件类广告、弹出式广告、插件广告等令网民反感的强迫式广告。由于网络广告经营者、代理人资质的审批制度和审查监测体系还不健全，因此，广告经营者和广告代理人的活动无法受到约束。而我国现行的《广告法》对网络广告的监管基本没有涉及。

在网络广告繁荣发展的今天，我国现有的监管机构、体系及制度显然难以满足网络广告发展的现实需求。可见，如何引导网络广告向规范、有序、健康的方向发展，是当前亟须解决的问题。

二、网络广告的分类

对于网络广告的分类，目前还没有形成统一的分类标准。在这里，主要借鉴了艾瑞咨询机构（iResearch）的分类方法，按照网络广告的形式，将其分为品牌网络广告和付费搜索广告两大类。在每个大类中，又各有细分。

（一）品牌网络广告

品牌网络广告包括品牌图形广告、网上分类广告、固定文字链广告、电子邮件广告、富媒体广告和其他形式的广告。

1. 品牌图形广告

品牌图形广告包括旗帜广告、按钮广告、弹出窗口广告、移动图标广告、通栏广告、摩天楼广告、对联广告、画中画广告、鼠标感应广告、全屏广告等多种形式，这些广告在网页中通常用来传达品牌广告的内容，因此统称为品牌图形广告。目前，国内大型门户网站均可以为广告主提供上述广告形式。

1）旗帜广告

旗帜广告，也称网幅广告或横幅广告，是最早的网络广告形式，在网络广告中占有重要位置（见图2-2）。大小通常为468×60像素，一般是使用GIF、JPG或Flash格式的图像文件，可以使用静态图形，也可用多帧图像拼接为动画图像和交互式多媒体广告形式。

图2-2 旗帜广告

旗帜广告多放置在页面上方的首要位置或底部中央，多为提示性广告（显示一句话或一个标题），点击后可以进入相关页面，了解更多详细的信息。旗帜广告由于位置佳，视觉冲击效果好，通常浏览量高，可普及到更多的目标受众群。

2）按钮广告

按钮广告（Button），也称为图标式广告。顾名思义，按钮广告尺寸较小，大小通常为 120×60 像素或 100×50 像素（见图 2-3）。除了大小和形状的不同，按钮广告与旗帜广告在制作方式和自身属性方面没有区别。

图 2-3 按钮广告

由于图形尺寸小，故可以灵活地放置在网页的任何位置，适用于成熟期的知名品牌，能够唤起对品牌的记忆，起到提示性广告的作用。但尺寸小的按钮广告要做到制作精美、创意新颖，才能吸引更多用户注意并点击。

3）通栏广告

通栏广告，也是由旗帜广告演变而来，一般是使用 GIF、JPG 或 Flash 格式的图像文件，大小视页面空间大小而定（见图 2-4）。

通栏广告广告面积大，广告信息丰富，广告创意可以任意发挥，尽现广告表现，造成较强烈的视觉冲击。受众在浏览整个页面时，广告信息可以迅速地传达到受众的视野中，这样广告的有效度大大提高。

4）摩天楼广告

摩天楼广告，也称为擎天柱广告，一般是使用 GIF 格式或 Flash 格式的图像文件，通常大小视页面空间大小而定（见图 2-5）。

摩天楼广告突破了以往旗帜广告的传统横式模式，形成了竖立式的大 Banner 广告条，造成很强的视觉冲击力。通常设立于页面显眼位置，亦可根据客户不同目标要求，作个性化调整，灵活多变。

网络广告概述 **第二章**

图 2-4　通栏广告

图 2-5　摩天楼广告

5）对联广告

对联广告，一般是使用 GIF 格式或 Flash 格式的图像文件，在页面的左右两边各投放一个 Button，内容相互呼应，当鼠标划过或点击时，即弹出一通栏广告，非常抢眼（见图 2-6）。

新媒体 广告

图 2-6 对联广告

对联广告创意灵活度高，表现力强，视觉效果突出，色彩动画可以得到最大程度的体现，利于诉求品牌形象，容易吸引受众"眼球"，适用于特别纪念日投放，或者特殊创意产品概念表现。目前，有的对联广告已经简化成双摩天楼的广告形式。

6）弹出窗口广告

弹出窗口广告，又称为插页式广告。广告主选择自己喜欢的网站或栏目，在该网站或栏目出现之前插入一个新窗口显示广告，一般是使用 GIF、JPG 或 Flash 格式的图像文件，大小通常为 400×300 像素（见图 2-7）。

弹出窗口广告页面能够得以充分展开，同时也不影响受众浏览，但广告的强迫性较强，要注意创意新颖，才能吸引更多受众点击，否则极易引起受众的反感。

图 2-7 弹出窗口广告

7) 移动图标广告

移动图标广告,一般是使用 GIF、JPG 或 Flash 格式的图像文件,大小通常是 80×80 像素或 60×60 像素,能在页面上进行上下或左右的自由移动,点击后可链接至指定的广告页面(见图 2-8)。

图 2-8 移动图标广告

移动图标广告可以根据广告主的要求并结合网页本身特点设计特定的"飞行"轨迹,增强广告的曝光率。

8) 鼠标感应广告

鼠标感应广告,一般是使用 GIF 格式或 Flash 格式的图像文件,当鼠标划过时,就会弹出更大尺寸的图片(见图 2-9)。

图 2-9 鼠标感应广告

由于广告信息的出现是由网民的鼠标控制,并具有隐蔽性的特点。广告也具有明显的趣味性,并提高了受众对广告的兴趣。广告在没有动作的情况下不会出现更大的广告页面,不会影响网民浏览对自己所关心的信息,可以增加亲和力,并且广告的针对性也较强。

9) 画中画广告

画中画广告,一般是使用 GIF 格式或 Flash 格式的图像文件,将广告安插在各类新闻的最终页面中,与文字进行合理安排,自成独立小画面。通常为大的长方形,大小约为 360×300 像素(见图 2-10)。

画中画广告属于为企业量身定做,广告位于各类新闻的最终页面,使得受众在浏览自己感兴趣内容的过程中去体会广告的含义,接受广告的信息,可以准确无误地到达各类受众,浏览率高。

图 2-10　画中画广告

10) 全屏广告

全屏广告,一般是使用 GIF 格式或 Flash 格式的图像文件,在打开浏览页面前广告以全屏形式出现 5~8 秒,随后逐渐收缩消失(见图 2-11)。

图 2-11　全屏广告

全屏广告在短时间内迅速达到最大的页面空间,并可以支持多种基本广告表现形式，很容易给人以强烈的视觉冲击，使受众瞬间注意广告内容，广告在很大程度上是强制性的。

2. 网上分类广告

分类广告最早出现在报纸的分类广告版，就是在报纸版面位置相对固定的地方刊登的短小广告集纳，它把广告按性质分门别类进行有规则的排列、便于读者查找的广告形式。

网上分类广告，是传统意义上的分类广告借助互联网这样一个载体的表现。它主要面向中小企业和个人商户，在互联网上发布各类产品信息和服务信息，同时可以满足广大网民对消费和服务信息的需求。经常设立的栏目有租让、出售、家政、购物、招聘、婚嫁、教育等与人们日常生活密切相关的小规模商业信息，每个大类别之下又有若干细分的小栏目。

网上分类广告发布快捷、形式简单、价格低廉、容易更新，便于消费者集中比较，具有很强的针对性。企业和个人用户通常会在需要时主动查询，广告不带有强制性，因而更易被网民接受。

网上分类广告在中国起步较晚，很多早期的分类广告都是免费的，而且这种广告形式也得不到大广告主的认可。随着越来越多的中小企业开始在网络上开展营销活动，网络分类广告才逐渐受到关注。2001年6月18日，新浪网在中国最早推出网络分类广告业务，并开通了"新浪分类信息"频道作为网络分类广告的媒体平台（见图2-12）。

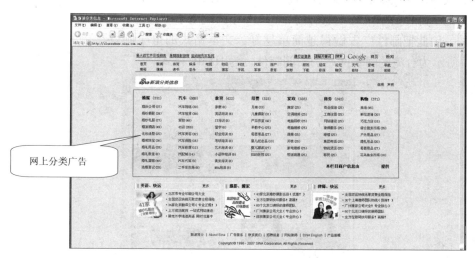

图2-12 "新浪分类信息"频道

3. 文字链广告

文字链广告是以一排文字作为一个广告，点击进入相应的广告页面，主要的投放文件格式为纯文字广告形式。文字链广告可以安排在页面的任何位置，可以横排也可以竖排，尺寸可根据文字的多少和大小灵活变化（见图2-13）。

新媒体 广告

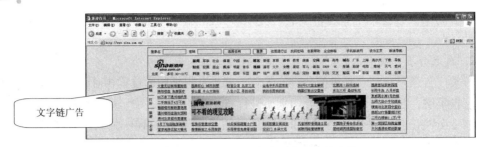

图2-13 新浪首页的文字链广告

当网站上的各式广告对网民正常的浏览和寻找信息造成干扰之时，文字链广告的出现无疑迎合了大部分网民的心理。它对用户阅读网站造成的干扰最小，增加了用户对网络广告的好感度。它能达到软性宣传的目的，是网络广告中最有效果的广告形式。当然，文字链广告缺少图形、图像等表现形式，也就很难对用户造成强烈的感官冲击。

4. 电子邮件广告

电子邮件广告是指商家通过互联网将广告发送到用户电子邮箱的网络广告形式，其形式类似于传统的直邮广告在网络时代的变身。电子邮件广告一般采用文本格式或HTML（网页）格式。通常采用的是文本格式，也可以设置一个URL，链接到广告主公司主页或提供产品及服务的特定页面。HTML格式的电子邮件广告可以插入图片，但因为许多电子邮件的系统是不兼容的，HTML格式的电子邮件广告并不是每个人都能完整看到的，因此把邮件广告做得越简单越好，文本格式的电子邮件广告兼容性最好。图2-14所示为台湾的阿贵网站的新闻邮件，为HTML格式。

图2-14 台湾阿贵网站的新闻邮件

电子邮件广告具有针对性强、费用低廉、传播面广、信息量大的特点,且广告内容不受限制。与其他网络广告形式相比,其针对性强的特点是电子邮件广告的显著优势。电子邮件广告可以让企业针对具体某一用户或某一特定用户群发送特定的广告,为其他网上广告方式所不及。可以说,电子邮件是目前网民在使用互联网时最经常用到的工具之一,尤其对于企业管理人员,几乎每天都要使用电子邮件。

电子邮件广告可以直接发送,通过邮件列表实现。邮件列表是由一群拥有共同兴趣和爱好的用户组成的,这群用户能够收到任何通过该邮件列表发送的信件,列表的用户之间也可以相互发送邮件。

电子邮件广告也可以采用通过搭载的形式发送。如通过用户订阅的电子刊物、新闻邮件和免费软件及软件升级等其他资料一起附带发送。例如,用户在新浪申请了一个免费邮箱,在用户收到申请成功的确认邮件时,还要附带收到一封新浪的电子邮件广告。

现在,电子邮件广告已成为使用最广的网络广告形式,也被认为是互联网上最便宜、最有效的广告形式。但需要注意的是,那些未经同意发送的邮件广告会被用户视为垃圾邮件广告,很容易引起用户的反感。因此,要想真正发挥电子邮件广告的作用,广告主需要在了解用户需求的基础上有针对性地、适时适量地发送,才不至于浪费广告费。

5. 富媒体广告

富媒体(Rich Media)其实不是一种真正的媒体,是指由2D及3D的Video、Audio、Java、动画、Dhtml等组成效果,目前在网络上被应用的一个高频宽资料技术,它是互联网的一个技术名词。而富媒体广告是基于富媒体技术之上的一种新的互联网广告形式。它的特点就是利用富媒体技术把大多数的广告文件(视频广告片、Flash 广告等)通过在大流量的门户网站上流畅的播放,且具有网络强互动的优势,从而达到一种强曝光、高点击率的效果。[①] 目前富媒体广告常见的形式有:声音广告、3D互动广告、游戏广告、Flash 广告和视频广告(见图2-15)。

富媒体广告在整个网络广告当中一直保持着快速增长。能够受到广告主的如此青睐,主要由于富媒体广告具有以往网络广告不曾有的优势:利用丰富的富媒体技术,为广告创意人员提供了更加广阔的创意空间,它包含了音频、视频、动画、交互、三维展示、游戏等元素,相比传统网络广告采用简单的图片或Flash的表现形式,富媒体广告更具有表现力;它的交互性更强,通过游戏、三维展示等形式更容易吸引受众参与其间,受众会主动地浏览和体验;它还能够运用目标锁定技术,通过新互动领先的用户行为分析技术,精确获得消费需求,保证广告准确送到真正感兴趣的消费者面前。

富媒体广告是一个年轻的市场,产品服务和运营模式还不够成熟和完善。目前主要应用于一些高端媒体和广告主,未来富媒体广告需要重视的是如何把高端技术变成一个

---

① 洵磊."陆军"与"空军"的完美结合 富媒体营销:公关要与广告相配合. 广告人,2007(8).

新媒体 广告

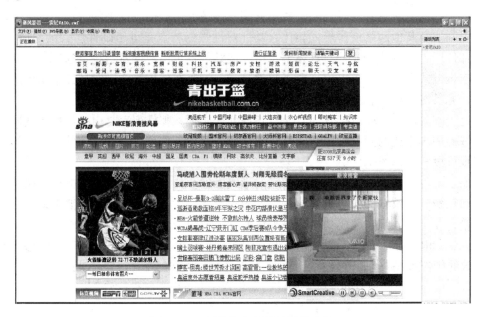

图2-15 新浪体育频道的视频广告

整合性的平台，满足高中端广告主不同的整合营销需求。富媒体广告代表着互联网，或者说是数字媒体广告的未来，它的发展空间是非常广阔的。

6. 其他形式广告

其他形式的网络广告包括网页广告、赞助式广告、电子公告牌（BBS）广告、在线软件广告、数字杂志类广告等。下面介绍一下网页广告和在线软件广告。

1）网页广告

网页广告是指企业通过整个网页来宣传企业自身形象及所提供的产品或服务。网页广告一般会放在企业的主页上，其他网站的用户可以通过点击广告链接到达企业的网页广告。企业在网页广告上可以详细介绍产品或服务信息，还可以设置查询功能，让用户自己寻找有关的产品或服务信息，有的企业在网页广告中设置了更多的互动功能，如商品预订、定制、购买等服务项。这种类型的广告不但可以直接或间接地促进产品销售，还可以帮助企业提升品牌的知名度，培养客户的忠诚度。图2-16所示是海尔公司的网页广告。

2）在线软件广告

在线软件广告是指在一些软件的使用或下载的过程中插入的网络广告。这是网络广告中的一种新形式，它的发展前景让业内人士看好。比如深受网民喜欢的聊天工具QQ、MSN，下载工具迅雷、网际快车等，这些软件在网络上拥有大量的用户，并且每年都以惊人的速度增长。据统计，腾讯QQ在2005年2月16日这一天，用户的同时在线人数突破了1 000万。在2007年7月16日这一天，QQ同时在线人数突破了3 000万，而在2009年10月10日，这一统计数字突破了8 000万。图2-17所示为QQ软件中的网络广告。

图 2-16　海尔公司的网页广告

图 2-17　QQ 软件中的网络广告

除了拥有数量巨大的用户，在线软件广告的价值还体现在用户的忠诚度方面。比如，一个 QQ 用户每天看的网页都不同，但他几乎每天都会打开 QQ 进行聊天。一般说来，人们对软件的忠诚度要比对 Web 的忠诚度要高。另外，在线软件广告一般不会影响用户对软件的正常使用，使得用户对其广告有较好的印象。

（二）付费搜索广告

付费搜索广告是利用搜索引擎营销开展的广告活动。搜索引擎营销是根据用户使用搜索引擎的方式、利用用户检索信息的机会将营销信息传递给目标用户。

新媒体 广告

1. 付费搜索广告市场

近年来伴随着搜索引擎用户规模的增长及其对网络信息资源的整合入口功能逐步展现，广告主逐步将搜索引擎广告视为投资回报率最高的营销方式，搜索引擎营销（SEM）也逐渐成为广告主营销的重要理念。特别是进入2007年后，越来越多的大品牌广告开始在中国搜索引擎上投放广告，标志着中国搜索引擎营销行业进入一个新纪元。

艾瑞咨询发布的研究报告显示：2007年中国搜索引擎营销市场规模达30.2亿元人民币，相比2006年的14.5亿元人民币年同比增长了107.8%，而2009年中国搜索引擎市场规模达78.4亿元人民币，相比2008年的52.6亿元人民币年同比增长了49%。搜索引擎市场规模在网络广告市场规模占比达33.6%，相比2008年的29.6%上升了4.0个百分点。其主要原因在于，经济危机时期，部分大广告主（主要为品牌广告主）将更多预算转移至性价比更高的搜索引擎营销。预计到2011年，中国整体搜索引擎市场规模将达137.8亿元人民币（见图2-18）。

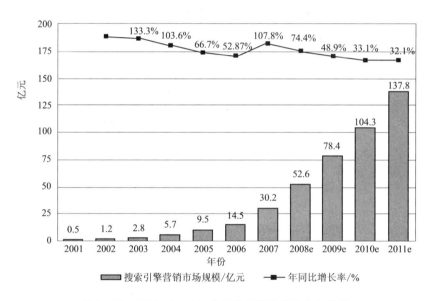

图2-18 2001—2011年中国搜索引擎营销市场规模

2009年中国搜索引擎市场的竞争格局"双寡头"特征依旧。营收方面，百度、谷歌两者营收份额之和为96.2%；流量方面，百度、谷歌网页搜索请求量份额之和为94.9%，基本垄断中国搜索引擎市场。

而考察推动中国搜索引擎营销市场的发展动因，艾瑞咨询研究发现中国搜索营销未来的发展并非主要由现存中小企业长尾市场的驱动，而是依托大品牌广告主的积极投放和参与，广告主越发看重搜索引擎营销对品牌价值的强调作用，企业需要利用搜索引擎作为受众对本品牌的第一认知媒体。

相信在未来几年，伴随着广告主对搜索营销认可程度的上升，将会有越来越多的企业广告主参与到与搜索运营商的合作中来，中国搜索引擎营销将呈现推陈出新的发展局面，新理念、新手段将逐步涌现。

2. 付费搜索广告的方式

目前，付费搜索广告主要包括关键字广告和关键字竞价排名广告两种形式。

1）关键字广告

关键字广告是一种文字链接型网络广告，通过对文字进行超级链接，让感兴趣的网民点击进入公司网站、网页或公司其他相关网页，实现广告目的。链接的关键字既可以是关键词，也可以是语句。也就是说，每则广告都会提供一些关键字，当使用搜索引擎（如百度、谷歌、雅虎、搜狐、搜狗等）搜索到这些关键字的时候，相应的广告就会显示在某些相关网站的页面上，通过这样快捷、灵活、迅速的方式给客户以大量的相关信息（见图2-19）。

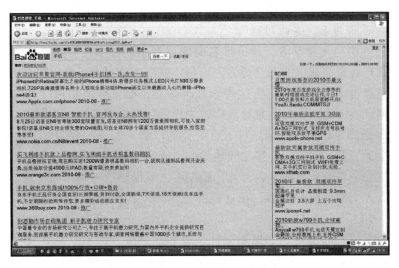

图2-19　百度关键字广告

2）关键字竞价排名广告

关键字竞价排名广告是关键字广告的一种形式，按照出价最高者排名靠前的原则，对购买了同一关键字的网站进行排名的一种方式。它与关键字广告的最大不同在于对搜索后的广告显示内容采取拍卖竞价排列广告顺序的机制。如图2-19所示，如果采用关键字竞价排名广告的方式，应该是越接近页面顶端位置的广告主付出的广告费越高。

关键字竞价排名广告最先由谷歌公司设计并使用，在国内，百度、雅虎、谷歌等都是竞价排名服务的提供商。竞价排名广告属于点击类广告，也就是访客没有点击付费广告信息，那么它是不扣除费用的，这种不点击不付费的方式也使得一般小企业能够做得起网络广告，极大地促进了中小企业和大企业搏击的能力，逐渐成为中小企业获得客户的主要渠道。

3. 关键字竞价排名广告的优势

关键字竞价排名广告是最近几年付费搜索广告最主要的收入来源，它能够日益得到广告主的青睐，在于其具有以下明显的优势。

（1）采用按效果付费，不点击不扣费的方式，使得一般小企业也能够做得起网络广告。

（2）关键字竞价排名广告出现在搜索结果靠前的位置，容易引起用户的注意和点击，因而广告效果比较好。

（3）对于自然排名（根据网页被引用次数的多少来确定）效果不好的网站，采用竞价排名可以很好地弥补这种劣势。

（4）广告主自主选择广告出现在搜索结果的位置，从而可以自己控制广告价格和广告费用。

（5）广告主可以对用户点击广告情况进行统计分析，从而控制广告效果。

4. 关键字竞价排名广告的问题

（1）恶意点击与无意点击。竞价排名的恶意点击非常多，一般是广告主的竞争对手为了耗费其广告费而采取的恶意行为，或是一些广告公司为了获取更多的利润也会恶意点击，恶意点击不但不会给广告主带来任何效益，而且会浪费掉广告主大量的广告费。另外，网民的无意点击，也是导致广告主投资回报率下降的主要原因。

（2）竞争激烈导致费用高昂。对于点击类的广告，若不控制日消耗，这种广告的投入将会是个无底洞。例如，一些比较热门的关键字，点击单价可以达到数元甚至数十元，一个月就要消费数千元甚至数万元，长期下去就需要投入高昂的费用，而且一旦别人出的价格高，则排名就会落后，在这样的竞争之下，广告主要付出的广告费用不好控制。

（3）后期管理比较麻烦。如果要保证位置和控制成本，不但需要安排专人进行关键字的筛选，挑出适合的关键字，衡量价格，还要有人每日检查效果，进行价格查看，根据效果调整关键字出价和排名，设置最合适的价格来确定广告展示位置，这项工作需要花费很大精力。

第三节　网络广告的产生、发展与未来

一、互联网的产生过程

网络广告的产生与发展过程，与承载它的媒体——互联网是分不开的，因而追溯网络广告的起源，首先要了解一下互联网的产生过程。

1969 年，美军在 ARPA（阿帕网，美国国防部研究计划署）制定的协定下将美国互联网西南部的大学加利福尼亚大学洛杉矶分校、斯坦福大学研究学院、加利福尼亚大学和犹他州大学的四台主要的计算机连接起来。这个协定由剑桥大学执行，在 1969 年 12 月开始联机。到 1970 年 6 月，麻省理工学院、哈佛大学、剑桥大学和加州圣达莫尼卡系统发展公司加入进来。到 1972 年 1 月，斯坦福大学、麻省理工学院的林肯实验室、卡内基梅隆大学加入进来。之后的几个月内，国家航空和宇宙航行局、兰德公司和伊利诺伊州大学也加入进来。1983 年，美国国防部将阿帕网分为军网和民网，渐渐扩大为今天的互联网，之后有越来越多的公司加入。

　　互联网最初设计是为了能提供一个通信网络，即使一些地点被核武器摧毁也能正常工作。由于最开始互联网是由政府部门投资建设的，所以它最初只是限于研究部门、学校和政府部门使用。除了以直接服务于研究部门和学校的商业应用之外，其他的商业行为是不允许的。最初也只有计算机专家、工程师和科学家能够运用它，但即使是计算机专家、工程师都不得不学习非常复杂的系统。那个时候，还没有家庭和办公计算机。直到 20 世纪 90 年代初，当独立的商业网络开始发展起来，这种局面才被打破。

　　互联网的后期发展早已超越了当初 ARPANET 的军事和技术目的，尽管互联网的出现是人类通信技术的一次革命，但仅仅从技术的角度来理解互联网的意义是远远不够的。互联网是全球性的，不管是谁发明了它，它将属于全人类，从它诞生之时，就意味着它将为全人类的交流服务。正像麻省理工学院的高级研究员 David Clark 所提到的："互联网的最大成功不在于技术层面，而在于对人的影响。电子邮件对于计算机科学来说也许不是什么重要的进展，然而对于人们的交流来说则是一种全新的方法。"互联网迄今为止的发展过程已经证实，网络就是传播媒体。

二、网络广告的产生与发展

（一）网络广告的兴起

　　追溯广告的发展历程会发现，任何一种新的广告形式的出现都将与一种新的传播技术的诞生密切相关，从最初的报纸、杂志、广播、电视，广告商们总能不失时机地发掘出每一种媒体背后的商业价值与传播价值，将其变成广告媒体。同样，当互联网的商业价值与传播价值日益显露时，一种新的广告形式——网络广告也很快出现在人们的视野之内。当然，最初的网络广告顺理成章地起源于计算机技术与网络技术最为发达的美国。

　　1994 年 4 月 15 日，美国著名的热线（Hotwired）杂志和美国电话电报公司（AT&T）签署合同完成第一笔网络广告交易，同年 10 月 14 日 Hotwired 推出了网络版的 Hotwired，并在其主页上发布了 AT&T 等 14 个客户的广告 Banner。这是网络广告史上的里程碑，标志着网络广告的正式诞生，同时也让网络开发商与服务商看到了一条光明大路。

新媒体 广告

我国 IT 行业于 1997—1998 年间意识到网络广告的光明前景，于是逐渐有网络广告出现在我国的网站中。1997 年 3 月，中国第一个商业性网络广告出现在 Chinabyte（天极网）网站，广告表现形式为 468×60 像素的动画旗帜广告。Intel 和 IBM 成为国内最早在互联网上投放广告的广告主。历经多年的发展，我国网络广告行业已经慢慢走向成熟。

（二）网络广告的发展状况

网络广告的发展异常迅速，无论网络媒体或广告主均对其充满希望，网络广告成为广告主进行商业宣传的新方式。1996 年，美国全年网络广告收入达 2.67 亿美元；1997 年达 9.06 亿美元；1998 年达 20 亿美元，首次超过户外广告的收入额。1998 年，同时也被认为是互联网进入成熟期的一年。这一年的 9 月 11 日，美国独立检察官斯塔尔在网上全文发布对克林顿总统性丑闻的调查报告，全球数以亿计的网民在互联网上阅读这份报告，这一事件标志着互联网成为继报刊、广播、电视之后的"第四媒体"。以"第四媒体"为载体的网络广告，同互联网一样，以惊人的速度发展着。

中国的网络广告事业自 1998 年开始，也初具规模。1998 年第二季度，中国国中网于世界杯比赛期间推出世界杯网站，赚取了 200 万元的广告费用，用事实证明了网络广告的独特魅力。1998 年底到 1999 年初，一些计算机企业大量地发布网络广告，这一举动极大地推动了中国网络广告发展的步伐。1999 年上半年，IT 以外的更多行业的广告主开始尝试网络广告，开创了网络广告主多元化的局面。同时，网络广告形式也在不断地推陈出新，1999 年下半年，在第二届中国互联网网络大赛上出现了新的网络广告类型——赞助式的网络广告。

然而好景不长，在 2000—2002 年期间，网络经济泡沫的破灭让网络广告也走入了低谷。2000 年是互联网发展历程中最灰暗的一年。纳斯达克股市综合指数在 2000 年 3 月 10 日触摸历史最高点（5132 点），此后急转直下，开始崩盘。网络广告与网络经济一起遭受重创。一些世界知名的网络广告公司的股价缩水 90% 以上，用户开始对网络广告的效果产生怀疑。

惨境也同样出现在中国。1999 年 7 月 12 日，中华网成为中国第一个在纳斯达克上市的网络概念公司。2000 年 4 月到 7 月，新浪、搜狐和网易相继在纳斯达克挂牌上市。纳斯达克开始崩盘之时，中国的网络经济与网络广告同样陷入困境。

网络广告的低迷让人们一度对网络广告失去信心，但正是这种阵痛让人们对网络广告有了更加清醒的认识。促使网络广告市场资源实现更合理的配置，促成网络广告市场产生更合理的收费方式，让网络广告的制作人员思考如何提高网络广告的效果，让网络广告发布者更多地考虑如何充分发挥网络广告的优势等。

2003 年，走出了低迷期的网络广告重现生机。这一年，全球网络广告市场形势大好。根据普华永道和美国交互广告署公布的数据显示，付费搜索广告的推行，使得 2003 年全球网络广告收入达到 73 亿美元，较上一年上升了 21%。根据营销方案供应商

DoubleClick 公司及互联网用户监测服务商 Nielsen/NetRatings 公司发布的 2003 年度市场调查报告，2003 年网络广告服务公司在销量上整体提升约 49%。

同样，中国的网络广告在衰退期后也逐渐出现了勃勃生机。据艾瑞咨询统计：2003年，中国网络广告市场总值 10.8 亿元人民币。其中，IT 行业排在第一位，高达 2.7 亿元；第二位是手机，为 1.8 亿元；汽车和房地产类广告异军突起，以 300% 的高速增长，分别为 1.2 亿元和 1 亿元。在 10.8 亿元的市场总值中，被三大门户网站占据半壁江山，新浪 3 亿元多，搜狐有 2 亿元左右，网易也接近 1 个亿。传统三大门户再加上 TOM、雅虎中国、21CN、QQ 等门户网站，占据整个网络广告市场 7 成左右的份额。2004 年 4 月，《南方周末》发表一篇报道，总结了中国从 2000 年到 2004 年互联网的发展，它这样写道："在这 4 年里，中国三大门户网站在纳斯达克的股价走了一条 U 字形的曲线。U 字形的左边是互联网狂热在股市退潮的反映，底边是长达两年的互联网寒冬，U 字形的右边代表着中国互联网产业率全球互联网之先走出低谷重新崛起，也代表着中国互联网无限广阔的发展远景。"

近几年，随着越来越多的企业将广告投向互联网，网络广告收入占全球广告收入的比例在逐年增加。据实力传播的研究，2005 年，全球网络广告的市场份额比例为 4.8%，而到 2008 年，全球网络广告的市场份额比例为 8.6%，增幅较大。另据权威机构 eMarketer 预测，预计到 2012 年网络广告的市场份额有望达到 13.1%，互联网在许多发达国家和发展中国家已成为主流广告媒体，未来网络媒体同传统媒体争夺广告主营销预算的现象将更加严重。

三、网络广告的未来趋势

互联网行业已经成为对世界经济与社会发展产生重要影响的行业，以互联网为依托的网络广告的发展也已成为不可抵挡的洪流。未来，网络广告将有以下发展趋势。

（一）网络广告市场继续保持稳定增长

目前，网络广告正在逐渐被越来越多的广告主和广告代理商所重视，随着网络技术的发展，将不断出现新的网络广告形式，网络广告效果的改进，网民数量的不断增长等复合性因素都激发着广告主在网上做广告的信心，网络广告的营业额将不断增长。专家预计，快速消费品将成为除了 IT 产品、房地产、网络服务类产品之外品牌网络广告新的增长点，加之传统行业投入的增加，将会带来网络广告市场的进一步繁荣。

（二）网络广告的形式更加丰富多样

随着互联网技术的发展及宽带技术水平的提高，网络广告的表现形式也将越来越丰富。诸如流媒体、VRML 等网络视频技术的发展，为网络广告技术的发展提供了技术上的保障。未来，富媒体广告、网络游戏植入式广告将越来越受到广告主的青睐。网络广告将越来越追求个性化、互动性和趣味性，更加强调创意和策划的水平。语音、视频、动画、游戏等更多元素融合的网络广告将不仅仅是信息传播的工具，更是一件艺术品，会有更多的用户愿意参与到网络广告中来。

（三）网络广告将转向"定向投放"

网络广告最大的特点就在于它的定向性，网络广告不仅可以面对所有网络用户，而且可以根据受众特征确定广告目标市场。例如，生产化妆品的企业，其广告主要定位女士，因此可将企业的网络广告投放到与妇女相关的网站上。这样通过网络，就可以把适当的信息在适当的时间发送给适当的人，实现广告的定向传播。从营销的角度来看，这是一种一对一的理想营销方式，它使可能成为买主的用户与有价值的信息之间实现了匹配。

（四）网络广告与传统媒体的整合传播

随着宽带网络技术的发展，以流媒体技术为核心的网络视频将会成为下一个主要的网络广告载体。将电视广告和网络视频广告融合，即将网络视频广告作为电视广告的一部分，一前一后互为补充，寻求最佳的传播效果，也是未来网络广告的发展趋势之一。IT、汽车、消费电子等产业正在将更多经费投放到网络广告中，并与其他广告形式整合传播，这样的方式在未来将受到越来越多产业的青睐，以期产生联动效果。

（五）网络广告市场监管将更加规范化

随着网络广告业的日益发展与壮大，国家对网络广告市场的监管力度将会逐步加大。针对目前网络广告中存在的一些问题与弊端，国家的网络广告管理法律体系、网络监管机构和网络交易制度都将会进一步得到健全和规范。另外，从网站本身来看，网络广告管理也将趋向规范化和完善化，网站人员的素质、管理经验都将进一步加强。

第三章

网络广告调查与策划

在传统广告活动中,广告策划是整个广告活动的中心环节,它是广告人员在对市场、产品、消费者、竞争对手、广告媒体及广告环境等进行周密的调查和分析的基础上,并根据广告主的要求,对将要全面开展的广告活动进行谋划,提出预想性方案的决策过程。因此,广告策划对整个广告活动具有决定性和指导性的作用。而广告调查是整个广告活动的起点,它为广告策划提供科学的依据,是保证广告策划完善而有效的前提和基础。同样,企业在选择网络广告的时候,针对网络广告的调查与策划也是必不可少的环节。虽与传统广告有很多相似之处,但由于网络技术的运用、网络媒体特性与网民特性等因素的存在,决定了网络广告的调查与策划的独特性和可研究性。

第一节　网络广告调查

一、网络广告调查的含义

网络广告调查是指网络广告主、广告公司或网站经营者在从事网络广告的活动中,针对市场、产品、消费者、竞争对手等方面的资料,进行全面、系统的收集、整理、分析和解释工作,从而达到为网络广告策略提供资料,为网络广告的创意和表现提供依据和检验网络广告效果的目的。网络广告调查是开展网络广告活动的基础,是有效进行网络广告策划的必要条件。因此,要尽可能全面地收集和调查有关资料。

二、网络广告调查的内容

网络广告调查的内容包括市场环境调查、产品情况调查、网民情况调查、网络广告主情况调查、网站情况调查、竞争对手情况调查等。

（一）市场环境调查

1. 政治法律环境

政治法律环境是由国家的政治制度、法律环境所决定的，网络广告的策划必须在相关法律、法规允许的范围内开展。在我国，不同的省市，其经济政策和管理法规也有一些差异，这就需要广告人开展细致的调查工作，从中找出对市场营销的有利之处，为广告决策提供政策依据。

2. 经济环境

经济环境直接影响广告诉求和广告表现。经济环境分析首先要了解国家的经济发展水平、国民收入、工农业发展状况等，经济发达程度直接决定消费水平。其次要了解消费者的收入水平和消费结构，消费者的收入水平是影响消费需求和消费结构的重要因素。经济分析还要了解人口情况，包括人口数量、增长率、性别、年龄及其分布情况。

3. 社会文化环境

社会文化环境是在特定的社会地位和文化背景下长期形成的生活方式、行为准则和价值观念，它包括网民的民族、生活习俗、宗教信仰、民间禁忌、道德观念等。了解网民的社会文化环境有助于确定广告的诉求、表现策略和网络广告的发布时机，也影响着网民对网络广告的接受和理解。因此，网络广告的表现必须符合网络广告对象的价值观念和审美观念。

4. 自然和地理环境

自然和地理环境指目标市场中对营销产生影响的社会、经济和气候、地理因素。人们的生活、娱乐方式也会受到气候的影响。同样，不同的地理状况则导致不同的交通、通信条件和资源的分布，造成经济发展的不平衡，影响人们的消费方式与消费水平。

5. 市场竞争环境

竞争环境包括产品所处的行业环境、同类产品的竞争、营销方式的竞争及竞争对手采取的竞争战略等。在市场经济条件下，市场竞争十分激烈，它对市场营销产生很大的影响。了解竞争环境，就是要在竞争中发挥企业的竞争优势，回避劣势，赢得战略上的胜利。在调查中，要弄清下述问题：是否存在竞争？竞争对手是谁？占有多大的市场份额？其生产规模和扩大销售的计划如何？竞争对手的优势何在及价格情况怎样？

6. 科学技术环境

科学技术环境不仅影响产品的生产、发明创造、更新换代，还在很大程度上影响着广告的行业环境，并对广告主体产生影响。科学技术进步促进广告理论的发展，并影响着制作水平和传播形态的发展。互联网本身就是科技进步的产物，广告人应该了解和掌握最新的网络技术与计算机技术，更好地应用于网络广告的调查与制作等过程。

（二）产品情况调查

广告的目的就是推销产品，有计划、系统地调查和搜集产品信息是广告调查必不可少的环节。产品情况调查是从产品本身寻找能够满足消费者需求的要点和特性,为制定广告主题、确定广告诉求点和进行广告创意打下良好的基础。产品情况调查的主要内容有:产品生产流程与技术、产品结构与外观、产品系列、产品类别、产品功能与利益、产品服务、产品价格、产品生命周期、品牌形象等。

1. 产品生产流程与技术

产品生产流程和技术主要包括产品的生产历史、生产过程、生产设备、制作技术、原材料使用情况、技术规范与质量标准、产品合格率、获奖情况等,以便掌握产品工艺过程和质量。作为广告人员虽不直接参与产品的生产过程,但也应尽可能地了解产品的质量或形象是否存在缺陷。在美国,如果广告经营者在广告代理过程出现广告信息与产品本身实际情况不符,并给消费者带来伤害或损失时,广告经营者必须承担相应的法律责任。在国内,如果出现上述情况,也可能要承担连带法律责任。

2. 产品结构与外观

产品结构主要包括产品的内部构造、成分、含量等。产品外观主要包括外形特色、规格、质感、花色、款式及包装设计等。

3. 产品系列

产品系列指广告产品在相关产品中所处的地位,是主导产品还是从属产品或是配套产品,其产品替代功能如何等情况。这可为进行市场预测、制定广告决策提供帮助。

4. 产品类别

产品类别指广告产品是属于生产资料还是消费产品。生产资料的类型有原料、辅料、设备、工具、动力等。消费产品的主要类别有日常用品、选购品和特购品。每种类别的广告表现、网络媒体的选取及广告决策都有相应的针对性。

5. 产品功能与利益

产品的物理功能、产品利益(给使用者带来的好处)、产品价值(使用价值、象征价值),与同类产品相比的特殊功能和特定价值,这是信息,是确定广告诉求点、进行产品定位的关键依据。

6. 产品服务

在商场的激烈竞争中,产品服务是影响产品销售和产品形象的重要内容,尤其是耐用消费品和重要生产设备。产品服务包括产品销售服务(如代办运输、送货上门、代为安装调试、培训操作人员),售后服务(如维修、定期保养),服务指标(服务响应时间、维修承诺、维修点分布)等,这些内容也可能出现在广告信息当中,有助于增强消费者对广告的信任感。

7. 产品价格

产品除了正常的销售价之外,还有折扣价、批发价、中间渠道、成本价、季节性价格、清仓价等不同的价格策略,广告主对同一企业不同品牌或不同产品系列之间还存在相应的价格体系,广告人员需要掌握这些价格信息,广告表达过程不可以出现价格方面的错误。

8. 产品生命周期

产品生命周期是指产品发展历史过程表现出来的规律性，一般产品的生命周期可分为4个阶段：导入期、成长期、成熟期、衰退期。对产品生命周期的分析有助于企业在不同阶段采取不同的营销策略与广告策略。比如在导入期，广告的作用是告知产品功能，打开知名度，广告费投入最大；进入成长期，广告投入稍稍减少；进入成熟期后，广告投入再度增加，这个时期的广告主要是为"差别化战略"和产品的"多样化战略"服务；进入衰退期，广告投入逐步减少，广告的作用主要是减少损失，确保品牌形象，为新产品的上市打下基础。

9. 品牌形象

品牌形象也是产品情况调查的重要内容。品牌存在于消费者心中，建立品牌必须使产品在顾客心中留下正面的形象。品牌形象意味着从一个品牌联想到一切情感和与之崇高美好的品质，产品象征集中表现为品牌形象。品牌形象分析内容包括消费者看到品牌产生的联想，是否能够识别品牌，品牌偏爱程度如何等。

（三）网民情况调查

网络广告的受众是网民，网民也是网络广告产品的消费者。因此，针对网民情况的调查与分析是网络广告策划最根本的出发点，是有效开展网络广告活动的保障。网络广告策划若想获得成功，必须在充分了解网民消费者的基础上明确网络广告对象，分析网络广告对象的个性特征、社会地位与社会角色、相关群体对其产生的影响、对产品或品牌的已有知识等一系列问题。调查网民消费者的情况，主要包括以下几个方面。

1. 网民统计资料

网民统计资料包括网民的性别、年龄、教育、收入、职业、社会地位、婚姻状况、居住区域等。需要注意的是，网络广告活动面对的是"心理"人口，不仅仅是社会学意义上的人口概念，因此要分析网民的心理年龄。这样可以帮助确立网络广告的广告对象和诉求重点。

2. 个性特征

个性特征包括网民的人格特征、性格、自我概念、生活方式、兴趣爱好、消费习惯等方面。只有准确掌握了网民消费者的个性特征，网络广告的策划者和创作人员才能确立有效的广告诉求方式，达到劝服网络广告对象的目的。

3. 家庭情况

家庭情况调查主要是了解网民的家庭文化素养、家庭社会地位、家庭构成和家庭生命周期等，这些因素都会在不同程度上影响到消费行为。其中，家庭素养和家庭社会地位调查主要是了解家庭主要成员的职业情况、教育背景等信息；家庭构成调查则是了解家庭规模、日常生活习惯等相关信息；家庭生命周期分析是营销学中经典理论，营销学者将家庭生命周期分为6个阶段：单身、新婚、满巢第一阶段、满巢第二阶段、空巢和独居丧偶，处在不同阶段的消费者会表现出不同的消费方式和消费需求。

4. 社会地位与社会角色

网民消费者在社会组织中所处的位置和所担当的社会角色不同，其消费行为往往不同。他们通常会选择与自己的社会地位和角色相匹配的产品和品牌，反过来，产品和品牌也有可能成为社会地位和角色的象征。比如"劳斯莱斯"轿车让人想起那是皇家地位的象征；"凯迪拉克"轿车让人感到那是事业有成的象征；"法拉利"轿车使人感到那是时尚运动的象征。

5. 相关群体

群体是指两个或两个以上的人，为了达到共同的目标，以一定的方式联系在一起进行活动的人群。群体会产生相近或相同的消费特征，使处在群体中的个人受到群体的影响。网络广告是针对目标网民群体进行广告诉求，因此必须研究与网民消费者相关的群体所产生的影响，如针对学生网民的网络广告宣传必须考虑家长和教师对该网络广告的态度。

6. 6个W的调查与分析

What——市场需求：了解网民消费者希望购买到什么样的产品，提供的产品是否能满足需求。

Why——为何购买：购买动机可以是出于生理与自然的需要，也可以是出于社会与情感等方面的需要。了解网民购买产品的真正动机，才好对症下药。

Who——购买者：购买者可以是个体消费者，也可以是工商企业等集团用户。个体消费者的购买行为情感型的较多，而工商企业的购买行为一般是理智型的。要根据购买者的不同，采取相应的广告策略。

How——如何购买：不同类型消费者具有不同的购买特点，比如一些网民消费者喜欢在网上订货并付款，厂家送货上门。而有的消费者还是习惯于到店里挑选商品，更让人放心。针对消费者购买方式的不同要求，企业要有针对性地提供不同的营销服务。

When——何时购买：把握时机，适时推出产品。如不同的季节、特殊的节假日，很多消费者会有购买活动的计划。

Where——何处购买：了解消费者对产品购买场所的要求。如消费者习惯在超市、便利店等场所购买日用消费品；在大型商场或专卖店购买耐用消费品等。产品类型决定了销售渠道和通路。

7. 购买决策分析

购买决策分析是对消费者购买角色、决策过程和购买类型的分析。购买角色分析是了解商品购买的提倡者、影响者、决策者、购买者、使用者分别为哪些人，在购买中起到什么作用，从而确立哪些角色将是网络广告的重点劝服对象。提倡者，即本人有消费意愿，或认为他人有消费的必要，他要倡导别人进行这种形式的消费；影响者是对购买决策能产生重大影响的人，但他不一定和购买者同属一个团体，比如意见领袖、家人、邻居、医生都可能成为购买的影响者；决策者是对是否购买、购买数量、购买类型、购买时间、购买地点、购买方式、购买金额等最终决定的人；购买者是担任购买行动的人，他们可能就是付款者，也可能只是帮他人购物；使用者是使用与消费该商品的人。

消费者的购买分为复杂型购买、和谐型购买、多变型购买、习惯型购买等多种类型。消费者的决策过程一般由产生需要、收集信息、评价方案、决定购买和购买后行为等5个阶段构成。

（四）网络广告主情况调查

网络广告的广告主是在互联网上发布广告的企业、团体或者个人。对于从事网络广告经营的广告公司或网站来说，对网络广告主情况的详细调查是非常必要的。商场如战场，摸清网络广告主的真实背景，可以减少网络广告经营者因网络广告主的信誉、经营等方面出现问题而蒙受的损失。同时，网络广告主的信息情报也是广告人制定网络广告决策时的重要依据，通过了解网络广告主的历史和现状、规模及行业特点、行业竞争能力，可以有的放矢地制定广告策略，强化广告诉求。

网络广告主的情况调查主要包括：了解企业名称、企业结构与经营范围、行业背景、企业诚信度、企业经营状况与财务指标、企业的广告计划与广告费预算、企业的联络信息与相关联络人员等。这些是网络广告主的基本信息与背景资料，是网络广告策划人员首先要了解的信息情况。除了上述基本情况，网络广告的策划人员还应了解企业的经营理念、市场状况、营销计划等信息，其中企业的理念、消费者信息与市场信息也应该是重点了解的企业信息。

（五）网站情况调查

网站情况调查可以帮助媒体策划人员从多个角度去评估网站，以便在选择网站投放网络广告时能够作出正确的选择，从而避免因网站选择不当给广告主造成的损失，使网络广告发挥更好的宣传效果。通常情况下，网站调查包括以下几个方面。

1. 网站流量

网站流量是选择网站发布网络广告时首先要考虑的因素。网站流量是通常所说的网站的访问量，是用来描述访问一个网站的用户数量及用户所浏览的网页数量等指标，常用的统计指标包括网站的独立用户数量、总用户数量（含重复访问者）、网页浏览数量、每个用户的页面浏览数量、用户在网站的平均停留时间等。

谷歌旗下的DoubleClick公布了2010年4月全球网站独立访问人数TOP1000排行榜（不含谷歌自己的网站及成人网站）。在谷歌排行榜的前20名中，有7家来自中国，除了腾讯、新浪和网易三家门户及百度外，购物网站淘宝、视频网站优酷、腾讯旗下的搜索网站SOSO也位列其中。其中被列入"邮件和即时通讯"类别的腾讯全球排名为第9位，独立访问人数（UV）为1.7亿，网页浏览量（Page Views）为250亿次；门户网站新浪排名第11位，独立访问人数（UV）为1.3亿，网页浏览量（Page Views）为36

亿次；门户网站网易排名第 15 位，独立访问人数（UV）为 9 800 万，网页浏览量（Page Views）为 27 亿次；而位居全球第一位的是 Facebook。①

2. 网站特色

在选择网站投放网络广告时，广告人还应了解网站的主要特色是什么？该网站的特色与广告主宣传的产品（或服务）所具有的特色是否具有相关性？

网站特色包含两个方面：一方面是网站的内容特色，网站的内容特色会吸引具有相同兴趣、爱好或职业背景的网民经常浏览，而这群网民是否就是网络广告的广告对象呢？举例来说，运动类的商品广告适合投放在体育类的网站；婴儿用品的广告适合投放在以育婴内容为特色的网站；而股票分析软件广告适合投放在股市行情的网站上等。

网站特色的另一方面是指网站的形象与地位特色。也就是说，广告人还要了解网站本身在网民心目中的形象是怎么样的，是权威的还是轻松的？是高级的还是大众化的？是前卫的还是包罗万象的？网站本身的形象将吸引具有相同心理倾向的网民，商品本身的形象是否符合这部分网民的心理期待，决定了广告能否引起他们的兴趣。

3. 广告环境

广告环境是指网站上出现的其他广告所呈现的总体媒体环境。比方说，如果网站上承载的其他广告都是形象较佳的商品或品牌，受连带影响，本商品或品牌也会被网民归类为同等形象的品牌。反之，如果网站内都是制作粗劣、名不见经传的品牌，则受其连累，本品牌广告也将被归为此类。

4. 技术状况

进行网站技术状况的调查，可以从以下几个方面进行测评，然后将各项指标的测评结果进行综合，给出一个站点的最终测评结果。

（1）站点的浏览器兼容性：检查站点在各种浏览器下的显示情况。

（2）站点速度：检查站点下载速度的快慢。

（3）拼写错误率：检查站点拼写错误的多少。

（4）站点设计：检查站点 HTML 设计是否完美。

（5）链接的有效率：检查站点是否有无效的链接。

（6）被链接率：检查站点已经被链接到多少个其他站点上。

（7）引擎上的出现率：检查站点被搜索引擎推荐的情况。

5. 广告费用

网络广告作为新型广告，在收费模式和收费标准方面有别于传统广告。近几年来，国外的网站采用较多的收费方式有：每千人印象（CPM）、千人点击成本（CPC）、每行动成本（CPA）、每购买成本（CPP）。目前，我国的多数网站开始借鉴国外网站的收费模式，但也有一些网站继续采用传统的"包月制"模式。

---

① 谷歌发全球网站流量排行，中国三家门户入前 20，http：//money.163.com/10/0603/09/688CLJO100251OB6.html。

毫无疑问，广告费用是广告主最为关心的问题，在网络广告主总的广告费用开支中，有很大的一部分要支付给网站。对于不同网站，需要支付的费用总额是不同的，即使是同一网站，网络广告放置的位置不同，时间长短不同，也会产生不同的收费标准。因此，在网站情况的调查过程中，必然要详细、清楚地了解目标网站的收费模式和收费标准，做到心中有数。

（六）竞争对手情况调查

竞争对手一般是指与广告主产生竞争关系的组织、机构或个人。竞争对手调查是市场竞争的客观需要，是信息作为一种战略资源的重要体现。旨在帮助企业更加系统深入地了解其竞争对手，辨析企业目前所处的竞争环境，结合企业的自身情况调整营销战略。竞争对手调查的关键是搜集到准确的竞争情报，是关于竞争环境、竞争对手和竞争策略的调查研究。

竞争对手的情况调查包括：分析竞争产品在市场中的地位，比较各品牌在市场上的相对地位；分析产品特性，比较各品牌的独特性能、特殊设计、成分原料、制作流程等；分析竞争对手的营销组合，包括价格、通路、目标消费者、各品牌广告刊播量与广告创意表现、促销手法；比较各品牌的定位与消费者心目中的品牌形象等。

在特定的背景之下，有关竞争对手的信息情报的重要性甚至超过广告主本身，比如新品牌的战略决策时期、新产品进入市场的广告决策时期，有关竞争对手的信息情报会直接影响决策的方向与结果。

三、网络广告调查的方法

网络广告活动因为传播的平台是网络，面对的传播对象是网上用户，因此，在进行网络广告调查的过程中，不但可以运用传统广告的调查方法，还可以更好地利用网络这个平台开展各种调查活动。

传统的广告调查可以分为获取第二手资料的方法和获取第一手资料的方法两大类。二手资料主要是通过中间环节获得，比如收集报刊、互联网、政府机关、会议资料等情况汇编整理而成。而互联网早已经是获取第二手资料的最便捷渠道，称之为网上搜索法。互联网已成为可用于营销目的的二级数据的源泉，不少著名市场调查公司会定期在互联网上发布一些简略市场数据。与此同时，其他互联网服务，如电子图书馆，则发挥着贸易、工商新出版的数据库的作用。

对第一手资料的获取，传统的广告调查通常采用定性调查和定量调查相结合的方式。通过定性调查方法，如个人深度访谈法、座谈会法，可以获得对市场、消费者及产品的总体印象。通过定量调查方法，如电话调查、邮寄调查，能够得到对具体营销形势的准确数据。同样，在网络上开展广告调查时，也可采用相似的定性调查和定量调查方法。例如，网络定性调查可以有：网上个人深度访谈、网上小组座谈。网络定量调查可以有：电子邮件调查、网站问卷调查、采用新闻组进行调查。下面具体介绍以上几种网上广告调查的方法。

（一）网上个人深度访谈或网上小组座谈

这是通过网络访谈来收集信息数据的调查方法，参加的人员包括一个有网络访谈经验的主持人，和一个应邀参加的受访者或者是一些自愿报名的参加者。参与者之间可以通过即时聊天室进行交流，也可以采用网络视频会议的方式，在主持人的引导下进行访谈或集体讨论某一主题。

同传统的访谈相比，在网络的虚拟空间里，被访问者是匿名存在的，这就保证了对某些敏感性和私人性问题的回答率，接受网上个人深度访谈或网上小组座谈的目标消费者的回答会更加真实、客观，不受调查者主观暗示的影响，并且网络跨越了时空限制，因此可以随时随地地开展定性调查。

（二）电子邮件调查

电子邮件调查，是以较为完整的 E-mail 地址清单作为样本框，使用一定的抽样方法发送问卷，受访对象填写后再以电子邮件的形式反馈。在样本框较为全面的情况下，将调查结果用以推论调查总体，可以用于对特定群体网民多方面的行为和思维模式、心理特征、网络广告效果等的研究。在调查实施中，调查可以使用多媒体技术展示问卷、图像、样品等多种测试工具，以获得更客观、全面的资料。电子邮件调查与传统邮件调查法相似，但邮件传送的时效大大提高，同时也比传统邮件调查更加节省经费。

（三）网站问卷调查

将调查问卷放置在访问率较高的网站的页面上，对该问题感兴趣的访问者可主动填写并提交，这也是网上调查的一种基本方法。中国互联网信息中心（CNNIC）自1997年以来，对我国互联网发展状况进行调查，每年 6 月和 12 月各一次。在调查期间，CNNIC 经常采用网站问卷调查的方法，它通过与国内一些著名的网络服务提供商（ISP）和网络媒体提供商（ICP）建立调查问卷的链接，吸引了大量的网民参与调查。

（四）采用新闻组进行调查

利用新闻组进行调查也可以收集到很多有价值的信息。利用新闻组进行调查适合针对性强、行业性突出的企业。如果问题比较简单，可以向相关新闻组邮寄简略的问卷，适用于一些不长和非正式的问题。如果问题比较多，就可以向新闻组邮寄相关调查的信息并指向放在调查者网站上的问卷，或在自动回复的信箱内放上详细的问卷。最好不要向新闻组邮寄详细的问卷，以免引起成员的反感。为了提高问卷的答卷率，可通过提供赠品的方式鼓励新闻组中更多人的参与。

第二节 网络广告策划

网络广告策划是网络广告活动的核心环节，本质上说，网络广告策划与传统的广告策划在战略思想上并没有什么区别,两者在诸多方面存在共通性,但网络的新媒体特性,又决定了网络广告策划同传统的广告策划在战略的具体实施方面存在不同之处。

一、网络广告策划的含义

网络广告策划是网络广告活动的核心环节,是网络广告经营单位依据企业的整体营销计划和广告目标,在充分的市场调研基础上,对网络广告活动进行的全面运筹和整体规划。

二、网络广告策划的特点

(一)前瞻性

网络广告策划是在广告活动开始之前,对包括网络广告设计、网络广告制作、网络广告投放、网络广告效果测定等环节在内的工作进行预先谋划,它要预先决定对该做什么、何时做、如何做、谁来做、花多少经费做、做成什么结果等进行部署。因而,可以说网络广告策划就是对网络广告活动的预先谋划。

(二)全局性

一方面,网络广告策划是对整个广告活动的规划和部署,它显然具有全局性的特征。网络广告策划必须着眼于广告活动的全部环节,每一环节都要服从网络广告活动的整体目标,这本身就是一项系统工程。另一方面,网络广告策划是企业整体营销策划的一个组成部分,因此,网络广告策划的指导思想要服从并服务于企业的营销战略。要站在企业全局的立场上,考虑网络广告的目标与企业营销目标的一致性,以及网络广告活动与企业其他营销活动的协调性。

(三)指导性

前期的网络广告策划,是后面网络广告活动在具体执行和实际操作时的依据。网络广告策划的指导性体现在将广告创意、广告设计、广告制作、广告发布等各个子环节的工作整合加工、取舍修正的过程中。为整个广告活动提供具体的实施模本、行为依据、评价标准。如果没有网络广告策划的指导,各个环节就难以统一起来,最终会导致整个网络广告失去方向和依据,更无法实现宣传企业或产品的目的。

三、网络广告策划的原则

(一)创新性原则

在现代生活中,广告已无处不在。企业要在激烈的市场竞争中占有一席之地,必须拥有好的广告策划这一现代市场竞争手段。相对于传统广告策划,网络广告更讲求创新性。面对互联网上海量的资讯和网络广告同质化现象,消费者主动性和选择权使得网络广告在策划方面的创新十分必要。通过创新来吸引消费者的注意力,并增加消费者的眼球滞留率。对于网络广告策划的创新,关键要把握住一些新颖点,如媒体的优化配置和组合、传播的重点、广告的效率等，根据网络广告受众类型、特点、个人喜好等，尽量采取有针对性的广告投放，同时要有效结合传统媒体的宣传效应，拓展网络广告的宣传范围，进一步提高网络广告的创意和制作水平，不断创新广告形式。

（二）效益性原则

广告是市场经济发展到一定阶段的产物。任何一个广告活动都要讲究投入产出，在取得尽可能大的广告效果的前提下尽量少花钱。网络广告同样要把效益性作为网络广告策划的基本原则。好的网络广告策划不仅能完成广告主的委托，促进企业的产品销售，塑造良好的产品和企业形象，从而提高企业的经济效益和经营管理水平，而且能够倡导正确的消费观念，引领人们走出消费误区，使经济效益和社会效益获得双赢，因此说，好的网络广告策划应该为企业、消费者乃至整个社会都带来实际的利益。

（三）灵活性原则

《孙子兵法》上说："兵无常势，水无常形，能因敌变化而取胜者，谓之神。"这里所言之"神"，即指战术上的灵活性、变通性。成功的广告策划也应当是依据市场变化而变化的策划，而不应是永恒不变的策划。

同样，网络广告策划时所依据的市场环境、消费者及竞争对手的情况随时都可能发生变化。这就要求网络广告策划的内容必须具有一定的灵活性，能够根据情况的变化及时作出调整，以适应新形势的需要。应该说，相对于传统广告活动，网络广告在效果监测和信息反馈的及时性和准确性方面是具有明显优势的，而且因环境变化，调整战术所带来的额外费用也是相对较少的。因此，网络广告策划应该更好地发挥其灵活性的原则，在制订实施方案之初就可以留出一定的弹性，甚至可以准备多套实施方案，以备应变之用。

（四）目标性原则

进行网络广告策划时，应首先明确网络广告活动想要达到什么样的目的。是为了配合营销策略，抢占市场或促进产品销售，追求经济效益，还是为了扩大影响，提高知名度，创建名牌企业，追求社会效益？一般来说，网络广告的整体策划应该以追求经济效益和社会效益的和谐一致为目标。目标越明确，行为才能越坚定。网络广告策划者的策划行为，受广告策划目标的制约，要为实现广告策划目标而进行。因而，网络广告目标的明确性，是保证网络广告策划顺利进行的关键所在。

（五）系统性原则

所谓系统性原则，是要求把网络广告策划的对象视为一个系统，并以确定系统的整体目标为核心，通过对整体目标进行综合分析、预测、评估和优化，把网络广告活动中各个复杂的层次组合成一个科学有序的整体。在网络广告策划这个复杂的系统中，既有大系统又有小系统，它们之间既相互合作又相互联系。网络广告策划者应站在全局和长远的角度考虑广告活动中各层次是否协调一致。如广告目标、营销目标、企业目标三者之间是否达到内在一致性，广告活动与企业其他营销活动是否具有配合性。只有协调好系统内外各方面的关系，才能使系统保持最佳状态，从而实现最佳的网络广告效果。

（六）可行性原则

可行性是网络广告策划的价值所在，不具有可行性的策划方案，无论怎样创新独特、灵活应变，都只能是毫无价值的异想天开、胡思乱想。对实际工作毫无意义，当然也不可能实现广告目标。

因此，网络广告策划方案在付诸实施之前，网络广告策划者应对达到策划目标的可能性、可靠性、价值性和效益性等方面作出分析、预测和评估。可行性分析的内容包括决策目标的可行性、实现目标的内外条件的可行性、对各个环节实施方案之间的相互配合与协调的可行性和对社会效益、经济效益的可行性研究。

四、网络广告策划的内容

（一）网络广告目标策划

广告目标的作用是通过信息沟通使消费者产生对产品或品牌的认识、情感、态度和行为的变化，从而最终实现企业的营销目标。这对于网络广告也同样适用。只有明确了网络广告活动的总体目标之后，策划者才能确定网络广告的传播对象、表现形式、诉求重点、网站选择、广告费用等后续环节。因此，明确网络广告目标是进行网络广告战略决策的前提。例如，如果网络广告的目标是要为新产品打开市场，提高产品知名度，那么网络广告形式可以以旗帜广告为主，内容方面要尽量吸引人，可以选择知名度较高的网站进行投放，因此这一时期的广告费投入会较多。

在广告活动中，不同的企业由于经营目标、竞争环境、营销手段、广告目的的不同，会确定不同的广告目标。但通常情况下，广告目标的确立并不是单一的，而是会形成一个广告目标系统，其中的各个分目标是实现总目标的具体手段。按照广告目标涉及的内容，可以分为外部目标和内部目标；按照时间的长短，可以分为长期目标和短期目标；按照广告目标的特殊性，可以分为一般目标和特殊目标等。通过不同目标的实施，使广告活动达到传播产品信息、促进产品销售、树立企业良好形象等目的。

值得一提的是，1961年，美国学者柯利（Russell H. Colley）教授提出了著名的"为测定广告效果而需明确的广告目标"（Defining Advertising Goals for Measuring Advertising Results，DAGMAR）理论，这一理论对于帮助企业的广告活动形成科学、合理的广告目标有重要指导意义，现在已被广泛接受。该理论把广告传播目标设定为认知、理解、确信和购买行为4个阶段。他认为在广告策划前事先确立广告目标，事后就可以根据该目标来评估广告效果，使企业认识到建立广告策划的精确性与客观性，进而提高广告的整体效益。AIDA法则同样也是在网络广告活动中确定广告目标时可供借鉴的法则，下面介绍如何运用AIDA法则确立网络广告目标。

AIDA法则中的"A"代表Attention（注意）。在网络广告中，这一目标意味着消费者通过对网络广告的阅读，逐渐对广告主的产品或品牌产生认识和了解。

AIDA法则中的"I"代表Interest（兴趣）。在网络广告中，这一目标意味着网络广告受众注意到广告主所传达的信息之后，对产品或品牌发生了兴趣，想要进一步了解广告信息，他可以点击广告，进入广告主放置在网上的营销站点或网页中。

AIDA法则中的"D"代表Desire（欲望）。在网络广告中，这一目标意味着感兴趣的广告浏览者对广告主通过商品或服务提供的利益产生了拥有的欲望，他们必定会仔细阅读广告主的网页内容，这时就会在广告主的服务器上留下网页阅读的记录。

AIDA法则中的"A"代表Action（行动）。在网络广告中，这一目标意味着广告受众把浏览网页的动作最终转换为符合广告目标的行动，可能是在线注册、填写问卷参加抽奖或者是在线购买等。

（二）网络广告对象策划

网络广告对象策划，简单地说，就是确定网络广告是给哪些人看的，明确他们是哪个群体、哪个阶层、哪个区域，他们关心什么、消费水平如何、对产品和广告的印象如何等。确定了网络广告对象，才能有针对性地制定吸引这些人的注意力、激发他们购买欲的网络广告。网络广告对象策划，是网络广告策划中最重要、最基本的决策之一，因为网络广告对象稍有偏离，广告内容、表现手法、网站选择都将产生误差。要找准网络广告对象并不容易，需要经过周密布置和细致划分，因为并非所有的网民都是网络广告对象。确定广告对象的指标有：性别、年龄、文化、收入、兴趣、职业等。

例如，性别会决定人的需求偏好，尤其是在生活必需品之外的产品消费方面。有些产品本身带有性别色彩，那么就更要重视对网民性别比例的判断。年龄段也是必须考虑的因素。比如，多数年轻人，尤其是单身人士，会更关心自身的外在形象，更舍得在服装、化妆品、美容美发等方面消费；准备结婚的人会更关注家具家电、室内装潢、床上用品、胎教育婴等方面的信息。更进一步地分析，即使是相同年龄段的网民中，也会因收入、兴趣、职业等因素表现出消费差别。收入决定消费，不同的收入水平有不同的消费结构。准确划分网民的收入比与人口比，这样才能决定推出什么档次的产品，决定使用什么样的广告基调。特殊职业往往有特定的消费需求和动机。网民的职业分配并不呈现规律性，但特色化的网站中肯定有网民的许多共性，对这些特点和共性的把握是为了分析网民的消费动机和消费偏好，基于不同职业上的商品认可是不同的，在做网络广告策划时，对此要把握准确。

（三）网络广告时间策划

网络广告时间策划，要解决怎样在有限的时间内传递出企业的产品和品牌的信息，怎样最有效地节约广告时间成本等问题。合理的网络广告时间策划要考虑到以下几方面的因素。

（1）网络广告时限：是考虑网络广告从什么时间开始，到什么时间结束的问题，即网络广告计划持续多久。是充分利用销售旺季或节假日集中造势，还是打算持久加深印象，细水长流。

(2) 网络广告时序：一方面，要考虑广告投放的时间是在广告产品进入市场之前，还是之后；另一方面，要考虑不同形式的网络广告的投放顺序，如果网络广告需要与其他媒体广告配合，也要明确各种广告投放的时间顺序。

(3) 网络广告时点：是指网络广告每天出现的具体时间。在互联网上，不同的网民群体每天习惯上网的时间不同。比如，很多年轻人喜欢熬夜上网，所以，晚上10点以后的时间对于电视媒体来说也许不是黄金时段，但对于互联网，却是针对年轻人投放广告的黄金时段。

(4) 网络广告时长：是指每只广告播放的时间长短。时间短会有较小的成本，网民也不会因为冗长而讨厌，但要充分地传递产品信息，太短也会失去信息传递的功能；太长则不仅会增长成本，而且会使顾客产生抵触情绪。

(5) 网络广告频率：即在一定时间内广告的播放次数。网络广告一般会重复播出，那么隔多长时间重播一次也是需要考虑的因素。一般来说，播出频率与产品广告对象的活动规则相一致是最有效的做法，比如针对上班族的网络广告，在早上8点之前，下午6点之后到晚上12点之前重播是比较有针对性的，虽然很多上班族白天工作时间也会接触网络，但多数人不会在上班时间看广告，这点是需要考虑到的。

(四) 网络广告地域策划

网络广告的地域策划是指策划者需要考虑网络广告覆盖到的区域有多大，具体又是哪里。尽管互联网本身带有明显的全球化特征，但网络广告策划仍然不能缺少地域策划。

首先，网络媒体的全球化特征只意味着网络本身在传播方面没有国界限制，但对于计算机使用率和网络普及率不高的地区来说，很多人没有条件接触到互联网，更不用说网络广告，因而，网络广告投放要讲求地域性。在策划过程中，需要对广告投放地区网络的普及状况和网民比例进行考察。

其次，网络广告地域策划的另一影响因素是企业的营销计划。企业的广告计划往往是服务于其营销计划的，营销计划有地域性，因而广告计划也要有相应的地域性。因此，先要确定企业的营销市场在哪里，企业的产品销售是面向全国还是部分地区，以城市为主还是以农村为主。通常情况下，企业的营销地域在哪里，广告宣传的地域也会确定在哪里，广告计划总是要服从、服务于企业的营销计划。

另外，做网络广告地域性策划时还要考虑到与地域相关的其他因素，如该地的宗教文化特点、同类广告的知名度、同类产品的认可率及市场占有率、购买者的特点、购买动机、购买心理，本公司对这一地区的认可度，该地对本企业的认可度，本地能提供的销售量，本地居民的收入状况及生活水平、潜在的竞争对手等，这些因素是与地域相关的间接因素，对网络广告策划来说，在每一项具体细节的制定中，切不可忽视这些因素[1]。

---

[1] 张建军. 网络广告实务. 南京：东南大学出版社，2002.

(五) 网络广告主题与基调策划

在文学创作中,主题是整个艺术作品的灵魂,是任何文学或绘画作品都要具备的一个中心思想。古人称之为立意、主旨或题旨。没有主旨或题旨的作品是没有生命力的作品。广告作品的主题如同其他艺术作品的主题一样,主题也是广告的灵魂。如果一幅广告没有主题,可以断定它的效果不会很好。当然,有主题的广告,不一定是诉求力强的广告,但是没有主题的广告,受众看后抓不住中心,不知广告说什么,当然更不会对广告留有深刻的印象。

例如,有这样一则推销"爱心牌"玩具的广告。广告主题的定位是:"爱心玩具款款新奇,宝宝开心妈妈满意。"根据这个主题,广告人设计了一幅利用各种不同玩具组成的宝宝开心,妈妈满意的画面。由于广告作品的主题鲜明,生动活泼,哪一位妈妈看了这幅广告之后,会不动心为她的小宝宝买一件玩具呢?可见,广告的主题在整个广告作品中处于支配和统率地位,广告设计、文案及形象、色彩和表达方式都必须符合主题。尤其是在网络环境中,由于信息容量比一般媒体大得多,网络广告能否确定个性化的主题并充分得以表现,就会成为吸引网民的关键。

好的广告主题从何而来呢?广告主题并不是广告人凭空想出来的,主题的形成和深化是广告人对包括产品、市场、消费者等客观事实的认识和对素材提炼的成果。总之,广告主题来源于客观事实。

另一个重要的问题是广告基调的确立。广告基调是广告作品中所体现的风格与主要情感。广告基调的确立同样要以市场调研为依据,同时又不可忽视产品性质、企业文化、网站特色等因素。广告的基调并不是要体现在广告作品的每一环节当中,但每则广告要在整体上能给消费者一种与众不同的感觉,要令人印象深刻,同时又能准确传递产品及企业特点的风格。因此,每一则广告只能有一个基调,基调的表现既不能只突出某些个别环节,也不能面面俱到。

确立广告基调时要注意:首先,避免广告基调与产品、市场及企业的营销战略相矛盾或脱节,离开具体的产品与市场和企业营销计划而空谈广告是没有任何意义的。其次,同一产品的不同广告也要基调统一,否则多种基调会令消费者混淆,不利于形成对产品的一致印象,甚至会令消费者产生厌恶心理。

(六) 网站策划

网站不同,其覆盖人群也有差别,选择合适的网站即是有针对性地向网民推销自己的产品。不同网站的广告成本也是不同的,结合成本投入、播出频率、播出范围、网民特点、网站信誉等与网站有关的因素进行的对策和分析就是网站策划[1]。

不同的网站有不同的受众对象,所以网站选择对网络广告的最终效果影响很大。例如,将一个女性化妆品的网络广告发布在体育爱好者经常光顾的体育类网站上,也许可

---

[1] 张建军. 网络广告实务. 南京:东南大学出版社,2002.

统计的网站浏览者人数和该广告的点击数能令广告主欣喜,但这并不能代表这条广告的效果就是理想的。因为浏览广告的多数人可能都不会对该产品感兴趣,更不会有多少人去购买该产品。实际上,广告投放的网站如果选择不当,是对广告费的极大浪费。

另外一个问题是关于网站的传播范围。尽管互联网的传播范围是世界的,从技术上来讲也的确如此,但实际上由于语言、文化、专业性、知名度等因素的作用,网站在某种意义上来讲还是存在一个传播范围的问题。如选择一个英文网站,可能在中国的访问率会下降,传播范围就相对缩小了。

目前网民要面对的网站类型非常丰富,像综合性网站、专业性网站、全国性网站、地方性网站、中文网站、外文网站,还有许许多多的企业自己建立的专有网站或主页。要想选择一个合适的网站,恐怕还要从更多方面综合考虑:除了要考虑网站本身点击率、覆盖面、信誉度等因素外,还要考虑广告目标要达到的程度、广告对象的特性、广告成本、营销市场、潜在市场、竞争对象的媒体选择情况等与企业相关的实际商业环境。

(七) 网络广告的预算策划

广告预算是在广告策划基础上制定的企业投入广告活动的费用计划,它规定了广告计划期限内,为达到策划目标所需要的广告活动费用总额、使用范围和方法。以上用于解释传统广告的预算定义,同样可以理解网络广告预算。与传统广告预算相比,网络广告预算也能发挥相同的作用:即为广告主有效监管,为控制广告活动提供信息支持;广告主可以依据预算的情况对广告进行修正;广告预算也可以作为广告效果检测的经济指标;要确保广告的每一环节都能顺利运作,就少不了对广告的费用进行合理布置、统一分摊等。

进行网络广告的预算策划时,需要考虑的因素有很多:从企业自身来讲,产品本身质量的好坏、企业实力的强弱、企业声誉的好坏、决策者的战略等都会影响到广告预算;除了来自企业自身的因素,更重要的是来自市场,来自消费方的因素,包括消费者、产品推广区域的特点、竞争对手等。此外,网站规模、网站性质、网络普及率及范围也是影响广告投入的因素,这种媒体因素与传统广告有区别。与传统广告相比,网络广告还有特殊的计费方式,既与传统广告的费用计算方法有共同之处,又表现出特有的不同。有关网络广告的计费方法会在后面的章节详细阐述,这里不再详谈。

总之,网络广告的预算策划和传统广告有很多的相似之处,但也存在明显的区别。在进行网络广告的预算策划时,需要考虑清楚、全面。

(八) 网络广告的反馈系统策划

一套完善的网络广告策划方案还需要包括网络广告的反馈系统策划。因为科学的反馈系统可以帮助广告主及时、准确地检测出网络广告的效果。评价网络广告效果的指标是多样的,如市场占有率、公众认知度、公众信任度、品牌忠诚度、年或季度销售量等,而这些指标数的获得就依赖于科学地策划广告的反馈系统。

另一方面,广告主面对的市场环境瞬息万变,广告人要准确地察觉到这些变化,并及时作出反应,对广告计划作出修正,这样才能保证广告活动获得理想的广告效果。科学的广告反馈系统能够及时地把环境的变化因素传递给广告人,这一点对于网络广告更为重要。网络信息的更新速度十分惊人,这要求网络广告比传统广告适应环境变化的速度要快很多。在网络广告中,策划人可以利用相应的软件进行信息自动跟踪和整理,这对于一个熟悉网站运作的技术人员来说并非难事。广告人员可以与网站进行良好的合作,借助网站的技术优势来完成这一步骤。

五、网络广告策划的工作流程

(一) 准备阶段

将调查得来的信息资料进行整理、分析和解释,形成正式的研究报告,是准备阶段要完成的工作。调查信息是广告策划的基础,是广告活动开展的依据,在很大程度上决定着广告策划及广告活动实施的效果。广告调查包括从市场环境情况、产品情况、网民情况,到广告主情况和网站情况等各个方面的信息调查,如市场竞争环境、产品特色、消费偏好、网民收入、网站环境等都需要详细了解。在准备阶段,只要大量、翔实地占有信息,并加以认真、细致地分析和解释,才能对下一阶段的实施提供一个较为完善的方案。

(二) 制作阶段

制作阶段是广告策划的实质性阶段。制作阶段的首要任务仍然是继续上一阶段的工作,进行资料的整理,但这个阶段要重视选择参与的人员和使用的分析软件。一般来说,有多年广告工作经验并熟悉相关产品市场环境和企业文化的人更适合参与广告策划过程,这些人当然也应该擅长选择和使用各类不同的数据分析软件。广告策划是一个需要发挥创造性的过程,可以说,在不同人手中使用不同的分析软件,策划书的质量会有明显的不同,甚至有可能得出不同的结论。

经过对信息材料的分析与整合,接下来要完成一个较详细的纲要,并形成初步的书面材料。这个纲要的内容包括广告目标、广告对象、广告时间、广告地域、广告主题和基调、网站选取、广告预算、广告反馈系统等方面的问题。这一过程既是上一阶段的分析结论,又是下一阶段行动的起点。因此,这个阶段的工作不能掉以轻心,如果出现任何失误,将影响后来一系列计划。通常,计划的形成过程是集体智慧的结晶,参与的人员可能包括广告设计人员、文案人员、产品设计者、企业经营者,甚至是企业决策层都应参与其中,群策群力才能形成统领企业整体战略的广告计划。

一般来说,好的计划书并不是一次完成的,需要在后面的实践中反复多次地修正。策划人需要考虑到一些有可能变化的因素,比如既要考虑到企业自身有可能变化的因素,像产品的时间性、企业发展战略的调整,又要考虑到市场环境的变化,像竞争对手的策略调整、出现新产品、广告地域的自然灾害等因素。如果广告计划缺乏弹性,不能适应这些变化,那么广告效力将大大降低,对企业来说,是一种时间与金钱的浪费。对于网络广告策划,这一点尤其重要,网络媒体信息的更新速度非常快,网络广告计划可能随时需要修改和调整，策划人员必须事先做好充分准备，使得广告计划具有弹性和应变性。

广告计划一旦正式确立，就要进入实施阶段。这一阶段首先要写出一份具体的可执行计划，这项计划是广告实施前的最后蓝本。这项计划要翔实、全面、具体，既要包括操作过程的全部内容，也要对其中的具体实施细节详细说明，比如，网站的选择、投入费用、播放时间、播放频率、图形设计、语言选择、误差纠正、广告更新、版面调整等，尽可能做到具体。与计划的制定人员相比，执行人员要求不会太高，只要是对广告运作全过程及公司运作有一定了解，就可以完成此工作。

（三）检测阶段

检测阶段是将广告计划送给广告主审定，经广告主审定并修改后的稿件就是最终确定的方案。首先需要安排专人前往广告主处，为其进行广告计划的解释，因为关系到广告计划能否得到广告主的认可，因此前往的解释者应该是这项计划自始至终的参与者和制定者，对计划的细节非常熟悉，并且有足够的信心说服广告主。解释者与广告主的沟通非常重要，关系到广告实施者与企业的合作状况，从而影响广告的整体效果。因此解释者同时要具备良好的心理素质，做到用坦诚、耐心、平和的心态与广告主沟通，遇到广告主固执己见或歪曲误解的情况，能够采用良好的方式处理，直到两者达成共识。一般来说，广告主的修正与广告人员的设计不会有根本性的冲突，因为两者在总体目标上没有利益冲突，但是可能会有一些意见不合的地方，这时广告制作者应首先听取广告主的意见，因为广告主对产品的商业环境了解得更充分、更准确。当然，在明显的失误面前，广告设计者应坦诚地提出来并讲明道理，相信广告主也会给予理解。

（四）实施阶段

实施阶段是最后一个阶段。经过广告设计人员与广告主的沟通、测评与修正，最终的广告计划可以确立下来。一旦策划方案确定，就可以与网站沟通，进入实施阶段。与此同时，广告主、广告设计方、网站这几方的权利义务关系也需要通过合同的形式加以确认。根据合同的具体规定，各方可以具体行事。只要在上述过程中不出现大的问题，各方人员能够真诚相待，广告的实施并不复杂，只需按部就班就可以。如果某个环节出现问题，则有可能导致整个计划失败，所以广告策划的操作过程是最为关键的一环。

案例

"跑跑卡丁车"营销策划

一、市场分析

2006年10月31日，骏网第19次全国网吧抽样调查的范围覆盖多达14个城市，每个城市调查网吧数量为20家,共涉及280家网吧,近3万玩家取样。本次调查由骏网各地分公司在网吧一线真实抽样分析,调查采取匿名调查方式,确保数据真实可靠,可以直接反映网吧中各类游戏的市场占有率等情况(见图3-1)。

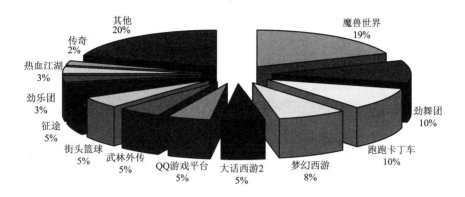

图3-1 骏网全国14城市网吧调查数据在线玩家比率汇总表
数据来源:JUNNET抽样调查 调查时间:10.26-10.31

据调查数据显示,休闲类网游市场被QQ游戏、跑跑卡丁车、劲舞团、联众游戏平台等传统强势游戏瓜分,而且调查数据显示,休闲游戏在线人数在显著攀升。

通过iResearch调查数据显示,"跑跑卡丁车"的下载量是最大的,这从侧面反映出"跑跑卡丁车"的玩家增长率也应该很高(见图3-2)。

2007-03-26 至 2007-04-01 中国网络游戏下载排行榜

排行	游戏名称	运营公司	下载量
1	劲舞团	久游网	616 966
2	跑跑卡丁车	世纪天成	581 456
3	梦幻西游	网易	558 835
4	魔兽世界	第九城市	510 720
5	冒险岛	光宇华夏	464 220
6	街头篮球	天联世纪	432 265
7	华夏Ⅱ	深圳网域	398 146
8	神泣	光通通信	379 607
9	QQ幻想	腾讯	351 933
10	征途	征途网络	327 734

Source:迅雷网络
2007.4 iResearch. inc   www.iresearch.com.cn

图3-2 2007年中国网络游戏下载排行榜

新媒体 广告

图 3-3 所示为世纪天成公司在整个休闲类游戏市场主要运营商市场中占据了一定份额。相比较久游网、腾讯等大型运营商，世纪天成公司的游戏种类不多，主打游戏就是"跑跑卡丁车"，其占据着较高的份额。所以，在休闲游戏中，"跑跑卡丁车"还是比较有优势的。

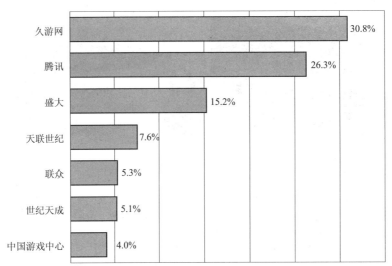

图 3-3 2006 年中国休闲游戏市场主要运营商市场份额

二、产品分析

"跑跑卡丁车"是一款以卡丁车运动为题材的休闲网络游戏，由韩国 Nexon 株式会社自行开发，也是同为 Nexon 所制作的著名休闲网络游戏《泡泡堂》系列的后续产品。2006 年 3 月 16 日，上海邮通科技有限公司携手韩国 Nexon，在京举行了《跑跑卡丁车》公测发布会，使其正式登录中国市场。公测不到 3 天，最高在线人数就已突破 12 万之多，这在中国网游史上还是很少见的。

该游戏中有竞速、道具、抢旗等多种模式，体现了良好的体育竞技性、游戏难易度、操控性和趣味性。游戏画面采用 3D 卡通渲染技术、充满卡通韵味的画面精致可爱。在操作上只需要几个按键相互配合即可，当然，简单的操作中也充满了技术含量。"跑跑卡丁车"制胜的秘诀在于很好地掌握甩尾及使用道具的技术。在韩国，"跑跑卡丁车"的用户数量甚至占网民总数的一半，被誉为"国民级"网络游戏。图 3-4 和图 3-5 所示为"跑跑卡丁车"的游戏界面。

图3-4 "跑跑卡丁车"游戏界面(一)　　图3-5 "跑跑卡丁车"游戏界面(二)

三、竞争对手分析

根据调查,现在市场上与"跑跑卡丁车"属于相同类型的网络游戏主要有:疯狂赛车、疯狂卡丁车、飙车这3款游戏。经过调查,在赛车网游类游戏中,"跑跑卡丁车"占据了大部分的市场份额,但是其他赛车网游还是有一定的市场份额,而且有的还具有明显的优势。

（一）疯狂赛车

这是一款由盛大网游运营的网络赛车游戏。这款游戏在官方网站的广告语是:男人玩的赛车游戏。其特点为:作为国内首款易宝游戏,疯狂赛车以独特的卡通风格、唯美的游戏画面、有趣的比赛模式、精彩的对战表现受到了众多玩家的热捧和各大媒体的关注。

（二）疯狂卡丁车

这是久游网自主研发的国内首款卡通风格赛车的休闲网络游戏。其特点为:故事性强;在赛车过程中使用各种道具来妨害对手或躲避对手的攻击,具有非常强的互动性;游戏操作简单易上手,适合各个年龄段的玩家。

（三）飙车

这是日本电子游戏产业巨头世嘉(SEGA)全力策划,由韩国新兴网络游戏开发商——韩国现代数码娱乐公司(Hyundai Digital)开发制造的一款真正意义上的大型网络赛车游戏。其最大特点是:体验真实,国内首款大型实景网络赛车游戏。具有完全模拟真实城市风光的游戏世界,完全模拟真实数据的车辆改装系统和完善的赛道竞技模式,3D效果十分真实。

四、SWOT 分析

（一）产品优势

1. 角色丰富，外观要比其他游戏设计得好，更能吸引玩家。
2. 比赛中的道具丰富。
3. 比赛中的场地地图多样，各有特色。
4. 比赛模式比其他游戏丰富。
5. 比赛趣味性较好。
6. 与其他竞速类游戏相比，游戏的操作性相对简单，而且娱乐效果好。

（二）产品劣势

1. 游戏中任务模式相对较少。
2. 游戏故事性相对较少。
3. 游戏形式比较单一，长时间玩会产生厌烦感。
4. 外挂较多。
5. 对计算机配置的要求相对比较高，同时常常会出现卡机的现象。
6. "跑跑卡丁车"的交友系统不是很完善，需要改进。

（三）面对的机会

在一项网络调查中，玩家对"跑跑卡丁车"的钟爱程度很高，在同类竞速比赛游戏中拥有较好的支持率，发展前景乐观。

（四）存在的威胁

对比其他综合性网络游戏，"跑跑卡丁车"的优势并不明显。在 2007 年 4 月份的网络流行下载排行榜中，原本排在首位的"跑跑卡丁车"降至第二位，久游网的"劲舞团"超过"跑跑卡丁车"，成为下载量最多的网游。市场的威胁和竞争相当激烈。

五、受众分析

据 iResearch 调查数据显示，中国网络游戏玩家以 19～25 岁的年轻人为主，学历集中在大学、专科，且男女比例相当。

在地理分布方面，游戏玩家主要分布在北京、天津等一些经济较发达的地区。东部明显高于西部。

收入方面表现为偏向中低收入，其中学生群体占有相当比例。

由于以学生为主的青年群体是游戏的主要玩家，所以晚 8 点到晚 10 点是玩游戏的高峰期，较多人群每日游戏时间为 1～3 小时。具体如图 3-6 和图 3-7 所示。

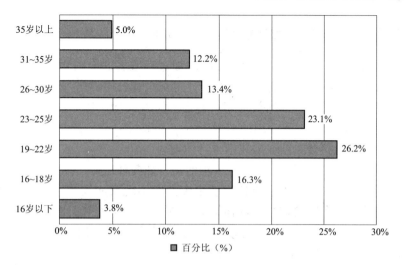

中国网络游戏用户平均年龄为23.6岁

样本描述：$N=119\,591$；以上样本于2006年10月的17173通过网上联机调研方式获得

ⓒ2006.12 iResearch&17173 Inc.　　　　www.iresearch.com.cn; www.17173.com

图3-6　中国网络游戏玩家年龄分布

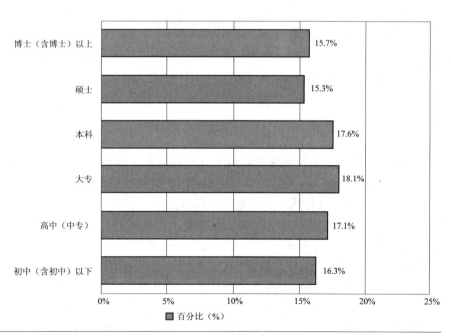

样本描述：$N=119\,591$；以上样本于2006年10月17131通过网上联机调研方式获得

ⓒ2006.12 iResearch&17173 Inc.　　　　www.iresearch.com.cn; www.17173.com

图3-7　中国网络游戏玩家学历分布

六、市场定位——打造有中国特色的绿色网络游戏

目前,"跑跑卡丁车"中国版本中已经添加进非常多的中国元素,比如登录音乐、登录页面背景、百宝箱、部分赛道等。今后,世纪天成公司将与 Nexon 公司合作推出更多具有中国特色且更吸引玩家的新赛车、赛道和游戏人物。比如在"跑跑卡丁车"公测发布会上,开发队长为大家介绍的"龙形卡丁赛车"、"京剧脸谱少年"、"万里长城赛道"等,中国特色将会陆续在游戏中得到体现。

根据中国国内的实际情况,将开展各种活动,如各种比赛、各种互动游戏。同时在比赛中增加更多的中国元素,这样将吸引更多的中国玩家加入竞速的游戏中。与此同时,也将"跑跑卡丁车"打造成为对游戏玩家有益的绿色网络游戏。在社会舆论倡导合理安排游戏与工作、学习时间的环境下,"跑跑卡丁车"引领的赛车网游,将为玩家打造轻松愉快,不会让玩家沉迷于网络游戏的绿色网游。

七、营销策略

(一)"跑跑卡丁车"车王争霸赛

1. 活动简介

把"跑跑卡丁车"游戏真实化,进行真人卡丁车比赛,进一步推广"跑跑卡丁车",让更多的人了解这一款游戏。

活动标语:"跑跑卡丁车"大赛,用速度体验激情、让游戏创造快乐。

下面以一个网吧真实的比赛安排为例。

主办单位:北京尚城网吧上网服务有限公司

协办单位:世纪天成公司

2. 参赛要求

北京市内"跑跑卡丁车"玩家均可以个人形式报名参赛。

请在网吧店面吧台填表报名,或拨打电话010-83631438、83631439进行报名。要求加入QQ群:4123571进行联系。联系人:张勇。

报名地址:北京市丰台区三环新城租售中心3层尚城网吧(食尚街);乘车路线:北京市相关线路车坐到夏家胡同车站下车,转乘公交临线直达网吧。

活动通知见QQ群内及网吧内海报。

个人填写报名资料(包括姓名、联系方式、游戏ID),比赛区为网通一区,游戏ID请自行准备;同时不限地区报名,外地来京人员也可以参加此次活动。

参赛选手必须为年满18周岁持有身份证的中华人民共和国公民。

报名时必须携带有效身份证件,报名时填写的报名资料必须真实有效。

同时也可以在跑跑的官方网站上进行报名,只要留下自己正确的邮箱,我们将及时通知您!

3. 参赛时间

报名时间：即日起至 7 月 1 日（报名免费）

各店比赛时间：7 月 1 日—7 月 10 日

总决赛：7 月 15 日

特别赛：7 月 20 日

4. 比赛地点

初赛（网吧比赛）

网吧名称	网吧电话	比赛地址	比赛时间	比赛进程
尚城网吧	83631438	北京市丰台区三环新城租售中心 3 层	7 月 1 日 12：00	网吧小组赛
尚城网吧	83631438	北京市丰台区三环新城租售中心 3 层	7 月 10 日 12：00	店内总决赛

特别赛：北京顺翔卡丁车俱乐部

5. 比赛规则

网吧小组赛：只设立个人竞速比赛。比赛服务器：网通一区；对于参赛选手的游戏账号不限，可以使用任何车辆任何道具。

店内总决赛：2007 年 7 月 1 日中午 11 点，参赛选手到达比赛场地进行抽签分组，中午 12 点正式比赛。

注：我们将在北京各个区分别举行比赛，最后选出 32 名选手，这些选手将在北京顺翔卡丁车俱乐部参加最后的决赛。

6. 赛场规则

（1）玩家比赛中途退出的视为缺席弃权。

（2）一旦发现使用非游戏本身支持程序，直接取消比赛资格。

（3）网络状态不稳定或发生 Bug 的时候，由现场裁判来判断相应游戏的有效性。

（4）在正常行驶途中发生的阻挡现象均判断为正常现象。

（5）有意的拦路行为（通过逆行驶进行拦截或以静止状态进行拦截）等是不被允许的，现场裁判经过判断后，会对有恶意拦路行为的参赛者作出取消比赛资格的处理决定。

（6）比赛途中出现某种问题而一场游戏以非正常的方式结束时（没有分出胜负游戏就结束的时候），此场游戏会经现场裁判判断后变为无效。

（7）通过聊天功能来侮辱谩骂其他参赛者的选手，经首次警告后，第二次将取消其比赛资格。

（8）不得对现场裁判的判决产生任何异议，报名参加比赛者视为认同本活动规则。

（9）在指定时间（开始前 10 分钟）内未到场按弃权处理。

（10）提前进场检查自己的系统，如果是个人自带的键盘需先行连接。

（11）不能有任何妨碍游戏执行的行为，如有违反，将被取消比赛资格。

（12）在游戏途中发生问题时，需举手通知裁判。

（13）在游戏进行途中自行离开座位的选手，将被取消比赛资格。

（14）自行接受他人帮助的选手将被取消比赛资格。

（15）裁判的裁决具有最终决定性。

7. 奖项设置

网吧总决赛：

本网吧总决赛前四名奖品：

另：凡参加总决赛选手都将获得"跑跑卡丁车"公司提供的礼物一份

第一名：会员充值200元+"跑跑卡丁车"精美礼品1份+参加总决赛

第二名：会员充值150元+"跑跑卡丁车"精美礼品1份+参加总决赛

第三名：会员充值100元+"跑跑卡丁车"精美礼品1份+参加总决赛

第四名：会员充值50元+"跑跑卡丁车"精美礼品1份

纪念奖：凡参赛人员都获得"跑跑卡丁车"的玩偶钥匙坠。

注：前32名每人奖励100元+参加真实卡丁车比赛。

总决赛：

第一名：奖金1 000元+全套游戏玩偶+游戏充值点卡200元。

第二名：奖金800元+全套游戏玩偶+游戏充值点卡100元。

第三名：奖金600元+全套游戏玩偶+游戏充值点卡50元。

纪念奖：凡参赛人员都可获得全套游戏玩偶+游戏充值点卡50元。

8. 危机处理方案

（1）在比赛之前，给每位参赛选手上保险，以免意外状况发生。

（2）联系好附近设施比较好的医院，若出现意外状况，紧急处理。并且，在比赛场地配置一辆救护车、简单的医疗用品及救护人员。

（3）比赛前，给每位参赛选手仔细讲解注意事项及容易发生的意外状况。

（4）比赛前，工作人员认真检查每辆赛车的安全与性能及跑道的状况，确定是否可以开始比赛。

（5）如果比赛途中遇到事故或人员伤亡，视情况由医护人员现场解决或送往医院接受紧急治疗。

（6）在比赛的各个网吧中，仔细检查网吧内的设施，确保网吧不出意外。

（二）与麦当劳的合作策略

1. 合作背景

我们认为可以寻找游戏合作商家，通过互利的形势对"跑跑卡丁车"游戏进行宣传。通过调查，由于国内游戏的玩家主要集中在19～22岁这一年龄段，根据年轻人比较喜欢的商家，我们决定和麦当劳合作，在游戏的比赛中增加麦当劳的 m 形标志，给麦当劳作宣传。

2. 具体策略

（1）"跑跑卡丁车"为麦当劳作宣传。可在游戏中开发新的地图，命名为：麦麦街。在这张地图上，所有的一切东西都与麦当劳有关。例如，在游戏开始和结束时做麦当劳的气球广告；将游戏中的道具箱设计为麦当劳的标志或麦当劳的产品形状；在这里比赛人物都变成麦当劳叔叔；将赛道设计为麦当劳的 m 形状；赛道周围设计麦当劳的产品；将赛车设计为麦当劳的汉堡形状，命名为汉堡车；角色的装饰为麦当劳的各种食品；颁奖时，满天落下麦当劳的食品。

（2）麦当劳为"跑跑卡丁车"做宣传。在麦当劳店内，以及产品的包装上，印制"跑跑卡丁车"的图片或宣传资料，对游戏进行宣传。同时，当顾客选择某种特殊产品后，将可以获得"跑跑卡丁车"的玩偶。因为年轻人比较多，还有很多未来的年轻人，这样不仅可以对自己未来的游戏活动进行及时宣传，同时还可以拓展未来的游戏玩家。如果玩家收集到一定数量的玩偶后，可以到指定地点换取相应的游戏点卡。

（三）其他活动

1. 增加新的比赛模式

如玩家可以在游戏中通过不断进行比赛来获得各种基本道具，从而组装各种不同的车。只要玩家在比赛中获得前三名都会有一定概率获得各种道具，只要将道具全部收集全，就可以组装汽车，这样自己在以后的比赛中就可以使用这辆汽车。

2. 开拓游戏周边产品

将游戏中的角色设计成钥匙坠等小型玩具，这样喜欢这款游戏的玩家就可以购买游戏的各种纪念品。同时也可以增加游戏的知名度，吸引更多的玩家。

八、媒体策略

通过对相关资料的分析，以及根据目前游戏玩家的年龄分布，以及他们上网的特点，我们决定做出下列宣传方案。

（一）新浪网宣传

根据玩家上网的时间主要集中在上午 10～11 点和晚上 8～10 点这两个时间段，我们决定在新浪网的游戏频道做出关于"跑跑卡丁车"的 Flash 宣传动画，动画内容是"跑跑卡丁车"最新比赛活动的介绍，动画方式是以网页两侧的活动广告为主，同时，将动画作为链接形式，直接链接到自己的官方网页。在官方网页上有本次活动的具体内容。

（二）QQ 广告宣传

经过调查发现，现在玩家多数上网的第一件事不是玩游戏，而是上 QQ 聊天，所以我们决定在 QQ 秀上做广告。因为在等待他人的回复信息时，这段时间是网民很难受的时间,所以在这里做广告,同样采用 Flash 形式,这样可以在玩家聊天时进行广告宣传(见图3-8)。

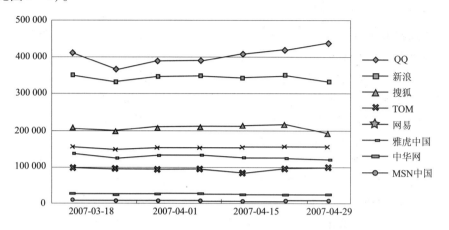

单位:每百万Alexa安装用户的访问量
时间范围:2007-03-18至2007-05-05

Source:Alexa,因Alexa Toolloar用户媒体取向差异可能造成数据偏差,仅供参考

©2007.5 iResearch Inc.   www.iresearch.com.cn

图3-8 2007年3—5月综合门户类网站周访问量走势

九、预算

(一)媒体宣传费用

1. 新浪游戏:顶部通栏

规格:46895 Pixels

价格:50 000 元/条/天

投放时间:20天(7月1日至20日)

预算:50 000×20 = 1 000 000 元

2. QQ聊天窗口 Rich Button

规格:23 430 <8 KB GIF

　　　140 114 <20 KB SWF(播放时长为10 s)

价格:6 000 元/天

投放时间:20天(7月1日至20日)

预算:6 000×20 = 120 000 元

(二)比赛预算经费

玩家获胜奖金:5 600 元

其他奖励:8 000 元

比赛费用：240 元

餐饮：由合作的麦当劳提供，可支付相应的费用，在 500 元以内。

包车费用：1 500～2 200 元（北京青年旅行社包车费用），依据去的人数而定，约为 1 850～2 550 元。

（三）其他费用

游戏玩偶费用：5 000 元

机动费用：20 000 元

总费用：5 600 + 8 000 + 240 + 500 + 2 550 + 20 000 + 1 000 000 + 120 000 = 1 156 890 元

十、市场效果调查

活动结束后，在北京市内的各大网吧进行调查。将在网吧人数最多的时间段进行抽样调查，这样收集信息的及时性可以得到保证，同时信息的准确性也能够保证。

同时还将在网站上进行问卷调查，这样更有利于信息的反馈，有利于得到第一手资料。另外，还将在官方网站上收集广大玩家的意见，设计新的游戏任务。

调查问卷（一）

与麦当劳合作

1. 您的性别

   男　　女

2. 年龄

   1～15　　15～18　　18～20　　20～25　　25～30　　30～40

3. 在游戏中，加入其他产品广告，您注意到的频率是？

   经常注意　　偶尔　　未曾注意过

4. 您注意游戏跑道两边的广告的时间段为？（可多选）

   比赛开始前　　比赛时　　比赛结束后

5. 您觉得加入哪种类型的产品广告，您注意到的频率最高？

   食品类　　运动类　　衣物类　　其他（举一产品或种类）

6. 在玩游戏时，看到麦当劳的广告，您是否有购买麦当劳的欲望？

   强烈有　　一般有　　没感觉

7. 在购买麦当劳时，您是否会想起"跑跑卡丁车"？

   经常想起　　偶尔　　未曾想过

8. 您有什么宝贵的意见？

调查问卷（二）

车王争霸赛

1. 您的性别

男　女

2. 年龄

18～20　　20～25　　25～30　　30～40　　40以上

3. 您是否经常玩"跑跑卡丁车"？

经常　　偶尔　　不玩

4. 您是通过哪个网站了解本次活动的？

sina　　qq　　官网

5. 您是事先知道"跑跑卡丁车"游戏的，还是从这次活动中知道"跑跑卡丁车"游戏的？

事先知道的　　这次活动中得知的

6. 您对比赛场地是否满意？

很满意　　一般　　差

7. 您对这次活动的各个细节是否满意？

很满意　　一般　　差

8. 您觉得这次活动对"跑跑卡丁车"的宣传有益吗？

有　　无　　无所谓

9. 您对选手的选拔方式是否满意？

很满意　　一般　　差

10. 您希望以后还举办此类比赛吗？

希望　　不希望

11. 您有什么宝贵意见？

第四章

网络广告创作

广告策划之后,网络广告活动就进入了广告创作环节,广告创作主要依据广告策划阶段的战略和战术部署,进行广告创意、设计、制作。广告创意是广告活动中非常重要的一环,但是广告创意并不能代表广告活动的全貌,有些广告主往往通过创意水平来判断广告经营者的业务水平,这是不正确的。成功的广告策划和好的广告创意最终能否完美地展现,还取决于广告设计和制作水平的高低。

第一节 网络广告创意

一、广告创意的含义

广告创意是广告活动中最吸引人的一个环节,同时也是广告活动中最难以描述和阐释的环节。一直以来,许多广告大师都试图把握和解释广告创意的本质,他们各自从不同的角度谈到对广告创意的理解。

例如,广告大师大卫·奥格威曾说过:"要吸引消费者的注意力,同时让他们来买你的产品,非要有很好的特点不可,除非你的广告有很好的点子,不然它就像很快被黑夜吞噬的船只。"奥格威所说的"点子",就是创意的意思。现在,广告行业内人士也普遍喜欢用"点子"这个词,来表达创意的意思。

美国著名的广告创意指导戈登·E·怀特将创意比喻成广告策划中的 X 因子。强调广告创意发挥的效力是不确定的,由于它具有的不确定性,使得创意成为影响广告策划的重要因素。

美国广告大师詹姆斯·韦伯·杨在 20 世纪 60 年代提出"旧元素,新组合"这 6 个字，可谓是对"创意"的一个经典的诠释。他认为，创意不过是将一些司空见惯的元素以意想不到的方式展现给消费者，从而令消费者和品牌之间建立某种关系。

美国广告大师李奥·贝纳认为，"所谓创意的真正关键是如何运用有关的、可信的、品调高的方式，同与以前无关的事物之间建立一种新的、有意义的关系的艺术，而这种新的关系可以把商品某种新鲜的见解表现出来"。李奥·贝纳提醒了广告人，广告创意不等于夸张声势或哗众取宠，"运用可信的、品调高的方式"是产生好创意的前提。

美国的权威广告专业杂志《广告时代》也曾经这样总结道："广告创意是一种控制工作，广告创意是为别人陪嫁，而非自己出嫁，优秀的创意人深知此道，他们在熟识商品、市场销售计划等多种信息的基础上，发展并赢得广告运动，这就是广告创意的真正内涵。"

同样把广告创意视为一种"过程"或"活动"的还有中国科学院心理研究所的学者马谋超先生，他指出："创意与构思可视为同义语。广告创意是依据确定的广告主题进行整体的构思活动。"

中国传媒大学的丁俊杰教授对广告创意的理解也有极大的启示意义，他将广告创意概括为一个公式：广告创意 = 创异 + 创益。所谓创异，就是与众不同，广告创意首先要做到形成差异，避免模仿。但创意不能单纯地追求与众不同，更应该追求效益，广告活动毕竟是商业活动，若是不能为企业带来效益，广告也就失去了其存在的价值。

综合了中外广告大师与学者对于广告创意的阐释，这里将广告创意理解为：广告创意是创意人员在对市场、产品和广告对象进行研究、分析的前提下，根据广告主的营销目标，以广告策划为基础，运用各种有效的艺术手法传达广告信息的创造性思考过程和创作过程。

网络广告是一种新型的广告形式，但它同样强调广告创意在广告活动中的重要作用。随着网络新技术的开发和应用，网民在网络上看到的网络广告形式越来越丰富，然而网络广告却普遍存在点击率不高的事实。广告人需要认识到，尽管网络广告具备多媒体特性与互动优势，但如果广告缺乏独特的创意，网络广告只会成为让网民眼花缭乱的视觉和听觉垃圾。因此，网络广告创意同样是网络广告活动中的关键一环。只有好的网络广告创意才能够使网络广告作品以更生动、更形象的形式进行信息传达，从而吸引网络广告对象的注意，激发他们的兴趣，使网络广告对象产生购买欲望，或者实现提升品牌在网民心目中地位和形象的目的。

二、网络广告创意的原则

网络广告创意虽然是一个创造性的思考过程和创作过程，但这个过程并不是一种纯粹的艺术行为，可以天马行空、任意发挥。网络广告创意带有一定的艺术创造性，但同时网络广告活动更讲求商业的实效性，即网络广告创意的最终目的是要引起人们对于产品或服务的兴趣和购买欲望，并在或近或远的将来带来销售量的提高。因此，网络广创意也必须有章可循,这个创造力的发挥过程更像是"带着镣铐跳舞"。

(一)独创性原则

所谓独创性原则,是指在网络广告创意中不墨守成规,而是善于标新立异、出人意料。独创性更强调与众不同的首创,能够在网络广告对象心目中形成最大强度的心理突破效果,是广告人在广告运作过程中赋予广告运动和广告作品以独特的吸引力和生命力的与众不同的力量。今天,多数网民由于之前受到形形色色的传统广告的影响,早已对广告信息视而不见、充耳不闻,形成了一定程度的"麻痹"心理,加之网民在网络上每时每刻都面对着海量的信息和资讯,因此,缺少独创性的网络广告是很难引起网络广告对象注意的。

广告人应该将独创性作为网络广告创意的首要原则去遵循。这种独创性的原则既可以体现在网络广告所传递的信息内容上,也可以体现在网络广告的表现形式上。网络广告产品的同质化趋势越来越明显,网络广告只有寻找到独特的信息内容进行表现,才能让自己在同类产品中跳出来,吸引目标对象的注意。网络广告信息内容的独创性不仅体现在能表现别的同类产品无法替代的消费利益点、产品生产背景及产品的附加价值,也表现在能诉求别人没有诉求的产品特点。

表现形式的独创性,是指要善于挖掘新颖、独特的信息传递方式。目前,网络上利用新技术制作的各种丰富的富媒体广告,就常常给网民带来或美轮美奂或妙趣横生或出其不意的感受。例如,图4-1所示是兰蔻梦魅香水投放在网络上的富媒体广告,广告用精美的画面、舒缓的音乐,配合模特的高贵气质,以极度诱惑的表现形式将"魅。由心升"的广告主题演绎得淋漓尽致,令无数爱美女士心驰神往。

图4-1　兰蔻梦魅香水的富媒体广告

但要注意，表现形式终究是为信息内容服务的。"广告的内容比广告的表现内容更重要……信不信由你。真正决定消费者购买或不购买的是你的广告的内容，而不是它的形式。你最重要的工作是决定你怎么样来说明你的产品，你承诺的是些什么好处。"因而，广告人更应该重视如何挖掘能够牢牢抓住目标对象内心的产品的独特卖点，如果一味陷入利用新奇的表现形式吸引广告对象，只能制作出一些令网民眼花缭乱、不厌其烦的网络垃圾。

（二）实效性原则

独创性是网络广告创意的首要原则，但独创性不是网络广告创意的最终目的。在通常情况下，网络广告作为一种有目的的、以说服和诱导目标对象产生消费行为的信息传播活动，以销售的获得作为网络广告传播的最终目标。销售目标是网络广告活动的最终目的，在这一目标实现之前，网络广告首先要能完成一系列的传播目标，即能够在众多的网络信息中脱颖而出，吸引目标对象的注意，并能让目标对象正确理解所传达的网络广告信息，唤起他们对该产品或服务的兴趣。网络广告创意的实效性原则，就是指通过网络广告信息的有效传达，实现上述广告目的中的一个或几个。

网络广告创意的实效性是网络广告得以产生和发展的根本动力，也是网络广告主花费金钱做广告的合理要求。要做到实效性原则，需要广告人在追求独特的广告创意的同时，注意网络广告所传达的信息内容能否被目标对象所正确理解，网络广告表现是否与企业的产品或服务的利益密切相关。要知道，网络广告一旦缺乏了可理解性和相关性，再新奇、独特的广告创意都会失去意义。

最后要注意的是，网络广告的实效性原则既包含经济效益，也包含社会效益。如果仅仅考虑网络广告主的经济利益，而忽略了社会效益，乃至违反广告道德，同样不符合网络广告的实效性原则。

（三）简单性原则

牛顿说："自然界喜欢简单。"一些揭示自然界普遍规律的表达方式都是异乎寻常的简单。近年来，广告界普遍流行简单、明了的创意风格。简单、明了的广告创意决不等于无须构思的粗制滥造，简单性原则的本质是精练化。

今天的消费者可以说是被淹没在信息的海洋之中，多数的广告信息对于他们来说都是过眼烟云。既然消费者无法记忆太多的信息，那么广告中所传达的信息就应该是最能使他们留下深刻印象，并为其所接受的信息，这种信息应该是最能体现广告的诉求要点的。因此，好的广告每一次只能和广告对象沟通一件事情。例如，获得1997年戛纳国际广告节平面广告全场大奖的奔驰"刹车痕"篇（见图4-2），甚是简洁有力：在城市小街道上停了一辆惹眼的奔驰跑车，它刹车胎的痕迹清晰可见。这个没有标题的广告准确无误地告诉广告对象奔驰的刹车制动性能极棒。倘若罗列了一大堆奔驰的优势，则会分散广告对象的注意力，效果反而不好。

广告创意的简单性还可以从表现形式上提炼，平中见奇、意料之外、情理之中往往

网络广告创作 第四章

图4-2 奔驰"刹车痕"篇平面广告

是广告人在创意时渴求的目标。也就是说,广告创意的简单性不仅体现在"说什么",还在于"怎么说"。虽然一个广告做到了"只说一件事",但若干干巴巴地说,也会影响广告对象的记忆。

例如,VOLVO轿车素以"安全"为广告诉求,数十年不变。这也成了品牌耳熟能详的个性。VOLVO的广告如何形象、生动地表达"安全"?1996年,它以"安全别针"的单纯创意获戛纳广告节平面广告全场大奖(见图4-3)。广告在大量留白的版面中用大型安全别针弯成汽车的外形,大标题是"你可信赖的汽车"。

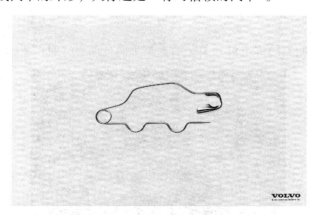

图4-3 VOLVO"安全别针"篇平面广告

一个好的网络广告创意更应该体现简洁、单纯、突出的原则。对于网民来说,网络媒体比以往任何媒体所带来的信息浪潮更强烈,他们在网络上时刻都要接受各种信息的轰炸,因此,争取到网民的注意力和记忆量更是十分的不易,每个网络广告所能自我展示的时间和空间也是有限的,简单性原则对于网络广告创意来说显得更为重要。只有简单、明了的网络广告,才会让人在接触的一瞬间就有感知,并且印象深刻。奥美公司以

新媒体 广告

"地球一小时"为主题制作的网络公益广告，号召大家节约能源，减缓地球变暖。广告投放在新浪网新闻频道，在网页的右下角可以看到非常醒目的电灯开关，简单的四个字"关上看看"，以及示意点击该开关的手指图形，表明这也是一个设计巧妙的互动广告，广告创意既新颖、独特，又简单、明了地传递了主题信息（见图4-4）。

图4-4 "地球一小时"网络公益广告（一）

当网民点击页面上的"电灯开关"后，整个网页黑屏（见图4-5）。

图4-5 "地球一小时"网络公益广告（二）

黑屏大约5秒钟后，页面中央出现广告文案："今晚，请别忘了关。"广告页面充满整个屏幕（见图4-6）。

图4-6 "地球一小时"网络公益广告（三）

之后，出现图4-7的页面，文案内容："地球一小时，3月28日20：30-21：30，全球数亿人将一起关灯一小时，减缓气候变暖，快来加入吧！"

图4-7 "地球一小时"网络公益广告（四）

（四）互动性原则

传统广告主是强调一方对另一方的信息传达，最终达到影响和劝服的目的，因此，传统广告常常给人们以强迫接收的不好印象。而在网络上做广告，完全不必要单一地依靠一方对另一方的诉求，网络广告可以在适当的时间把信息传达给目标对象，并能得到目标对象的响应，形成双方向的交流，以达到较好的广告效果，这就是网络广告的互动性特点。

新媒体 广告

网络广告创意要想成功，也必须重视互动性原则。对有些广告主来说，受众仅仅是看到这个广告和点击这个广告还是不够的，广告的目的不仅仅是吸引，更重要的在于说服目标人群产生购买的行动。因此，浏览者要与广告主形成信息的交流，才能说明该广告是真正有效的。例如，消费者看到一个售车广告，虽然在广告中会说明该车的配置、价格、独特设计等情况，但真正感兴趣的消费者，还是会打广告上的咨询电话去询问，这就达到了广告的效果。因此，网络广告互动性的强弱，会在一定程度上影响网络广告的效果。

网络广告创意的互动性原则可以体现在两个方面：一方面，实现网络广告主与广告对象之间即时的双向沟通。广告不再是劝服式的，而是交谈式的、对话式的，因此沟通的效率和效果就会得到提高。网络广告主应当尽量把最详尽的资料展示在网上，以供网民寻找所需信息，而不仅仅是某一产品或企业的宣传作品，这是营销互动沟通的有效方式和桥梁。上网的受众往往是抱着明确的目的和需求主动到网上查找所需信息，他们往往会根据所掌握的广告信息资料作出购买决策，并可能在网上直接订购。这样，广告主也能及时把握消费者的需求变化，广告推广的产品和服务可以迎合消费者的需要，真正地实现消费者的个性化服务，企业与受众形成"一对一"的传播及营销。例如，海尔提供的网上商场（见图4-8），用户可以进行相关商品的搜索，挑选到满意的商品后可以在网上订购。同时，海尔网上商城还提供在线导购、销售咨询、售后服务、订单查询等在线服务。用户如果有其他问题，还可以通过在"留言板"上留言，与企业进行多方面的交流和沟通（如图4-9）。

图4-8 海尔网上商城的首页

网络广告创作 第四章

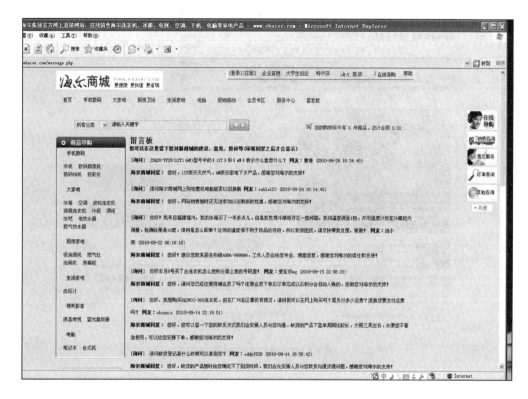

图4-9 海尔网上商城的"留言板"页面

另一方面，网络广告在进行创意表现时，可以充分体现互动性，吸引网民注意，并使网民对广告信息印象深刻。当网民在计算机屏幕前移动鼠标主动选择信息时，许多因素在影响着广告信息的传播，同时也就影响着他们的决定，进而影响网络广告的传播效果，如网站的知名度、广告的形式和浏览广告的操作技能等因素。决定网络受众选择的因素还有信息内容的有效性与趣味性。受众总是选择他们需要的、对他能产生某种利益的信息。他们同时也会选择一些娱乐性、趣味性的信息（如以游戏方式出现的广告等），这一点很可能成为网民调节性的选择。因此，网络广告可以通过Java、Flash等技术手段，编制一些程序，诱使广告受众参与到广告本身的互动中来。例如，2010年坎城广告奖的获奖作品IKEA的互动广告"储物柜篇"。当点开图4-10所示页面时，会看到页面右边一个装东西的IKEA纸箱。

好奇心会驱使网民移动鼠标过去，这时箱子会突然打开，并弹出一张说明书，让人对放在纸箱里的灯管产生兴趣，并指示试一试动手组装（见图4-11）。

按照说明书的提示，在一步步组装的过程中（见图4-12），就会不自觉地联想到过去使用IKEA家具的经验，再次强化对IKEA品牌的认同感。

新媒体 广告

图4-10 IKEA的互动广告"储物柜篇"(一)

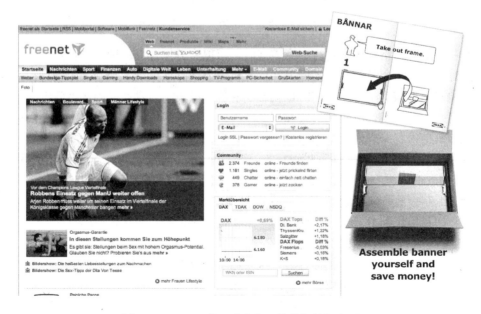

图4-11 IKEA的互动广告"储物柜篇"(二)

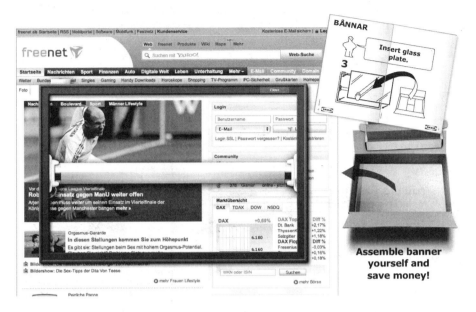

图4-12 IKEA的互动广告"储物柜篇"(三)

最后,灯管组装完毕,上面出现黑色箭头,示意按一下上方的灯管开关(见图4-13)。

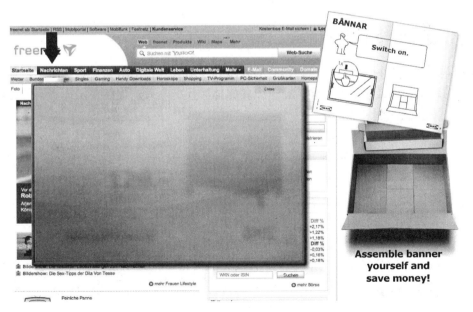

图4-13 IKEA的互动广告"储物柜篇"(四)

当按下开关后,就会惊奇地发现点亮的灯管上出现折扣信息(见图 4-14)。这时,IKEA 很聪明地附上了网上商店的地址链接,让喜欢 IKEA 商品的使用者可以在网上购买。

图 4-14　IKEA 的互动广告"储物柜篇"(五)

三、网络广告创意的基本理论

从 20 世纪 50 年代至今,广告创意的策略和理论一直在不断地发展和演变,其中一些经典的理论,历经时间的考验,在进入新媒体时代的今天,仍然在发挥着不可替代的作用。

(一) 独特销售学说

"独特销售学说"是在 20 世纪 50 年代,由美国的广告大师罗瑟·瑞夫斯(Rosser Reeves)提出的,英文全称为 Unique Selling Proposition,简称 USP 理论。

独特销售学说的基本观点如下[1]。

(1)每一则广告必须向消费者提出一个建议,不光靠文字、图示等。每则广告都必须告诉受众:"买这个产品吧,你将从中获益。"

(2)提出的建议必须是竞争对手没有或无法提出的,无论在品牌方面还是在承诺方面都要独具一格。

---

[1] 丁俊杰. 现代广告通论. 北京:中国物价出版社,1996.

（3）提出的建议必须要有足够的力量感动消费者，也就是说，建议要有足够的力量吸引新顾客购买自己的产品。

该理论的经典案例是 M&M'S 糖果公司的 M&M'S 巧克力。20 世纪 50 年代，M&M'S 糖果公司的广告并不成功，为了招徕更多的消费者，该公司让罗瑟·瑞夫斯为自己的巧克力重新进行广告创意。M&M'S 巧克力是当时美国唯一一种用糖衣包裹的巧克力。罗瑟·瑞夫斯认为独特的销售主张正在于此。在 M&M'S 巧克力的电视广告中，他把两只手摆在画面中，然后说："哪只手里有 M&M'S 巧克力呢？不是这只脏手，而是这只手。因为，M&M'S 巧克力，只溶在口，不溶在手。"一句"只溶在口，不溶在手"的独特销售主张，至今令消费者无法忘怀。

"独特销售学说"直到今天仍然是广告创意的经典理论，这种学说与目前流行的产品差异化策略同属宗门，可以说，"独特销售学说"是定位理论发展的前身。

（二）品牌形象论

品牌形象论（Brand Image）是 20 世纪 60 年代中期，由广告大师大卫·奥格威（David Ogilvy）提出的创意理论。大卫·奥格威一直在全球广告界享有盛誉，被列为 20 世纪 60 年代美国广告"创意革命"的三大旗手之一，他提出的"品牌形象论"是广告创意策略理论中的一个重要流派。

品牌形象论的基本要点如下。

（1）塑造品牌服务是广告最主要的目标，广告就是要力图使品牌具有并且维持一个高知名度的品牌形象。

（2）任何一个广告都是对品牌的长期投资，广告应该尽力维护一个好的品牌形象，而不惜牺牲追求短期效益的诉求重点。

（3）随着同类产品的差异性减小，品牌之间的同质性增大，消费者选择品牌时所运用的理性就越少，因此描绘品牌的形象要比强调产品的具体功能、特性重要得多。

（4）消费者购买时追求的是"实质利益＋心理利益"，对某些消费群体来说，广告尤其应该重视运用形象来满足其心理需求。

奥格威做了一个有名的市场实验：把品牌 A（如可口可乐）的饮料放在一个奶瓶里，把品牌 B（如百事可乐）的饮料放在另一个奶瓶里，不告诉消费者这两种饮料的牌子，要求消费者品尝，结果大部分消费者认为这两种饮料是一样的味道。接着把同一商标的两种饮料放在两种不同商标的奶瓶里，给消费者的提示是，这是两种不同商标的饮料，要求消费者品尝，结果消费者都认为这两瓶饮料是不同的。这个实验甚至于在 21 世纪的广告中仍然被不断地重复，以验证这一"品牌形象论"的正确性。

品牌形象论的典型案例是大家熟知的万宝路（Marlboro）香烟。万宝路香烟一度曾是带有明显女性诉求的过滤嘴香烟。自 20 世纪 50 年代中期开始，万宝路香烟开始和"牛仔"、"骏马"、"草原"的形象结合在一起，诸多的新广告旨在树立万宝路香烟是那些"历尽艰辛"、在户外干活的男人的香烟的形象。无论是表演还是其他的视觉手段都只表现粗犷的男人、牛仔或文身的体力劳动者。因此,万宝路的世界逐步扩大,获得了前所未有的成功,万宝路的粗犷、豪迈的形象从此深入人心。还有美国的快餐品牌"麦当劳"和"肯德基",分别以"麦当劳叔叔"和"肯德基上校"的形象来体现品牌特点,也都获得了极大的成功。

(三) 定位理论

定位理论(Positioning)是20世纪70年代早期,由著名的美国营销专家艾尔·里斯(Al Ries)与杰·特劳特(Jack Trout)提出来的。1969年,他们在《产业营销杂志》(Industrial Marketing Magazine)发表文章"定位是人们在今日模仿主义市场所玩的竞赛",正式阐述了"定位"这一概念。

定位理论的基本主张如下。

(1) 定位从产品开始,可以是一种商品、一项服务、一家公司、一个机构,甚至于是一个人。

(2) 定位是利用广告为产品在未来潜在顾客的心中确立一个位置。

(3) 一旦定位成功,当消费者面临某一特定需求时,就自然会想到该产品。

(4) 定位法注重产品在消费者心智中的区隔,是对未来潜在顾客的心智所下的工夫。

被里斯与特劳特用以证实定位理论的是艾维斯租车公司的广告,该广告并不是他二人创作的,而是另一位著名广告人威廉·伯恩巴克创作的。在20世纪60年代之前,赫兹公司是租车业的老大,艾维斯作为一个弱势品牌要想对抗一个强势品牌,需要一套有效的广告创意策略才行。伯恩巴克为其创作的广告,定位于"老二的位置"。广告标题是:"艾维斯在租车业只是第二位。那您为何还要选择我们呢?"广告正文坦诚地说出艾维斯不是租车业的老大,做事不能像老大一样凡事不在乎。由于艾维斯的更加努力,选择了艾维斯,也就选择了满意的服务。艾维斯这次有效的"老二定位策略",使其从弱势品牌翻身,获得了很好的利润。

今天,定位不仅成为一种广告创意理论,一种操作策略,而且演变成一种企业经营管理的理论。2002年美国营销协会评选影响20世纪的营销思想时,"定位"理论被评为营销界影响力最大的思想之一。

(四) CI 理论

CI 即英文"Corporate Identity System"的缩写,一般译为企业形象识别系统。20世纪70年代,CI 理论被广泛运用,并引领了一场"形象革命"。在 CI 理论的倡导下,广告作为其中的一个组成部分,对于广告"该说什么",提出了新的主张和观念。

CI 理论的基本内涵如下。

(1) 企业形象识别系统包括3个子系统:理念识别(MI)、行为识别(BI)和视觉识别(VI),CI 就是把3个子系统统一起来的一种系统的策划活动。

(2) CI 是将企业精神和企业文化形成一种具体的形象,通过运用统一的视觉设计手段，向公众传播，创造企业的个性，使公众产生一致的认同感和价值感。

（3）广告内容必须服务于 CI 战略所规定的企业整体形象，而不仅仅着眼于单一的品牌形象。

IBM 公司和可口可乐公司当属是在 CI 理论指引之下的成功之作，它们的系列广告不仅使 IBM 和可口可乐成为"美国国民的共有财富"，而且成为世界级的超级明星。

四、网络广告创意的思维方法

广告创意是运用脑力的创造性的思维活动，因此创作者的思维习惯和思维方式直接影响着创意的形成、发展，以及最终广告创意的质量。如何培养创造性的思维，如何激发创意人员的灵感，一直是广告人员关注的重要话题。下面介绍几种常见的广告创意的思维方法。

（一）形象思维与抽象思维

形象思维又称直觉思维，指借助于具体形象来进行思考，具有生动性、实感性的思维活动。在广告创意过程中，大部分的思考模式都是运用形象思维予以操作、实行的，因为广告作品的最终成果大都是通过直观的形象来向广告对象传递广告信息的。因此，形象思维是广告创意过程中最为重要也是使用率最高的一种思维方式。

抽象思维即逻辑思维。抽象思维也贯穿于广告创意的全过程，在资料收集和分析归纳阶段，要运用抽象思维进行分析、综合、抽象、概括、归纳、演绎、比较、推理，在创意方案评估阶段，也要运用抽象思维对创意进行条理化、系统化、理论化的梳理。总之，在广告创意的各个阶段，都要运用逻辑思维进行科学的分析和综合、合理的归纳与演绎、严密的推理和论证。

（二）顺向思维与逆向思维

顺向思维是常规的、传统的思维方法。广告创意中采用顺向思维是一条熟悉、顺畅的路，但它往往会使创意思维陷入一种固定的方向，只想表达产品如何好、会给人带来什么好处等。同时，由于顺向思维是遵从人们的思维习惯去想问题，因此，想出的点子往往缺乏新颖性，这样的点子用在广告创意中是难以打动广告对象的。

逆向思维是一种反常规、反传统的思考方法。当大家都从顺向寻觅时，逆向探索往往更能找到出奇制胜的创意新路。阿尔·里斯在《广告攻心战略——品牌定位》一书中说："寻找空隙，你一定要有反其道而想的能力。如果每个人都往东走，想一下，你往西走能不能找到你所要的空隙。哥伦布所使用的策略有效，对你也能发挥作用。"

（三）垂直思维与水平思维

垂直思维是指人们根据事物本身的发展过程来进行深入的分析和研究，是在一个固定的范围内，按照一定的思考路线进行自上而下的垂直思考。此方法偏重利用已有的知识和经验，逐渐积累，产生想法。在广告创意中，创意人员往往要依据自己的经验和对有关产品的知识进行思考，用对以往的经验和知识的重新组合来产生创意。此种思维方法优势在于比较稳妥，有一个较为明确的思考方向。其缺陷是偏重于以往的经验、模式，对旧意识的改良、重版的成分较多。

水平思维又称横向思维，是指摆脱对某种事物固有的思维模式，从与某一事物相互关联的其他事物中分析比较，另辟蹊径，寻找突破口，提出富有创造性的见解、观点和方案。人们往往习惯在原有知识和经验范围的基础上思索新的创意，一旦形成了一两个创意雏形后，虽然觉得不够理想，但这些固有的经验总是把人们的思路束缚住，使人们难以摆脱一些框框，这时不妨跳出原有的观察和思考的框框，运用水平思维带来新的突破。

水平思维法有益于产生新的创意，但却无法取代垂直思考法，只能是弥补后者的不足。垂直思维和水平思维在广告创意中有各自不同的用处，水平思维法在创意的发想阶段发挥着重要的作用，垂直思维法在创意的完善阶段起着重要的作用。利用水平思维法可以不受局限地尽可能多地产生点子，而当一个创意点子被认可之后，就需要利用垂直思维法将这个创意点子进行深度剖析、锤炼，使创意概念清晰化。

（四）头脑风暴法

1939年，美国创造学家奥斯本首次提出头脑风暴法（Brain Storming）。直到1953年才正式发表文章，称其为一种激发创造性思维的方法。该法在20世纪50年代于美国推广应用，许多大学相继开设头脑风暴法课程。其后，传入西欧、日本、中国等。并有许多演变和发展，成为最重要的创意技法之一。

头脑风暴一词，最早出现在精神病理学的用语中，指精神病患者的精神错乱状态，现在转化为无限制地自由联想和讨论，从而产生了"头脑风暴"式的创意思维方式，即头脑风暴法。具体是指参与者在特定的环境里，以无拘无束的心态产生大量想法的创意思维方式。头脑风暴法是开阔思路、激发灵感、寻找广告创意的有效方法之一，也有很多公司用这种方法激发有关新产品的想法。

该技法的核心是高度、充分的自由联想。这种技法一般是举行一种特殊的小型会议，使与会者毫无顾忌地提出各种想法，彼此激励，相互启发，引起联想，导致创意设想的连锁反应，产生众多的创意。其原理类似于"集思广益"。具体实施要点如下。

（1）召集5~12人的小型特殊会议，人多了不能充分发表意见。

（2）会议有1名主持人，1~2名记录员。会议开始，主持人简要说明会议议题，要解决的问题和目标；宣布会议遵循的原则和注意事项；鼓励人人发言和各种新构想；注意保持会议主题方向、发言简明、气氛活跃。记录员要记下所有方案、设想，不得遗漏。会后协助主持人分类整理。

（3）会议一般不超过1小时，以半小时最佳。时间过长，头脑易疲劳。

（4）会议地点应选在安静不受干扰的场所。切断电话，谢绝会客。

（5）会议要提前通知与会者，使他们明确主题，有所准备。

（6）禁止批评或评判。即使是幼稚的、错误的、荒诞的想法，也不得批评。如果有人不遵守这一条，会受到主持人的警告。

（7）自由畅想。思维越狂放，构想越新奇越好。有时看似荒唐的设想，却是打开创意大门的钥匙。

（8）多多益善。新设想越多越好，设想越多，可行办法出现的概率就越大。

（9）借题发挥。可以利用他人想法，提出更新、更奇、更妙的构想。

比如，某品牌洗涤用品的广告定位于环保特性，在头脑风暴法会议上，成员们想到：洗涤后的水是清亮的、可以重复使用、可以继续浇花、可以继续养鱼、鸟儿也来饮用等。经过对创意灵感的筛选，确定洗涤水"可以继续浇花"这一想法能够再发挥下去，于是创意人员再使用头脑风暴法针对"浇花"这一概念扩展下去。

头脑风暴法当中，有一种结构性头脑风暴法，因为广告活动主要与企业生产、营销、服务等事情有关，运用这一方法时，可以从特定的目标开始，思维沿着与生产的方向、营销的方向、服务的方向及间接相关的方向等4种方向扩展，虽然限定了头脑风暴法的范围，但大大提高了头脑风暴法的效率。比如以T恤衫为例，与生产有关的方向可能想到：种棉花，丝网印刷，T恤衫生产，棉线纺织，印染生产，服装加工等；与营销有关的方向可能想到：在商店出售T恤衫，在集市上出售，将T恤衫卖给学校或公司，出售丝网印刷设备，棉花产品贸易，销售生产设备，销售农机设备等；与服务有关的方向可能想到：为丝网印刷设备提供服务，为农机设备提供服务，洗衣服务，为工厂提供清洁服务，为生产厂提供其他服务；间接相关的方向可能想到：用棉织品做横幅或广告，棉籽油加工，棉花籽加工成动物饲料，棉纸、碎棉花填充的枕头，棉花采摘等[①]。

第二节　网络广告的文案写作

一个好的网络广告创意需要通过图形、图像、音乐、音响、语言、文字等要素得以传达和展示，精美的图片和动听的音乐虽然是吸引网络用户的重要因素，但网络广告作品中的语言和文字的作用也不容忽视。网络广告文案即指出现在网络广告作品中的语言和文字部分。在网络广告作品中，通过广告文案在向消费者传递产品或服务信息时，既要形象生动，能够引起消费者的注意，又要清晰准确，不至于让消费者产生误解。因此，了解网络广告文案特殊的写作要求是非常必要的。

一、网络广告文案的构成

网络广告文案由4个部分组成：广告标题、广告正文、广告口号、广告随文。每个

---

① 世界劳工组织. 产生你的企业想法. 北京：劳动与社会保障出版社，2005.

部分在广告作品中所发挥的作用各不相同,因此每个部分的写作要求也不同。但各个部分在创作时又要看作是一个整体,要相互配合、相辅相成,才能达成准确传递广告信息、引导消费者点击并阅读广告,从而进一步促进销售的目的。

(一)广告标题

广告标题是整个广告文案乃至整个广告作品的总题目。广告标题在整个网络广告作品中发挥着重要的作用,它将广告中最重要的、最吸引人的信息进行富于创意性的表现,为整个广告提纲挈领,以吸引网络受众对广告的注意力;它昭示广告中信息的类型和最佳利益点,使他们继续关注正文。

大卫·奥格威在谈到为报纸、杂志这样的传统媒体写作广告标题时,曾说过:"平均起来,人们读标题的次数,是读广告正文的5倍。"今天,当人们在网络上无目的地浏览信息时,对标题的关注率同样相当高。正因为标题所发挥的关键作用,很多网络广告在尺寸和空间受到局限的情况下,只在广告条上出现一行广告标题,再无其他文字内容。因此,可以说标题是否吸引人,与网络受众是否会点击该广告有很大关系。

1. 网络广告标题的常见分类

1) 陈述式

这类标题简单朴实,直截了当,以简明的语言不加任何修饰,直接陈述广告主题,看似平淡,但底气十足。一般用于强化人们的品牌意识或直接展示产品的主要特征。例如,国美电器、健康空调奥克斯(见图4-15、图4-16)。

图4-15 陈述式的广告标题(一)

图4-16 陈述式的广告标题(二)

2) 新闻式

这是用新闻发布会式的语言来陈述广告要点的表现方式。人们总是有关心新闻的需求,不管是财经动态、时事、赛事还是其他方面,新闻式标题能很好地抓住人们的这种心理,如"鑫生珠宝推出异地等值换货服务"、"移民政策重大变化"、"肯德基最新推出营养饮食"等。

3) 提问式

这类标题用提问的方式来引起人们的注意,使他们去思考,从而萌发对广告的兴趣。站在网络受众的角度,提出"为什么"或"怎么办"的问题,能够激发网络受众的好奇心,促使他们点击广告以寻求答案。这是目前在网络广告中被广泛采用,且效果较为理想的一类标题(见图4-17)。

图4-17 提问式的广告标题

4)悬念式

人类天生具有好奇的本能,这类标题专门在人们的好奇心理上做文章。通过制造一些悬念,使网络受众产生想要一探究竟的心理,一下子把网络受众的注意力抓住,在他们寻求答案的过程中不自觉地对广告中的产品产生兴趣。也可以通过联想,给网络受众营造一种意境,使其与广告标题产生共鸣,进而对该广告产生兴趣。例如,下面一则横幅广告(见图4-18),广告标题:常开车≠会开车,这个标题很容易让司机朋友注意到,并且会对标题提出的观点产生兴趣,当点击这个广告条后,会发现这是一个宣传安全驾驶的广告。

图4-18 悬念式的广告标题

5)祈使式

用建议或劝导的语言和口吻,向网络受众提出某种消费建议,敦促人们行动。这类标题的主要特点是可以运用情感因素,使广告和受众之间的距离缩短,又因为告知了原因和理由,就使得广告标题很有说服力和吸引力(见图4-19)。

此种广告标题有其常用的词汇,如"请"、"千万不要"、"让"、"应该"、"无论如何"、"来吧"、"试一试"等,在一些非常明显的祈使句式中用得多,但并不是所有的祈使式都要用这些词汇。

新媒体 广告

图 4-19 祈使式的广告标题

2. 网络广告标题的写作原则

1) 体现主题

大多数网络受众在无意识地浏览信息时，总是首先看标题，然后再决定是否阅读正文。由于网络受众的这个阅读习惯，在创作网络广告标题时就要注意：一方面，要尽量发挥标题的魅力，顺利地将网络广告受众的兴趣和视线转向广告正文；另一方面，也要考虑到网络受众可能由于各种因素不会阅读广告正文，那么在创作广告标题时，就要尽量体现广告主题，使得广告受众在对标题的匆匆一览之中，就能对广告的信息主题有所了解，就能得到广告的最主要的内容、最主要的利益承诺。

2) 引人注意

网络广告首先要做到引发网络受众的注意，继而让其产生进一步阅读和详细了解广告的行为。对于广告受众来说，他们所关心的一般都是广告商品或服务能给他们什么好处，针对受众的这种消费心理，在广告标题中使用一些能够引起人们好奇、兴奋和关心的字眼，可以达到吸引受众注意的目的，往往受众在好奇或关切的心态下，会产生对广告一探究竟的欲望。

3) 语言简练

网络受众通常是匆匆地浏览广告信息，为了让受众一看便知，广告标题的语言应尽量简洁、明快。一般不建议使用长句子，因为长句子所表现的内涵太多，且常出现关联词等，就会造成过分书面化的倾向，使得网络受众产生厌烦心理而放弃阅读。因此网络广告标题最好体现单一的诉求点，然后用简明、精练的语言进行表现。

4）针对特定对象①

"如何让35岁以上的女人看起来更年轻?"这是大卫·奥格威为美国一家专业护肤公司所制作的广告标题。这个标题开门见山，画龙点睛，给人以联想和深邃的意境，直接命中潜在顾客所关心的问题。曾有一位台湾广告专家对这则广告标题这样评价：它的创意在于击中了女性的心理弱点。可以想象，35岁以上或将近35岁的女士们看到这则标题，都会情不自禁地仔细阅读广告正文。只要消费者为标题所吸引，而愿意细读文案，广告的效果可以说已经实现了。所以，大卫·奥格威的这则广告标题，一般人看了也许会觉得平淡无奇，但是对于有切身关系的女人来说，这种诉求语言则恰恰击中要害。

（二）广告正文

网络广告正文通常是紧随标题之后出现，广告标题的功用是更多地引导网络受众关注广告，而紧随其后出现的正文，则是对广告标题中引出的广告信息展开较详细的介绍和解释，是对广告主题的进一步说明，对目标受众的细部诉求。网络广告正文的写作要使网络受众在对广告正文的阅读中，建立起对产品或服务的兴趣、信任，并产生购买欲望，促使购买行为的产生。网络广告正文在写作时，要注意以下问题。

（1）注意广告标题向广告正文的顺利转化。正文开头可以采用承接标题和解释标题悬疑的写法，使广告正文自然地承接广告标题的内容和疑问，两者之间有疑有释、有因有果、浑然一体。

（2）内容尽量简练。在网络上阅读与看书、看报不同，受众容易产生视觉疲劳，网民一般不愿意阅读大文字量的内容。通常情况下，网络广告正文内容以5～8个句子为宜。

（3）注重结构，最吸引人的内容先说，然后再将其他内容依次展开。在表述上，可以开宗明义，直截了当。

（4）语言通俗易懂，尽量口语化。网络广告受众已经习惯了在网络上轻松、随意地阅读信息，过于刻板、晦涩的语言会让网络受众望而生畏。

（5）注重细节的设计，体现人性化。如：文字不要横跨屏幕，否则让受众看起来很麻烦，字体最好使用软件默认值，避免出现乱码等。

例如，下面是英特尔迅驰移动计算技术的网络广告（见图4-20与图4-21）。首先广告标题"无线你的无限"是一个悬念式的标题，网络受众在看到这个标题后会产生好奇心理，继而关注广告正文。随即出现的广告正文为"隆重介绍英特尔迅驰移动计算技术，专为无线世界而设计"。广告正文采用的是直接为标题释疑的写法，让受众在看到正文后，立刻就会找到标题里的答案。广告正文短短二十余字，简洁、明了地告诉受众这是什么产品，该产品的主要特色是什么。

---

① 张建军. 网络广告实务. 南京：东南大学出版社，2002.

新媒体 广告

图4-20 "英特尔迅驰"广告标题 　　图4-21 "英特尔迅驰"广告正文

（三）广告口号

广告口号又称广告语，指为了加强受众对企业的商品或服务的印象而在广告中长期、反复使用的一种简明扼要的口号性语句。它是基于长远的销售利益，向消费者传达一种长期不变的观念。因此，广告口号一旦传播成功，就会深入人心。当消费者面对纷繁的广告信息时，唯一能记住的或许就是广告口号，而记住了广告口号，也就记住了企业的产品或品牌。例如，下面这些优秀的广告口号，仍然让人记忆犹新：

车到山前必有路，有路必有丰田车——丰田汽车

晶晶亮，透心凉——雪碧汽水

一股浓香，一缕温暖——南方黑芝麻糊

金利来，男人的世界——金利来领带

维维豆奶，欢乐开怀——维维豆奶

人头马一开，好事自然来——人头马XO

头屑去无踪，秀发更出众——飘柔洗发水

我说我的眼里只有你——娃哈哈纯净水

广告标题和广告口号在形式上很相似，似乎没什么区别，但实际上，两者之间存在着重要的区别。

（1）信息内容不同。广告口号在创作时更注重加强消费者对企业、产品或服务的长期一贯的印象，口号内容与广告内容并非密切相关；而广告标题则是为了使该广告作品能够得到受众的注意，吸引受众阅读广告正文而创作的，标题内容与广告内容往往密切相关。

（2）传播目的不同。广告口号注重对消费观念和品牌形象的长期累积效果；而广告标题更注重吸引和引导受众阅读该广告正文，注重即时的作用。

(3) 使用范围不同。广告口号适用于任何媒体、任何形式的广告,用于长期传播;而广告标题则是一则一题,运用时间短,范围窄。

(4) 表现风格不同。广告口号注重口语特征,力求简短,富于号召力和传播力;而广告标题的创作,视创意具体需要而定。

用于网络广告文案的口号,多是移植了产品或品牌在平面广告或电视广告中的口号,但在网络广告中,尤其是横幅广告,适当地使用广告口号可以增强广告效果。例如,图4-22所示为夏新手机的网络广告。

图 4-22　夏新手机的网络广告

(四) 广告随文

广告随文是在广告正文之后,向受众传达企业名称、地址、电话、网址等的附加性文字。因为是附加性的文字,它在广告作品中的位置一般总是居于正文之后,因此称为广告随文。通常,广告随文的具体表现内容如下。

- 品牌名称。
- 企业名称。
- 企业标志或品牌标志。
- 企业地址、电话、邮编、联系人。
- 购买商品或获得服务的途径和方式。
- 权威机构证明标志。
- 特殊信息:奖励的品种、数量,赠送的品种、数量和方法等。

目前很多网络广告文案只有广告口号和广告随文两部分,这也是网络广告与传统媒体广告文案构成上的最大不同之处。如①:

(1) IBM 在 sohu 网站页面上的广告文案,只有简单的一句话"追求无止境"和

---

① 张海艳. 网络广告文案的符号学解. http://www.cce365.com/wenzhang_detail.asp?ID=55974&sPage=2.

IBM 的标志。前者是广告口号,后者是随文。

(2) 农夫山泉在新浪网页上的广告文案,由广告口号——"有机会与冠军同游千岛湖"和随文——农夫山泉的标志构成。

(3) 可伶可俐在中国人网站上的广告文案,由广告口号——"伶俐快枪手"和随文——可伶可俐的名称共同构成。

(4) 微软在其网页上的招聘广告文案,由广告口号——"你喜欢自由自在,手拿可乐,边听音乐边工作的环境吗?"和随文——微软标志一起构成。

(5) 网易在自己的网页上所做的广告文案,由广告口号——"网聚人的力量"和随文——网易的 CI 设计共同构成。

(6) 阳光书城在 yahoo! 网页上的广告文案,由广告口号——"有阳光,就有力量;有文化,活得更精彩"和随文——阳光书店的标志、地址、电话等共同构成。

此类广告在网站上非常多,网络媒体的转瞬即逝性决定了网络广告文案一定要简单、新颖、具有震撼力。为此,网络广告文案就不能像传统媒体的广告文案那样长篇大论,只能选择最关键、最重要的方面来表现。

二、网络广告文案的写作注意

(一) 发挥网络广告的互动性优势

交互性是网络广告媒体的突出优势和魅力所在,在网络上,用户不再是被动的信息接收者,他们可以主动地选择信息、发布信息、及时地反馈信息。交互式的网络广告,同样能够带给用户丰富的体验和意外的惊喜,同时也能够提升企业和产品的形象,为企业带来更多的商机。当然,只有当网络广告对受众有足够的吸引力或网民本身有与产品相关的需求时,网民才会愿意点击广告,并通过广告产生进一步的交流和互动。

网络广告文案作为网络广告的重要表现要素,能够在很大程度上发挥引发受众注意、诱导受众产生进一步互动的作用。要达到这样的目的,在文案创作时可以借鉴以下思路[①]。

1. 采用设问的广告标题形式设置悬念增加点击率

站在访问者的角度,采用设问的形式,进行一定程度的诱导,可以使广告点击率上升。如"你正在寻找软件吗?""你觉得下载的速度太慢了吗?"等设问形式的广告文案,可以使访问者在注意广告时获得一种交流。这种交流性的感知,可以使他们产生一对一的对话感觉。对话的感觉往往可以使他们不仅注意该广告,而且会使访问者产生进入相关链接、获得更深层次信息的欲望。

2. 采用诱导性、号召性的语言与形式使访问者产生互动

(1) 诱导性广告文案使访问者产生兴趣,并令他们产生互动行为。如麦当劳针对

---

① 胡晓云. 广告文案写作. 杭州:浙江大学出版社,2002.

儿童网员进行的定向性广告，其广告语为："输入标题以创造你自己的报纸头条，在这里你是明星"，这个针对性的文案就可与儿童之间产生互动，让他们乐此不疲，并与麦当劳之间产生一种内在的默契。

（2）号召性的广告文案使访问者产生相关行为。含有号召性的字句可以使广告产生鼓动效果，使广告的点击率上升。在网络广告中，经常可以看到这样的句子："Click Here"、"Visit Now"、"Enter Here"，如果将这类句子放到图标广告的右侧，人们的视觉流动规律会让访问者毫无防备地阅读到它们，进而又产生一种直接点击的冲动。

（二）文案与其他表现要素的合理配合

一般地，广告文案是指广告作品中的语言和文字部分，而今天的网络用户看到的网络广告，常常是集合了语言、文字、音乐、音响、图片、图像等多种表现元素，共同组成了广告作品。既然网络广告作品是由广告文案与其他各种表现要素共同构成的，那么在广告文案的写作过程中，就不应只关注文案自身的创作，同时也要考虑文案创作如何与画面设计相互配合、文案创作如何与音乐创作相互和谐统一等问题。

网络广告作品中的各种表现要素是为传递同一广告信息服务的，只有做到相互配合、和谐一致，才能让网络受众在接受广告信息时获得愉悦的体验和舒心的感受，受众才会对企业和产品留下美好的印象，使网络广告达到理想的传递效果。

（三）精练、简洁的语言风格

网络广告文化是典型的快餐文化，网络用户游览广告信息时，眼光停留的时间非常短，往往很难保持长时间的耐性。因此，太长的广告文案很难让网络用户在一瞥之间，就了解到完整的广告信息。而且，目前网上可供选择的广告位置有限，各网站对广告尺寸都有一定限制，多是以旗帜广告、通栏广告为主的品牌图形广告。因此，创作网络广告文案时，要把握"立片言以居要"的原则，用非常简短的语言将主要信息传递出去，善于使用短标题，写短文案，即使是分类广告，最好也不要超过 100 个字。实际上，精练、简洁的语言风格反而容易获得用户的点击，然后链接到企业的主页，再实现对用户进行深入的信息传播的目的。

（四）不必刻意追求文案结构的完整

网络广告文案从结构上划分，可分为 4 个部分，即前面介绍过的广告标题、广告正文、广告口号、广告随文。而在实际创作中，是 4 个部分俱全，还是只有一个广告标题；还是有广告正文，而无广告标题；或者采用目前很多网站上出现的广告口号加广告随文的文案构成，可以根据创意的具体需要而定。谈到网络广告文案应该采用何种结构的问题，不妨听听广告大师威廉·伯恩巴克的观点，尽管他的观点是针对传统广告文案而言的，但对于今天网络广告文案的创作仍然非常适用。

威廉·伯恩巴克认为，广告文案的创作，特别是在结构和形式上，不应该有教条，而应该是无教条、无规律的。他谈到如下一些观点。

"我不要对我的创作小组说，把图片放在上方，下面放进标题，把文案放在下面，在另一方面,我也不要说:不要那样做。"

"有时没有标题才合适,一个标题才合适。有时带有公司名称、商标才行,有时你如果用上公司名称就是天下最糟的事。"

"总是要有一个公司名称和商标是不对的。"①

在他看来,广告文案无所谓稳定的结构,而是要考虑到受众阅读习惯和引发兴奋点的需要。如果适合用标题就用,如果不适合就不用。

第三节　网络广告设计

网络广告的设计效果直接关系到网络广告作品的传播效果,在进行网络广告的设计时,需要考虑到网络广告传播的特殊性,以及网络媒体与传统媒体的区别。因此,广告设计人员在设计网络广告时,需要调整自己传统的设计思路和设计方法,采取更适合发挥网络传播特色的设计思路,扬长避短,才能制作出适合网络传播的广告作品。

一、网络广告的设计原则

(一)符号要素的通俗性和易于接受性

随着计算机操作技术的普及和网络覆盖率的不断提高,会有越来越多的人成为网络用户,他们来自不同地域、不同民族、不同文化背景,也会有不同的受教育背景、不同的职业和兴趣爱好。因此,在网络广告设计时,应该注意符号要素(语言、文字、图形、色彩、图片)的通俗性和易于接受性,而不要仅仅是迎合一部分人士高雅的审美标准和独到的鉴赏需求。毕竟,对于大部分网络广告主来说,他们面对的受众更容易接受通俗化的表现手法。另外,考虑到网络广告传播的无国界性,在广告设计时要避免使用不同文化范围忌讳的图形、符号。

(二)遵循网络广告受众的心理过程

网络广告受众与传统广告受众的不同之处在于,传统广告受众是被动地接受广告,而网络受众会主动地点击广告。可以说,主动点击广告的网络受众对广告产品有一定兴趣,广告设计的原则应始终抓住受众的兴趣,并引导其最终产生消费行为。比如,广告页面和路径的设计应该引导拥有兴趣的受众,能够非常方便和快捷地查询到所需信息,将其对产品的兴趣转化为欲望,并促成购买行为。

(三)明快、简洁的设计风格

尽管网络广告并非像传统媒体那样按照时间和版面空间来收取费用,但设计时仍然要坚持明快、简洁的设计风格。妄图以繁复的画面来吸引受众,以冗长的语言来说服受

---

① 丹·海金斯. 广告写作艺术. 北京:中国友谊出版公司,1991.

众，效果往往适得其反。因此，在版面设计时对比性不宜过强，尤其是色彩的设计，其色彩运用的种类不要太多，纯度也不宜太高，否则容易引起受众的视觉疲劳。其对比度以适中为好，色调以清新、明快和能够适应消费者的心理为宜。另外，如果产品需要较为详细的介绍和说明，可以通过链接主页的方式，在企业或产品的主页上，受众可以得到该产品更多、更详尽的专业内容。

（四）发挥网络互动优势，建立互动平台

传统广告的制作周期长，且造价昂贵，加之信息反馈不畅、欠准确，所以广告作品完成后很难改动。而网络广告不仅制作经济、快捷，而且信息反馈便利、准确，随时可以依据市场和消费者的需要调整广告。这一切依赖于网络广告的交互性，而交互的完成依赖于网页信息反馈渠道的建立。因而，反馈平台的建立和随时跟踪信息反馈是十分重要的。

二、网络广告的文字设计要求

文字设计是指根据文字在页面中的不同用途，运用系统软件提供的基本字体、字形，用图像处理和其他艺术加工手段，对文字进行艺术处理和编排，以达到协调页面效果、更有效地传播信息的目的。在网络广告的设计中，文字设计是十分重要的组成部分。为了使文字设计能够达到较好的传播效果，设计人员需要参考以下设计要求。

（一）文字的可读性

网络广告文字的主要功能是向网络受众清晰地传达产品或服务信息，要达到这一目的，文字的整体诉求效果要给人以清晰、深刻的视觉印象，切忌繁杂、凌乱。

（二）文字的视觉美感

在视觉传达的过程中，文字作为画面的形象要素之一，具有传情达意的功能，因而它必须具有视觉上的美感，能够给人以美的感受。字形设计良好、组合巧妙的文字能使人看后感到愉快，留下美好、深刻的印象，获得良好的心理反应。反之，会让人心里不舒服，有时还会影响受众对产品或品牌的印象，因此设计人员应该加以注意。

（三）文字的个性

网络广告的文字设计既要服从广告作品的整体风格，又要照顾到企业与产品的特征及个性要求，不能相互脱离，更不能相互冲突，否则就破坏了整个广告作品的诉求效果。通常情况下，文字的个性可以分为以下几种[1]。

（1）端庄典雅型：字体优美清新，格调高雅，给人以华丽、高贵之感。此种个性的字体，适用于女用化妆品、女用饰品等广告主题。如宋体、拉丁文的新罗马体等。

（2）坚固挺拔型：字体造型富于力度，给人以简洁、爽朗的现代感，有较强的视觉冲击力。这种个性的字体，适用于家用电器、仪表、摄影器材等广告主题。如仿宋

---

[1] 张建军．网络广告实务．南京：东南大学出版社，2002（6）．

体、拉丁文的古罗马体等。

（3）深沉厚重型：字体造型规整，具有重量感，庄严雄伟，给人以不可动摇的感受。这种个性的字体，适用于工程机械、大型运载车辆等广告主题。如黑体、拉丁文的无饰线体等。

（4）欢快轻盈型：字体生动活泼，跳跃明快，有鲜明的节奏韵律感，给人以生机盎然的感受。这种个性的字体适用于儿童用品、旅游产品等广告主题。如楷体、拉丁文的意大利斜体等。

（5）古朴型：字体朴素无华，饱含古时之风韵，能给人一种对逝去时光的回味与体验。这种个性的字体适用于传统产品，如生产历史悠久的名酒等广告主题。如中文书法字体、拉丁文的草书体、古罗马体等。

（6）新颖奇特型：字体造型设计奇妙，不同一般，个性特别突出，给人一种强烈的独特印象和刺激感。这种个性的字体适用于创新产品、流行产品的广告主题。如各种变体。

三、网络广告的色彩功能

色彩是广告表现的一个重要因素，广告的色彩功能是向消费者传递某一种商品信息，因此广告的色彩与消费者的生理和心理反应密切相关。色彩对广告环境、对人们的感情活动都具有深刻影响。广告色彩对商品具有象征意义，通过不同商品独具特色的色彩语言，使消费者更易识别和产生亲近感，商品的色彩效果对人们有一定的诱导作用。以下主要介绍色彩能够引起的心理和生理反应。

（一）红色

来源于自然界火的色彩和人类的血液色彩等方面。其视觉刺激强，让人觉得活跃、热烈、有朝气。通常，红色往往与吉祥、好运、喜庆相联系。同时，红色又易联想到血液，有一种生命感、跳动感。但另一方面，红色也暗示了一定的危险性，能够联想到恐怖的血腥气味，因此灭火器、消防车都是红颜色。

（二）黄色

在纯色中明度最高，是单纯而又强烈的颜色，但也是最容易被污染的颜色，一旦其中混了别的颜色，就会显得暧昧、不够明朗。所以，有时会显得单薄，也有一定的脆弱感，同样也有积极的一面，是单纯、可爱、明朗的颜色。

（三）橙色

居于红色与黄色之间，因此它可以使人有温暖、明亮、健康、向上、华美、不安的感觉。一些成熟的果实往往呈现橙色，富于营养的食品也多是橙色。因此，橙色又易引起营养、香甜的联想，是易于被人们所接受的颜色。在特定的国家和地区，橙色又与欺诈、嫉妒有联系。

（四）蓝色

其感受应该来源于自然界的海洋、天空。蓝色既宁静致远，又深不可测。它具有沉静和理智的特性，恰好与红色相对应。蓝色易产生清澈、超脱、远离世俗的感觉。深蓝色会滋生低沉、郁闷和神秘的感觉，也会产生陌生感、孤独感。

（五）绿色

给人的心理反应是平衡，是易于被接受的色彩。因而，可以用来表现和平、生命、希望、青春、活力、健康、兴旺等感情。绿色又与某些尚未成熟的果实的颜色一致，因而会引起酸与苦涩的味觉。深绿易产生低沉消极、冷漠感。

（六）紫色

其变化从蓝紫色到红紫色，是冷色和暖色交汇中的色彩。在可见光谱中，紫色位于后面。因此，也被赋予了多重性格，显示了多样的情感。既能够象征优雅、高贵、尊严，又有孤独、神秘、忧郁的气质，是最能展示人性多重内心世界的色彩之一。

（七）黑色

直观上象征了黑夜，是夜的颜色。明度最低，达到极致。黑色，因为其个性明确，同时却不显示色相，一直以来备受青睐，广泛运用在各类视觉传达活动中，多用来表现神秘、恐怖、阴森、忧伤、悲哀、肃穆、复古等情感。

（八）白色

在自然界中，白色反映了光的色彩感，也是雪的颜色，通常也指代无色。它是光明的象征色，它可以表现纯洁、坚贞、光明、清凉、神圣、高雅、朴素等感情，但有时也表现为苍白。

四、网络广告版式设计的原则

网络广告版式设计的目的，就是对不同主题内容的版面格式实施艺术化或秩序化的编排和处理，以提高版面的视觉冲击力，加强广告对于网络受众的诱导力量。有力而正确的传达方向能抓住网络受众的注意力，使其留下良好的印象及深刻记忆。网络广告的版式设计应该根据版式本身的功能性要求，依照版式设计的原则来办事。版式设计最根本的原则如下。

（一）简洁清晰，富于感染力

版式设计在传达某个具体的信息时，各种视觉传达元素（如文案、图形、画面、色彩等）总是直观与具体的。但这种直观和具体不能理解为信息量在版面中的简单罗列。版面整体安排应力求简洁、清晰、一目了然，使受众在瞬间产生强有力的视觉冲击、单纯而有力的诉求效果。

版面除了让人阅读之外，还必须设法去打动受众的内心世界。版式设计应使版式与其所负载的信息一起引导受众进入到一种感人的氛围之中，使受众从中受到感染，从而获得一种美好的内心体验。

（二）简明通俗，巧留空白

网络文化更倾向于快餐文化，网络受众更喜欢简明、易懂的设计风格。版式设计切忌繁杂，凌乱，堆砌信息，而应该本着删繁就简、精练图文的设计原则。另外，要讲求版面编排设计中的空白处理。空白处理使版面编排流畅明快、疏密有序，布局清晰，而且在视觉上有非常强烈的集中效果，有利于突出广告诉求重点。

（三）主体突出，明确主次

任何一个广告编排，必须在众多构成要素中突出一个清楚的主体，它应尽可能地成为受众视线流动的起点。此外，还要在编排中以种种标示来引导受众的阅读，逐步诱导受众按视觉流程进行视线流动。

主体要素的比例大小，一般要大于其他要素。但也可根据广告创意反其道而行之，将主体要素安置在特别小但却十分显眼的部位上，使其起到"小而不小"的主体要素的作用，在视觉上仍占主体的优势。

第五章

网络广告发布

网络广告的发布是将制作完成的网络广告作品投放到互联网上。目前互联网上网站数量众多,广告主需要仔细地考察和评估,企业也可以通过自己建立网站来发布广告信息,或者通过其他途径发布广告,如利用电子邮件。当然,发布途径繁多也未必是好事,因为网络用户的注意力也会被来自各方面的网络信息所分散。所以,网络广告主需要寻找到最适合发布自身产品或服务广告的途径,才能达到精准地将广告信息送达到目标人群的目的,同时也不至于浪费广告费用。

第一节 网络广告的发布途径

互联网是所有网络广告投放的大舞台,在研究网络广告的发布途径之前,有必要先对我国网络媒体的整体发展做一下了解。

一、我国网络媒体的发展

中国人民大学的彭兰教授在《中国网络媒体的第一个十年》一书中,将中国网络媒体的发展历史归纳为4个阶段:第一阶段是以1997年1月1日人民网诞生为标志,互联网开始在中国加快传播、发展。第二阶段是以1998年下半年搜狐、新浪出现为标志,网络媒体从"介入为王"向"内容为王"转变,千龙网、东方网等政府网站、新闻网站的成立,都是以"内容为王"为主线发展起来的。中国的互联网发展进入阶段性高潮,网络媒体大展身手。第三阶段是以2000年4月美国股市大跌为标志,互联网"泡沫"破灭,中国网络媒体狂飙式的增长告一段落,进入调整阶段。第四阶段是从2003年开始,新浪、搜狐等门户网站先后宣布盈利,网络广告营业额比2002年增长了

新媒体 广告

近一倍，网络媒体进入第二个发展高峰。

目前网络媒体主要分为两大类，即以新闻与信息传播为主的新闻媒体网站和以盈利为主的商业网站，下面分别加以介绍①。

（一）新闻媒体网站

1. 传统媒体创办新闻网站

20世纪末期互联网兴起，带动了报纸、广播电视、通信社等传统媒体纷纷创办新闻网站，初期的新闻媒体网站多数由传统媒体创办。1994年4月，我国成为第71个正式接入互联网的国家，随后众多传统新闻媒体纷纷进入网络传播领域。1995年1月，国家教委主办的《神州学人》月刊，成为国内第一份上网的中文电子刊物。1995年10月，《中国贸易报》成为第一家建立自己网站的国内报纸。1996年10月，广东人民广播电台建立了网站，开广电传媒上网之先河。1997—1998年出现传媒上网热，据中国互联网络信息中心统计，1998年年底有127家报纸上网，成为当年新闻界10件大事之一。

当时的网站内容只是传统媒体内容的翻版，网络媒体的时效性和双向互动等传播优势还没有充分体现，传媒网站访问量也远不如现在。然而这种状况并没有持续很久，到了1999年，开始有传媒机构觉察到网络新闻传播的影响力不容忽视。为了加强传统新闻媒体的地位，传统媒体的新闻网站纷纷开始改版，拓展网站内容，创建特色鲜明的独立网站。但就目前来看，我国的新闻媒体网站，就受众人数和新闻传播的影响力来看，还是要逊色于新浪、搜狐等著名的商业网站。

2. 专业性新闻网站

专业性新闻网站由新闻媒体和商业公司合作成立，是媒体整合的产物。例如，千龙新闻网是2000年5月8日由北京市的9家市属新闻媒体——《北京日报》、《北京晚报》、北京人民广播电台、北京电视台、北京有线广播电视台、《北京青年报》、《北京晨报》、《北京经济报》、《北京广播电视报》与北京四海华仁国际文化传播中心及北京实华开信息技术有限责任公司合作组成。该网站与北京9家市属新闻媒体实现新闻共享，内容以新闻信息为主；内容来源有商业网站链接和整合新闻，同时具备自己的新闻记者队伍，以独立媒体的身份发布新闻。与千龙网类似，东方网是由10家上海主要传媒机构联手创建，定位为"以新闻传播为主的综合性网站"。这两家专业性新闻网站突破了原有的媒体界限，综合运用所依托的媒体新闻资源，为受众提供丰富的内容。

（二）商业网站

根据商业网站的经营目的与提供的服务，商业网站又分为门户网站、电子商务网站、虚拟社区网站等。

---

① 关于网络媒体的分类方法，借鉴了高丽华编著的《新媒体经营》一书中的观点。

1. 门户网站

所谓门户网站，是指通向某类综合性互联网信息资源并提供有关信息服务的应用系统。门户网站可分为综合门户、企业门户、行业门户、地区门户等。综合门户能够为用户提供综合性信息资源、开展多种业务模式，如国内的新浪、网易和搜狐等大型综合门户网站；企业门户多为较大规模企业所推出的树立形象、推广业务的企业网站，如中国移动门户网站是作为中国移动公司的企业形象平台和服务平台；行业门户多为针对某一行业领域的需求而开设，如中国消防行业门户网站、中国电力企业联合会网等；地区门户多为地方政府创办，如上海虹口门户网站、杭州西湖区门户网站等作为地区新闻和信息发布、电子政务等的中心。

从网络媒体的发展现状看，综合门户网站通常规模大，知名度高，内容丰富，可靠性也较高。无论是品牌价值还是经营收入，国内综合门户网站都远远高于新闻媒体网站。据DCCI的调查，2007年，四大综合门户网站新浪、搜狐、网易和腾讯占中国综合门户企业收入比例的76%，市场集中度非常高。

2. 商务网站

电子商务是利用计算机技术、网络技术和远程通信技术，实现整个商务过程中的电子化、数字化和网络化。它包括在线商店和网上直销、在线服务、通过增值网络进行的电子交易和服务，以及通过连接企业或机构的计算机网络发生的交易和服务等。据IDC预测，2008年全球近50%的网民进行网上购物活动，2012年将有超过10亿用户进行网上购物。1996年中国出现第一笔网上交易，经过十余年的发展，中国电子商务已经形成了较大的市场规模。

目前，按照交易对象，电子商务网站分为4种：企业—企业（B2B）网站，典型代表有通用汽车、福特汽车、阿里巴巴、环球资源等；企业—消费者（B2C）网站，典型代表有卓越亚马逊网、当当网等。消费者—消费者（C2C）网站，典型代表有eBay、淘宝网、拍拍网等。消费者—企业（C2B）网站，典型代表有Priceline。

据互联网实验室《2008年第一季度电子商务网站市场份额统计报告》，淘宝网（32.52%）、阿里巴巴（26.16%）、拍拍网（5.47%）、铭万网（4.16%）、中国制造网（1.92%）排在前五名。前三名淘宝网、阿里巴巴、拍拍网占据市场份额共64.15%，显示出市场份额集中在大型电子商务网站的特征。

3. 虚拟社区网站

虚拟社区也称网络社区，是指人们通过网络以在线的方式围绕某种兴趣或需求集中进行交流的地方，包括专业垂直类网站和开放式的专题BBS、聊天室、新闻组、博客网站等形式。其中聊天室里人与人的关系相对松散，不容易形成稳定的社区；而BBS、新闻组、博客网站等，则易形成稳定的社区。

根据所属网络的不同，虚拟社区主要有两种：附加在网站中的社区和单独发展的专业社区。附加在网站中的社区，通常借助社区增加人气和用户黏度；专业社区如猫扑、天涯等,依托其庞大的用户资源挖掘盈利模式,包括网络广告、移动增值和会员增值收费项目等。

虚拟社区以网民的看法和观点为主,信息依赖于社区的定位与用户的共同爱好,信息类型种类较少,且与门户网站相比,虚拟社区信息来源的可信度相对较低,但虚拟社区定位相对单一,用户黏度相对较高,并具有人际传播的能动性特征。

二、网络广告的发布途径

目前互联网上可以发布广告的渠道和形式众多,可以说各具特色。广告主应根据自身产品或服务的情况及网络广告的目标,选择最适合的发布途径及方式。下面介绍常见的网络广告的发布途径。

(一) 主页形式

今天,企业在网络上建立自己的主页,已经是一种必然的趋势。通过主页,企业不仅能发布自己的产品、服务方面的广告信息,而且还能展示企业的文化、理念及团队精神,从而达到树立企业形象的目的。现在网络上各种形式的广告,都会提供快速链接企业主页的途径,首先吸引用户点击广告,然后再通过超链接,到达企业的页面。所以,建立企业的网络主页是网络宣传的最根本的途径,也是使网络用户转化为消费者,并与之进一步沟通,建立长久联系的途径。事实上,目前很多企业已经将主页地址如企业的地址、名称、电话一样作为独有的标志来宣传,对于很多知名企业来说,网址同时也是企业的无形资产。

企业在制作主页时应该注意,主页的风格应该与企业的形象和所属行业的特色相吻合,这样才容易得到网络消费者的认可和喜爱。另外,许多企业认为,网页制作精美,图文并茂,融合视频、音频的效果,一定会对网民更有吸引力。但有时候,这样的主页在打开时需要较长的等待时间,网民们常常因为没有足够的耐心,而将下载到一半的主页关闭掉。其实,有时候,简单、明晰也不失为一种不错的风格。图 5 - 1 所示是世界著名的宝洁公司的主页,页面以白色作为背景,整体设计简单、明晰。

(二) 综合门户网站

国内综合门户网站可以为网络用户提供丰富的信息资源和多样化的业务模式,如实时信息服务(新闻、财经、天气、生活信息等)、免费网络资源(免费电子邮箱、免费存储空间、软件下载等)、网络社区服务(聊天室、游戏、博客等)、搜索引擎、电子商务以及个性化服务等。目前像新浪、搜狐、网易等综合门户网站,因知名度高、规模大、内容丰富,吸引了大量的网络用户,巨大的用户流量使得它们成为很多网络广告主投放广告的理想选择。

尽管热门门户网站的用户流量较高,广告主在进行广告投放时,也不可盲从。企业还需要结合网站内容、产品或服务特色,以及自身实力综合考虑,才能选择到最合适的广告位。例如,很多企业认为首页的关注率最高,因而是最理想的投放选择,其实不然。首

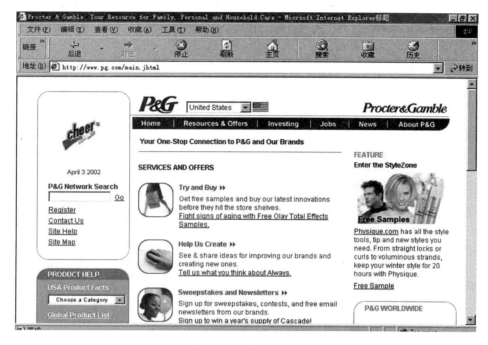

图 5-1　宝洁公司主页

先，首页广告位价位较高，对有些企业来说负担过重。其次，对于有些产品或服务来说，内页效果要好过首页。尽管大多数人会首先点击首页，然后再进入内页，但多数人往往对首页的信息一扫而过，不会停留时间太长，他们会把更多的时间放在自己最关心和最感兴趣的内页信息上。比如，当网友登录新浪首页后，也许很快就会进入新闻、体育、财经、健康、娱乐等频道的内页。因此，如果产品特色与内页的内容特色比较匹配，那么进行这样的内页广告位选择就比较合适，使广告信息能够准确地送到最有可能成为消费者的网络受众面前。例如，图 5-2 所示是搜狐体育频道，可以看到阿迪达斯的运动鞋广告。

（三）专类销售网站

这是一种提供专类产品介绍并提供专类销售信息的网站。以太平洋汽车网为例（见图 5-3），太平洋汽车网是一家为用户提供汽车报价、汽车评测、以及新闻、导购、维修、保养、安全、汽车论坛、自驾游、汽车休闲、汽车文化等方面信息的网站。消费者只要登录该网站首页，在搜索栏目中输入轿车名称，然后点击一下"搜索"按钮，计算机屏幕上就可以马上出现消费者想要了解的轿车的各种细节，当然还包括何处可以购买到此种轿车的信息。太平洋汽车网是中国汽车排名第一的综合汽车网站，对于考虑要购买一辆轿车的消费者来说，他们很可能通过此类网站进行查询。对于汽车代理商和销售商来说，这是一种很有效的轿车广告的投放途径。轿车商只要在网上注册，那么，他们所销售的轿车细节就进入了网络的数据库，也就有可能被消费者查询到。

图 5-2 搜狐体育频道

与太平洋汽车网类似,其他类别产品的代理商和销售商也可以在相应的专类销售网上宣传自己的产品或服务。专类销售网站的优势是,针对性强,登录的用户是主动搜索产品信息的,产品受到关注的可能性及用户被广告说服的可能性更大,也就是说,这些用户更有可能成为产品的实际消费者。

(四) 新闻组

新闻组是人人都可以订阅的一种互联网服务形式,是一种很好的讨论和分享信息的方式。阅读者可成为新闻组的一员,成员可以在新闻组上阅读大量的公告,也可以发表自己的公告,或者回复他人的公告。

新闻组属于稳定性较好的网络社区,成员因拥有共同的兴趣或爱好,其用户黏性较高,广告主可以选择与本企业产品或服务相关的新闻组发布信息,是一种非常有效的网络广告传播渠道。但要注意,在新闻组中直接进行广告宣传是不合适的,往往会引起其他成员的强烈反感。因此借助新闻组发布网上广告,需要谨慎行事,注意方式、方法。下面是一些比较有效的策略。

(1) 首先要选择与产品或服务相关的新闻组,产品信息最好以通知、短评、介绍等形式发布,不要太长,当然像电话、传真、电子邮箱和网址等是必须提供的。

(2) 经常在选定的新闻组中张贴消息或回复别人的消息,成为新闻组中活跃的

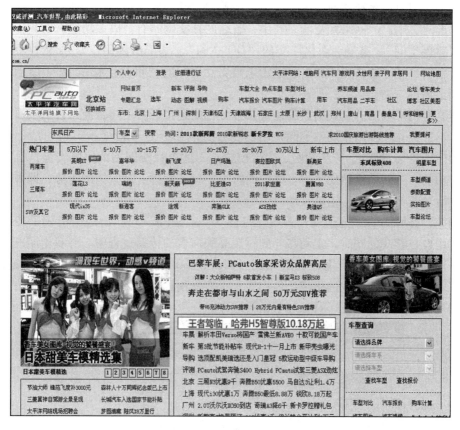

图5-3 太平洋汽车网首页

"成员",这样可以在组中留下一个好形象,进而可以在发出的消息中加入一些产品或服务的宣传信息。

(3) 适当地在新闻组中张贴有关产品或服务的文章,但这些文章必须有一定价值。也就是说,让人们不仅了解产品或服务的信息,并且能从中学到新的知识,从而减少对产品或服务的反感情绪。

(4) 有意识地引导阅读者对发布的信息产生不同的观点,引起相关的讨论,不失为一种理想的宣传效果。

(五) 社交网站

社交网站,旨在帮助人们建立社会性网络的互联网应用服务。早期的社交网站呈现为在线社区的形式,用户多通过聊天室进行交流。随着Blog等新的网上交际工具的出现,用户可以通过网站上建立的个人主页来分享喜爱的信息。2002年至2004年间,世界上三大最受欢迎的社交网站是Friendster、MySpace、Bebo。在2005年之际,MySpace成为世界上最庞大的社交网站,当年其页面访问量超越了著名搜索引擎Google。

新媒体 广告

目前，国内很多社交网站已经成为网民普遍接受的娱乐和好友互动平台，逐渐形成了拥有近两亿用户的网络社交圈。其中，著名的社交网站有：以多功能大众化社交为特色的"百度空间"、基于大众化社交的"QQ空间"、基于白领用户娱乐的"开心网"、基于学生用户交流的"人人网"、基于未婚男女婚介的"世纪佳缘"、基于原创性文章的"新浪博客"等。

不论是社交网站的人气指数，还是其细分化的定位，对于广告商来说都具有极大的魅力。不过，与综合门户网站不同，用户在社交网站上更不希望看到到处是"贴膏药一样的广告条"，因此，传统的网络广告模式是不适合社交网站的。事实上，目前社交网站成功的广告营销都体现了一个共同的特征，就是发挥互动营销的优势，即采用事件营销、活动营销、游戏营销等互动营销的方式。

例如，开心网的"抢车位"游戏（见图5-4、图5-5）。游戏中植入了各种轿车品牌，用户在游戏的同时，主动参与到轿车品牌广告的传播过程中。游戏中朋友之间可以赠送轿车，比如，一个用户送给好友一辆"POLO赛车"，尽管他们知道这是广告，但用户并不会反感，游戏的乐趣让他们更乐意接受这种软性质的参与广告。相信即使游戏中加入明显的广告标记，譬如"我的宝马车位"类似的名称，用户也不会太反感。

图5-4 开心网的"抢车位"游戏（一）

图 5-5　开心网的"抢车位"游戏（二）

（六）网络报刊

今天，在互联网上阅读报纸和杂志早已不是新鲜事。最早出现的网络报刊，是国内外的一些著名的报纸和杂志在网络上建立自己的主页，如美国的《华尔街日报》、《商业周刊》，国内的《人民日报》、新华社、中央电视台等传统媒体，纷纷将触角伸向了互联网，开设网络版。而后出现的一批网络报刊，才是完完全全地脱离了传统纸媒，从一开始就诞生于网络的"网络报纸"和"网络杂志"（见图 5-6）。

这些后起的"网络报纸"和"网络杂志"不再是传媒媒体的翻版，它们的内容由独立的提供商提供或由发行平台独立制作，内容更加细分化，并通过 P2P 技术构建全新的发行渠道，其发行速度、发行规模较之线下平面媒体有着根本性的变化，且文字、图片、视频、音频共存，同时加入了网络超链接与及时互动形式，是一种全新的网络阅读体验。目前，"网络报纸"和"网络杂志"在网络上聚集了庞大的阅读群体。未来，它们必将成为人们必不可少的生活伴侣。对于注重广告宣传的企业来说，在这些"网络报纸"和"网络杂志"上做广告，也是一个较好的传播渠道。

（七）企业名录

就是由一些网络服务商或政府机构、行业协会将一部分企业信息融入它们的主页中。例如，香港商业发展委员会的主页包括汽车代理商、汽车配件商的名录，只要用户感兴趣，就可以通过链接进入选中企业的主页。

图 5-6　网络杂志"数码精品世界"的网络广告

(八) 友情链接

友情链接，也称为网站交换链接、互惠链接、互换链接、联盟链接等，是具有一定资源互补优势的网站之间的简单合作形式，即分别在自己的网站上放置含对方网站的 Logo 图片或文字的网站名称，并设置对方网站的超链接（点击后，切换或弹出另一个新的页面），使得用户可以从合作网站中发现自己的网站，达到互相推广的目的。

建立友情链接要本着平等的原则，平等有着广泛的含义，网站的访问量、在搜索引擎中的排名位置、相互之间信息的补充程度、链接的位置、链接的具体形式（图像还是文本方式，是否在专门的 Resource 网页或单独介绍你的网站）等，这些都是在建立友情链接时需要考虑的事情。此外，互惠链接一个基本的原则就是诚实，不要随意删减对方的链接，在维护合作方的利益的同时，就是维护了自己的利益。

目前，互联网上可以发布广告的途径比较多，还包括在第二章中介绍过的"电子邮件广告"、"付费搜索广告"、"在线软件广告"等形式。其实，网络广告的发布途径与发布形式并不是泾渭分明的，很多发布形式本身也是一种发布途径。

第二节　网络广告媒体的评估与选择

伴随互联网在企业广告和营销活动中扮演越来越重要的角色，企业在运用网络媒体投放广告、开展营销活动时，面对网络广告可选择的投放途径越来越丰富，企业往往会迷茫或产生很多疑虑。如何选择媒体？如何根据广告主的品牌及产品特色锁定目标受众人群？在选择媒体之前，首先要做的是媒体评估，了解不同媒体的特色，在选择时才能扬长避短，合理使用。

一、网络广告媒体的评估

随着网络技术的发展，未来会出现更多网络广告的投放途径和方式，网络媒体细分化的趋势会越来越明显，广告媒体决定了广告传播的影响范围和准确程度，在媒体投资日益讲究效益的当下，如何选择最合适的网络媒体是广告主最关心的问题。在选择网络媒体之前，首先要了解如何进行网络媒体评估。

（一）质的评估

质的评估是指从定性的角度来评估网络媒体，一般包括以下几方面。

1. 受众特性

不同的媒体具有不同特征的受众群，如电台广播拥有大批的开车一族作为听众、时装杂志则拥有大量的女性读者。据CNNIC发布的报告显示，目前中国30岁以上的网民占41%，在网民学历结构中，初中和小学以下学历的网民增速超过整体网民增速，也就是大部分网民还是比较年轻的。具体到不同的网站，网民又会呈现出不同的受众特性。例如，同样是社交网站，"开心网"吸引了众多的年轻白领，"人人网"则汇集了学生群体。

不同网站的受众群因价值观、性格特征、兴趣取向、生活习惯等方面的特征不同，对广告信息的接触、选择也表现出相当大的差异，从而影响广告效果。总之，网站受众群的特性是否与广告目标受众特性相一致决定了广告的传播效果。当两者之间差距较大时，广告将无法集中于最有销售潜力的消费群进行诉求，广告效果自然不会理想。

2. 媒体环境

媒体环境是指媒体本身具有的形象、地位和风格。媒体本身的形象会吸引具有相同心理倾向的受众，对类似形象的品牌或创意具有较高的媒体价值；在同类别里，媒体所占的地位也对广告传播效果有影响，领导地位的媒体对受众的说服效果也较强。因此，在形象好、地位高的网站上发布广告，就可以凭借网站的信誉和地位说服目标消费者，也有助于提高广告商的可信任度。另外，不同的网站会有不同的属性和风格，有的活跃、轻松，有的严肃、刻板，选择网站时，要注意网站风格与广告主的产品或属性相一致或接近。

3. 媒体关注度

媒体关注度是指受众对媒体内容的关注程度。一般情况下，受众对广告的关注度与对媒体内容的关注度存在着依附关系，例如，如果网站内容的关注度较高，那么消费者收看广告的意愿也相对较高，广告平均记忆度也会提高。

4. 广告环境

媒体的广告环境是指媒体承载其他广告呈现的媒体环境。如果媒体中其他广告都是形象较佳的品牌或品类，受连带影响，本品牌也会被归为同等形象的品牌。反之，如果媒体内都是制作粗劣、名不见经传的品牌广告，则受到连累，本品牌广告也将被归为此类。

5. 广告干扰度

广告干扰度是指广告所占媒体的版面或时间的比率会影响到广告效果。一个媒体中广告越多，分配到某一特定广告信息的回忆就越少，这种干扰效应会导致信息提取的失败。因此，广告所占的比率越大，干扰度就越大，记忆需要的时间越长，传播效果就越低。这就如同在一个房间里说话，每个广告代表一个声音，只有一个声音时，消费者可以仔细聆听，许多人一起出声时，就会相互干扰，导致广告效果降低。所以，如果众多的广告在一定的时间里集中"轰炸"消费者，就会形成广告信息强度彼此互相干扰和抵消的现象，而相同品类的广告相互之间的干扰比不同类别的广告之间的干扰要强。

6. 相关性

相关性指的是产品类别或广告创意内容与媒体本身在主题上的相关性。比如，运动类商品可以投放在体育类网站上，该类网站的用户一般都是体育爱好者，对运动类商品比较感兴趣，对该类广告的关注度也比较高。相关性的意义在于，消费者对于该类型内容的网站有较高的兴趣，他们选择接触该网站时，对网站内容的关注程度较高，广告效果也更好。

（二）量的评估

量的评估是指从定量的角度来评估网络媒体，可以采用以下指标。

CPM（Cost Per Thousand）：千人成本，衡量平均每千人次展示的花费。

CPC（Cost Per Click）：点击成本，衡量每个点击的平均花费。

CPA（Cost Per Action）：购买成本，衡量每个购买所需要的平均花费。

二、网络广告媒体的选择指标

iResearch 艾瑞市场咨询长期关注中国网络营销及网络广告市场的研究，他们认为，从网络广告效果产生的过程看，网络广告用户基本遵循了 AIDA 法则，即注意、兴趣、欲望、行动的依次行为模式，而网络广告在对用户产生广告效果的过程中，从注意到行动每一个步骤之后，目标受众用户都会进一步减少，而该受众群体的广告效果则更加明确有效。艾瑞市场咨询认为，广告主网络广告的媒体选择，殊途同归，最终追求的是两个指标，一是网络广告目标受众覆盖率，二是每次覆盖的相对成本[①]。

---

① 黄嘉丽．选择网络媒体的两个核心指标．市场观察，2006（10）．

（一）目标受众覆盖率

广告的目标受众决定着网络广告的内容、表现形式、具体站点的选择，也最终影响着广告的效果。广告的目标对象是由广告主的产品消费对象来决定的，所以透析产品的特性是准确定位广告目标对象的关键。

（二）每次覆盖的相对成本

不同媒体所需成本是选择广告媒体的依据因素。依据各类媒体成本选择广告媒体，最重要的不是绝对成本数字的差异，而是媒体成本与广告接收者之间的相对关系。目标受众覆盖率越高、同时每千人成本越低，是广告主理想的媒体选择。

理解了广告主进行媒体选择的这两大核心指标，不难理解中国网络广告市场出现的如分众传媒的楼宇广告、光源传媒的列车广告、天下互联的窄告及未来基于手机媒体的无线广告，正如所说的，需求决定市场，正是由于广告主受众覆盖率和相对成本的需求下，以互联网技术为依托，使得网络广告可以做到频道定向、内容定向及最终的用户行为定向，做到对更精准的目标受众进行营销。当然，未来广告主在网络广告上的投入仍将保持一个持续的增长，但对广告主而言，针对目标用户群体的相对营销成本将会下降，而广告效果更为显著。

三、网络广告媒体的选择策略

（一）按产品特性选择

每种产品都有其不同的特性，在广告投放上要结合这些特性进行选择。例如，价格较为便宜的日常消费品，适用受众面广，因此适合投放在综合门户网站；而一些专业性较强的产品则应该选择一些受众特征较为集中，且可以进行深度诉求的专业网站。

再如，据 CTR 媒介智讯调查显示，70% 的网络用户已形成购物前先进行网络搜索的习惯，且女性的比例略高于男性，但男性比女性更容易养成重度习惯。而网络信息搜索的产品主要是数码产品、家电产品和服装服饰，同时也是网络购买比例最高的三类产品，因此，对于这三类产品投放搜索引擎广告就比较适合。

（二）按消费者特征选择

任何产品都有其目标消费者，选择广告发布渠道应该充分考虑产品目标消费者的网络接触习惯。例如，女性产品广告应该选择女性喜欢登录的网站投放，同样男性产品广告更适合投放在男性喜欢登录的网站。调研公司 ComScore 在 2010 年 7 月发布的调查报告反映了男女网民不同的网络接触习惯。与男性网民相比，女性网民更倾向于访问社交网站。报告称 2010 年 5 月份，全球 75.8% 的女性网民访问过社交网站，而男性网民的该比例只有 69.7%。其中，拉美女性网民最喜欢访问社交网站，比例高达 94.1%；其次是北美，比例为 91%；欧洲为 85.6%；而亚洲为 54.9%。另外，全球范围内，女性网民访问零售网站的时间比男性网民多 20%。在观看网络视频方面，大多数国家的女性网民花费的时间比男性网民少。

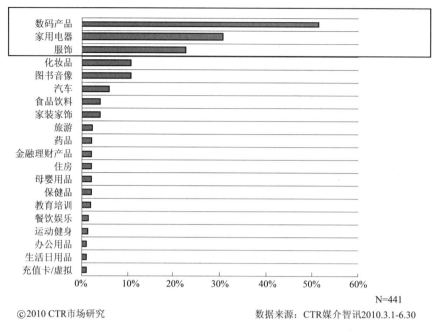

图 5-7　网络购物前信息搜索的产品类型

（三）按目标市场选择

任何产品都有其特定的目标市场，广告目标市场必须服从并服务于营销目标市场。因此，在进行广告媒体选择时就必须对准这个目标市场，使广告宣传的范围与产品的销售范围相一致。一般来说，如果某种产品以全国范围为目标市场，就应选择在热门门户网站、全国知名的网络社区等进行投放。如果某种产品是以某一细分市场为目标市场，则应考虑选择在能对这一区域产生有效影响的地方性网站、地方性网络社区等投放。

（四）按广告预算选择

广告主媒体预算的多少决定了在广告发布时能选择什么级别的媒体。对于预算充足的广告主，选择媒体的范围较大，针对产品的具体情况，像新浪、搜狐、网易等热门网站的首页广告位都可以考虑；而对于预算有限的广告主，就需要精打细算，可以选择一些能够精准到达自己的广告对象，但又并不是特别抢手的广告位。

第六章

网络广告预算

广告预算是指广告策划者在广告策划过程中，为实现企业的战略目标，根据一定时期内广告运动（活动）的具体计划对广告运动（活动）所需经费总额及其使用范围、分配方法等所进行的预先估算和筹划，是一个如何安排、使用广告经费的具体、详尽的资金使用计划。网络广告与传统广告相比，在广告预算方面有很多共同之处，但也存在区别，尤其是网络广告有自己独特的计费模式。了解网络广告的预算，可以帮助广告人从更理性和科学的视角把握网络广告活动。

第一节 网络广告的计费模式

报纸、杂志等平面媒体的广告收费与"版位"、"发行量"等概念有关，广播、电视等电波媒体的广告收费与"时段"、"收视率"等概念有关。同样，网络媒体的广告计费模式会与网络广告所投放的位置和页面的浏览人数有关。

一、网络广告的计费模式

（一）CPM 模式

CPM，即每千人次印象费用（Cost-Per-Thousand Impressions），是指为支持每 1 000 人次的访问而支出的费用。

CPM 模式按实际的访问人次收费，可以保证广告主所付出的费用与浏览人次直接挂钩。其次，按 CPM 收费，可以鼓励网站尽量提高自己网页的浏览人数。第三，可以避免广告主只愿在网站的首页做广告的弊病，因为按照 CPM 的计价方式，在首页做广告和在其他页面做广告的收益和支出比是一样的。正因为如此，采用 CPM 收费模式似乎已经成为目前网络广告的一种惯例。

但也有广告主认为，CPM 的收费模式并不公平。印象只是广告展现的第一步，通常网页中展示的广告很多，网络用户真的就看到了自己的广告吗？停留在这个页面，真的就有印象了吗？

（二）CPC 模式

CPC，即网络广告每次点击的费用（Cost Per Click；Cost Per Thousand Click），一般以千人次作为单位。CPC 也是一种常见的网络广告计费模式。例如，关键词广告等依据效果付费的广告形式，一般采用这种定价模式。

在这种模式下广告主仅为用户点击广告的行为付费，而不再为广告的显示次数付费。既然是互联网广告，点击是最为基本的行动，于是 CPC 很容易得到认同。但是，此类方法又令不少经营广告的网站觉得不公平，比如，虽然浏览者没有点击，但是他已经看到了广告，对于这些看到广告却没有点击的流量来说，网站成了白忙活。对于 CPC 的不足，有以下几点。

（1）CPC 导致广告收入与广告制作和创意挂钩，网站承担了过多的责任。对比传统媒体，广告发布商所扮演的角色是传达广告信息的媒体，无须分担广告制作的责任。

（2）过分追求点击率容易带来点击作弊，由此造成了职业点击客和以此作为网络兼职收入的人员大批出现。

（3）CPC 完全否定了网络广告的品牌建设作用。

（三）CPA 模式

CPA，每行动成本（Cost Per Action），其计价方式是指按广告投放实际效果，即按回应的有效问卷或订单来计费，而不限广告投放量。CPA 的计价方式对于网站而言有一定的风险，但若广告投放成功，其收益也比 CPM 的计价方式要大得多。

CPA 模式进一步帮助广告主规避广告费用的风险，但在充分考虑广告主利益的同时却忽略了网站的利益，遭到了越来越多的网站的抵制。网站普遍不愿意拿优质广告位投冷门产品的 CPA 广告，因为广告被点击后是否会触发网友的消费行为或其他后续行为（如注册账号等行为），最大的决定性因素不在于网站，而在于该产品本身的众多因素（如该产品的受关注程度和性价比优势、企业的信誉程度等）及现今网友对网上消费的接受状况等因素。越来越多的网站在经过实践后拒绝 CPA 模式，CPA 收费广告很难找到合适的媒体。后面介绍的 CPS（Cost Per Sale）以实际销售产品数量来换算广告费用、CPR（Cost Per Response）以浏览者的每一个回应计费、CPP（Cost Per Purchase）每购买成本计费，都属于 CPA 的衍生形式。

（四）CPS 模式

CPS（Cost Per Sale），以实际销售产品数量来换算广告费用。广告主为规避广告费用风险，只在网络用户进行交易后，才按销售笔数付给网络媒体广告费用。很显然，这种模式对广告主非常有利。CPS 是比 CPA 更进一步的方式。比较前几种模式，CPS 使得网络媒体要承担更多的责任——既要对广告作品负责又要对消费者购买行为负责。在CPS模式下，网络广告的品牌建设完全得不到回报。

（五）CPR模式

CPR，每回应成本（Cost Per Response），即以浏览者的每一个回应计费。这种广告计费充分体现了网络广告"及时反应、直接互动、准确记录"的特点，但是，这显然是属于辅助销售的广告模式，而多数网站也会拒绝这种付费模式，因为网站得到广告费的机会比CPC还要渺茫。

（六）CPP模式

CPP，每购买成本（Cost Per Purchase），广告主为规避广告费用风险，只有在网络用户点击旗帜广告并进行在线交易后，才按销售笔数付给广告站点费用。无论是CPA还是CPP，广告主都要求发生目标消费者的"点击"，甚至进一步形成购买，才予以付费；而CPM则只要求发生"目击"（或称"展露"、"印象"），就产生广告付费。

（七）CPT模式

CPT（Cost Per Time），按时间收费的模式。国内很多网站是按照"一个月多少钱"这种固定收费模式来收费的，这对广告主和网站都不公平，无法保障广告主的利益。但是CPT的确是一种很省心的广告收费模式，能给网站、博客带来稳定的收入。虽然国际上一般通用的网络广告收费模式是CPM（千人印象成本）和CPC（千人点击成本），但在我国，一个时期以来的网络广告收费模式始终含糊不清，有的使用CPM和CPC计费，有的干脆采用包月的形式，不管效果好坏，不管访问量有多少，一律一个价。例如，阿里妈妈的按周计费广告和一些门户网站的包月广告都属于CPT。

（八）其他计价方式

某些广告主在进行特殊营销专案时，会提出以下方法个别议价：① CPL（Cost Per Leads），以搜集潜在客户名单多少来收费。② PFP（Pay-For-Performance），按业绩付费。

二、网络广告计费模式的价值分析

（一）网络广告计费模式的演变

在整个网络广告联盟产业中，最受关注的问题之一就是网络广告的计费方式。目前流行的网络广告计费模式主要有4种：CPM、CPC、CPA和CPT。而CPA又有几种衍生形式，即CPS、CPR、CPP。

目前，中国网络广告应用最广的计费模式是CPM和CPC。例如，付费搜索广告，其广告基本以文字链广告为主，以CPC模式计算的广告费用通常能占到付费搜索广告费用的90%以上。2002年国内开始运用CPA模式，之后的两年时间获得了长足的发展，同时，CPA的各种衍生模式在网络广告中也得到了广泛应用。2008年8月份，国内最大的网络广告联盟——百度联盟推出了CPA广告平台，将网络广告计费模式的变革问题摆在了网络广告联盟发展的焦点位置上。

从最早的 CPT 模式、CPM 模式到现在流行的 CPC 模式，再到后来兴起的 CPA 模式、CPS 模式，广告计费模式的变化的背后，反映的是中国网络广告行业的不断成熟与完善。原先单一的计费模式已不能满足广告主多样的需求，为了寻求最为合理的网络广告计费模式，要从挖掘、分析广告客户的需求入手。

（二）确定计费方式的依据——广告主的需求

广告主投放的广告类型一般分为 4 种：品牌广告、产品广告、活动信息广告和促销广告。除了品牌广告为了提升品牌知名度和形象，要追求大规模的曝光率与覆盖率外，其他广告都依赖用户的进一步反应和行动来达到效果。例如，活动信息需要用户参与和互动，产品广告需要用户购买产品才能产生回报。这种"效果"是广告主的原始诉求，而产品、活动等广告价值衡量的关键即在于用户的反应和行为。

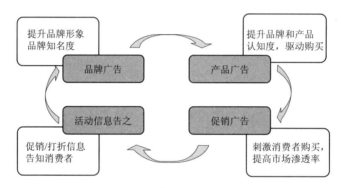

图 6-1　不同广告类型的目的及关系

由于不同广告类型对回报效果的要求不同，计费模式对于衡量广告类型的价值也有区别。将计费模式对广告类型的价值做如下比对①。

对于品牌广告价值比对：CPM > CPC > CPA

对于产品广告价值比对：CPA > CPC > CPM

对于促销广告价值比对：CPA > CPM ≈ CPC

对于活动广告价值比对：CPA > CPC > CPM

可见，CPA 对于衡量多种广告类型都具有很高的价值。CPA 之所以具有如此高的价值，在于它体现的是最深层的广告效果，实现了广告主推崇的精准营销、"效果"营销。

根据 AIDM 广告目的模式（如图 6-2），网络广告对网络用户的影响依次为：注意、兴趣、要求和行动。而影响的 4 个层次对应的是广告的 3 种效果，即广告的认知效

---

① 艾瑞分析师孟玮．"CPA：'效果'营销最佳拍档——网络广告计费模式价值分析"．中国论文下载中心，http://www.studa.net/market/081212/11242585.html．

果，体现在用户对广告的注意；广告的心理效果，体现在用户对广告内容的兴趣和要求；广告的销售效果，也就是最终用户采取的行动（如购买、注册等）。CPM、CPC 对广告效果的衡量停留在认知和心理层次。而 CPA 真正抓住了最深层次的效果，衡量的是潜在消费者向实际消费者的转化率，无论对投放网站还是广告主，都具有理想的性价比。对于投放网站，CPA 虽然有一定的风险，但若广告投放成功，其收益却比其他方式大得多。对于广告主，CPA 只要能够杜绝恶意点击和无意点击，广告主尤其是销售导向的广告主是乐于为此买单的。

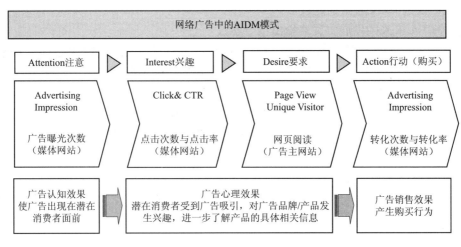

图 6-2　网络广告中的 AIDM 模式

（三）CPA 模式面临的问题

CPA 虽然独具价值，但其在业界的推广并非一帆风顺。关键在于，CPA 对技术、信用体系、广告类型匹配方案的要求都很高，如果没有具备强大实力的市场参与者的推动，则难以大规模地应用。作为一种尚未成熟的模式，只有解决如下问题，才能真正成为与 CPM 和 CPC 分足鼎立的计费模式。

1. 信用问题

根据国内外 CPA 模式的实践经验，由于 CPA 的分成比例高，针对 CPA 的作弊动机也更强，而一旦广告主发现作弊行为，对其伤害也更大。另一方面，因为 CPA 的效果涉及产品的实际销售监控，网站需要以广告主或第三方数据为准，因此数据提供的信誉必须有保证。第三方 CPA 平台必须有能力构建良好的信用体系，建立广告主、联盟网站和第三方联盟之间平等而互信互利的关系，才能实现产业链的良性发展。

2. 收益问题

CPA 在实现广告主的利益最大化的同时，应兼顾网站的利益。因为广告被点击后是否会引发网络用户的消费行为或其他后续行为，最大的决定性因素不在于网站，而在于该产品本身的众多因素,如产品质量、性价比优势、企业的信誉等。因此,网站普遍不愿意拿优质广告位投冷门产品的 CPA 广告。为了规避风险,网站会本能地抵制那些不知名的客户或产品。

3. 技术标准与规范问题

现阶段国内 CPA 广告联盟还处于起步阶段,关于技术、数据格式等还缺少统一的规范和标准。标准的缺乏限制了广告主与 CPA 联盟的平台对接,给广告主的认知、广告投放、数据监测等各方面都带来不必要的摩擦成本,阻碍了市场的发展。

(四) 改进 CPA 模式的建议

针对 CPA 未来的发展,艾瑞给出以下建议。

首先,打造最佳诚信体制,谨防作弊和欺诈等不规范行为。诚信体制的构建是长期的过程,而其约束力需足够强大,才足以防范和震慑作弊和欺诈行为。大型知名的广告联盟在这方面无疑具有天然的优势,例如,百度联盟依托其品牌产生巨大的号召力,更容易建立起三方互信的信誉体系。

其次,精选广告主,保证网站的合理收益。CPA 平台在推广时要精选优质广告主,才能保证网站主的合理收益,对网站主产生足够吸引力,进而培养网站主对平台的信赖,积累运营经验和资源。

最后,尽快建立和完善行业标准和规范。随着行业的进一步发展,建立统一的行业标准与规范势在必行。

第二节 网络广告预算

广告预算作为一项企业行为,是企业财务活动的重要内容之一,它是企业为从事广告这项行为而进行的另一种相关企业行为。预算就是从宏观总量及总体视角上,把来自收入与支出的两方面因素进行分析、计划和安排。但对广告预算而言,更多考虑的是投入因素,其收入是间接的,这要依赖广告测评手段,从产品销量的增加、市场份额的扩大这些直接因素中,通过检测手段间接地计算出来,是一种事后行为,因此往往在广告预算中,把投入因素放在首位。

在现代信息社会中,抢占信息制高点是企业制胜的绝招之一。也正因为如此,企业敢于花越来越多的钱从事广告投入。但是这种近似于"烧钱"的游戏又常常使决策者举棋不定。那么,广告费用与预算分析就为决策的制定增加了保险系数。

在本质上,网络广告预算同样作为一种企业行为,与传统广告预算并无二致。因为从企业的角度来说,广告方式的不同并不影响预算性质的改变。因此,传统广告的预算分析在很多方面与网络广告是一致的。

一、广告预算的意义

从经济学角度讲,广告预算的意义至少包括以下几个方面。

(一) 为广告效果的检测提供了经济指标

任何一项广告都需要进行效果测评,否则,企业无法对广告活动予以科学化使用。在检测一项广告时,常用的方法是将广告带来的销售额上升幅度与广告投入进行比较,那么,广告投入就充当了广告效果检测的基数,只有明确了一项广告投入情况,广告效果的评价才有意义。因此,在实践中,几乎每一个广告商都在有意识或无意识地进行成本和投入分析。

(二) 广告成本及费用的规模决定了广告活动的范围及深度

成本制约是任何一项商业活动都不能摆脱的规律,广告也是如此,有多大的成本才有多大的活动规模,而活动规模也常常为成本预算提供依据。在实践中,广告主常常根据广告的计划来进行广告预算,从而获得成本总额。这种制约关系是广告预算最主要的实践功效。广告成本预算也使广告主对广告细则,如费用总额、费用分担等作了明确的规定,这为实施广告活动时,提供了控制与监督广告活动的依据和原则;对广告的有序、高效运作提供了检测底线。

(三) 广告预算也是广告费用的最优配置

在广告成本的基础上进行的广告预算,其主要目的在于有计划地、宏观地对广告费用、广告经费进行分配,使有限的广告经费能够满足广告计划的每一个环节。这种预算的实际意义就在于对广告实施中的每一环节、每一个时间安排、每一个媒体上的分配做到互相权衡、合理分配,这有助于广告经费的节省和每一项活动的顺利实施。

(四) 广告成本及预算能提高广告投入的效率

一种商业投入的起码要求是提高使用要素的效率,广告投入更是如此,在现代商业社会中,广告费用在企业的总体成本预算中所占比重越来越大,因此,广告费用使用效率的提高对整体公司的运作,成本的降低具有举足轻重的作用。广告企业拿出巨额资金来做广告,其目的就是为了促进生产、提高企业及企业产品的知名度或企业产品的市场占有份额。为了达到这一目的,对广告投入进行周密、细致的安排,把有限的资金用到最关键的环节,并对整个广告做统一布置,是非常必要的。在竞争激烈的市场经济中,没有预算与成本分析的广告很难达到广告目的,因此也不能说是成功的广告。

二、确定广告预算的方法

目前国内外常用的广告预算方法有:销售额标准法、竞争对手比较法、利润百分比法、任意增减法、支出可能法、目标达成法、试验调查法、精确定量模型法等。

(一) 销售额标准法

销售额标准法是根据企业销售情况确定广告预算,包括销售额百分比法和销售单位法。

1. 销售额百分比法

销售额百分比法是使用最普遍的一种广告预算方法。它是根据企业本年度的产品销售总额，或者对下一年度销售总额进行预测，按照百分比计算下一年度的广告预算。不同行业广告费用的百分比相差很多，同一行业不同企业之间的差异也很大。一般来说，国外企业以销售收入的3%或5%作为广告费用的比例。

销售额百分比法可以分为过去销售额百分比法和预期销售额百分比法。

过去销售额百分比法是从企业上年度销售额抽取一定比例作为广告费用。如企业去年销售额为1 000万元，计划用5%作为今年的广告费用，广告预算为：1 000×5% = 50（万元）。

预期销售额百分比法是以企业预期达到的销售额为基数，抽取一定比例制定广告费用。

有调查显示，在美国最大的100家消费品广告主中，50%以上的企业采用预期销售额百分比法，20%采用过去销售额百分比法[1]。

销售额百分比法的优点十分明显：第一，计算简单，预算时可以依据过去的经验，提高了广告预算的安全性。第二，将广告投入与产品销售状况建立密切关系，促使企业管理者充分考虑广告费与销售收入之间的关系，有利于企业的长远发展。第三，适合于竞争环境稳定、能准确预测市场的企业。

销售额百分比法的缺点是：第一，缺乏弹性，不适应市场变化，广告费用与销售额的比例一旦确定，就难以运用广告的弹性战略，可能导致失去广告机会。第二，颠倒了销售额和广告投入之间的逻辑关系。把销售额当作广告的原因而不是结果，忽略了广告对销售的主动促进作用。采取这种方式，企业会在经济不景气时减少广告开支，事实上这时候增加广告开支可以防止销售额进一步下滑。过于死板地采用销售额百分比法会使企业因费用限制而失去良机。

为弥补该方法的不足，有人提出可以根据销售额百分比法计算出数据，再根据预期销售额的情况加以调整，或者不采用每年固定的百分比，而是根据市场条件变化设定变动的百分比等灵活的方式加以调节。

2. 销售单位法

销售单位法是以一个或一套商品为销售基本单位，每个单位配以一定金额的广告费，以此与预期销售数相乘以后得出广告预算。计算公式如下：

$$广告费 = 每个销售单位的广告费 \times 销售单位数量$$

销售单位可以是一件商品，也可以是零售商店。

如：某饮料厂商将在10个城市做广告，每个城市100万元广告费，则

---

[1] 辛普. 整合营销沟通. 熊英翔, 译. 5版. 北京：中信出版社, 2003.

广告预算 = 10 × 100 = 1 000（万元）

销售单位法是销售额百分比法的变形，它不以销售额而是以销售单位为目标，按照商品单位制定广告费，广告费用的分担比较公平。它的优点是方法简单，便于计算销售成本，产品销售越多，平均广告费越低。销售单位法适合于昂贵的耐用消费品和销售单位明确的日用百货等产品。

（二）利润百分比法

利润百分比法是以企业或品牌利润的百分比为基准制定广告预算的方法。

利润百分比法计算简单，方便。缺点是死板，对市场变化估计不足，缺乏灵活性。

（三）竞争对手比较法

这种方法是根据竞争对手的情况制定本企业的广告费用。企业可能与主要竞争对手一样，以销售额为基数，抽取相同百分比作为预算费用，也可能根据竞争对手的广告费用，加大广告投资。竞争对手比较法的主导思想是为了保持企业在市场竞争中的优势。通常有两种类型。

1. 根据竞争对手市场占有率决定广告预算

根据竞争对手市场占有率和本企业预期达到的市场占有率决定企业的广告预算。

广告预算 =（竞争对手广告费/竞争对手占有率）× 本企业期望占有率

2. 根据竞争对手增减广告的比率决定广告预算

根据竞争对手广告费用增加或减少的情况，决定本企业的广告预算。

广告预算 =（1 ± 竞争对手广告费增减比率）× 本企业上年广告费

竞争对抗法适合于实力雄厚的企业。它的优点是通过与竞争对手的抗衡，迅速提高企业的竞争地位。缺点是只考虑广告对于竞争的作用，忽视了市场营销组合，企业准确了解竞争对手的情况也有很大难度。

（四）任意增减法

这种方法是针对上一时期的广告费用使用情况，根据市场动向、竞争状况、企业财务能力等因素，凭感觉和经验对广告费总额适当进行增减。通常的做法是，广告主只支付广告活动的启动资金，即第一阶段的广告资金，后续资金要看第一阶段的广告促销效果，再考虑是否投入资金或投入多少资金。

这种方法适合于市场环境复杂导致量化分析困难的企业，一些没有长期广告规划的中、小企业也常采用这种方式。缺点是缺乏对广告计划、广告目标的科学研究。

（五）量入为出法

企业确定广告预算的依据是他们所能拿得出的资金数额。也就是说，在其他市场营销活动的经费都优先分配完之后，尚有剩余再供广告使用。企业根据其财力情况来决定广告开支多少并没有错，但应看到，广告是企业的一种重要促销手段，企业做广告的根本目的在于促进销售。因此，企业做广告预算时不仅要考虑财力情况，能拿出多少钱用于广告开支，更要考虑企业需要花多少广告费才能完成销售指标。所以，严格说来，量入为出法在某种程度上存在着片面性。一些小企业有时候采用这种方法。

(六) 目标达成法 (DAGMAR)

目标达成法也称 DAGMAR（达格玛）法，是根据确定的销售目标和广告目标，决定广告费用计划。目标达成法被认为是最合理、最有依据的预算制定方法。使用这种方法，广告策划人员必须考虑每次行动的目标，根据实现目标的成本来进行广告预算。比如，使产品知名度达到50%需要花费多少钱？广告信息能够接触多少人？多少次？必要的媒体费用是多少？

实施目标达成法有以下几个步骤：① 确立需要达到的具体营销目标。如销量、市场份额和利润等。② 评估为达到总体营销目标需要完成哪些传播任务。如提高品牌认知水平、建立企业形象等。③ 明确广告在传播中的角色。④ 确立具体的广告目标。广告目标应为达到营销目标而设立，并且具有可测量性。⑤ 达到广告目标所需要的预算。

目标达成法目前在欧美国家和日本等广告业发达的国家广泛使用。在美国，60%以上的消费品公司和70%的工业品公司使用这种方法。目标达成法的最大优点是基于预定的目标而非依据过去或未来的效果进行广告预算，预算方法更加科学、系统。运用这种方法能够根据市场营销和目标的变化合理安排费用。缺点是这种方法以广告目标为前提，但广告目标难以量化，因此很难确定达到广告目标到底需要多少费用。

(七) 试验调查法

企业在广告预算各不相同的市场进行经验性试验，然后确定一个最佳预算额度。

(八) 精确定量模型法

一般大型广告主和广告公司采用此法，依靠计算机，采用精确的数据、史料和假设确定广告预算。

企业制定广告预算通常会采用上述两种或两种以上的方法。例如，企业在开始制定预算时可能会有一个固定的销售百分比作为预算，后来还会根据竞争对手的广告活动、企业的资金实力及销售情况、市场变化等情况进行调整。

三、影响广告预算的因素

影响广告预算的因素主要有：企业的广告目标、竞争对手的广告活动、企业的资金实力、产品状况和媒体因素。这些因素互相关联，共同影响着广告预算。

(一) 企业的广告目标

企业的广告目标是影响广告预算的关键因素。广告目标包括销售目标、信息传播目标和品牌形象目标等，其中销售目标是企业非常重视的广告目标，包括销售数量、销售额、销售利润等，都会直接影响广告预算。销售量大、销售额高、利润率高的产品，广告预算费用高，反之亦然。实现不同广告目标需要的费用是不同的，相比之下，企业实现提高市场份额的广告目标比保持品牌知名度的广告目标所需要的预算费用更高。

(二) 竞争对手的广告活动

制定广告预算必须充分考虑竞争对手的广告活动。市场上竞争者的数量、实力及与竞争对手对抗的方式都会直接影响广告预算。竞争激烈的市场往往也是企业进行"广告大战"的市场,企业若想争夺消费者,提高市场占有率,必须大量投放广告。企业如果直接与对手抗衡,而对手的实力又比较强,则需要花费更多的资金。

评价竞争对手通常使用两个指标,一是企业的媒体投放份额(Share of Voice, SOV),指企业广告开支占行业广告费用的百分比。二是企业的市场份额(Share of Market, SOM)。市场份额和媒体投放份额之间是相互联系的,媒体投放份额在某种程度上决定着产品的市场份额,媒体投放份额大的产品往往市场份额也大;同理,能够支付较大媒体投放份额的产品常常是一些大企业、大品牌。

针对广告主的市场投放份额与竞争对手的媒体投放份额的情况,通常采取4种广告预算方式,如图6-3所示。

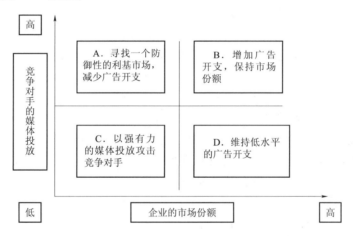

图6-3 媒体投放份额与广告预算①

第一种情况,企业市场份额较低、竞争对手的媒体投放份额较高。预算方式是减少广告开支,寻找其他竞争对手不易进入的利基市场。

第二种情况,企业市场份额较高,竞争对手的媒体投放份额也较高,企业应增加广告开支,保持现有的市场份额。

第三种情况,企业的市场份额较低,而竞争对手的媒体投放份额也较低。一般采取增加广告投放的方式攻击对手。

第四种情况,企业市场份额较高,竞争对手媒体投放份额较低。企业只需要用比竞争对手高出不多的广告费用即可保持市场份额。

---

① 辛普. 整合营销沟通. 熊英翔,译. 5版. 北京:中信出版社,2003.

(三) 企业的资金实力

广告预算还要考虑企业可用于广告的资金数额。经营状况良好、经济实力雄厚的企业往往预算费用很高。宝洁公司曾是中国广告投放最高的企业，旗下的玉兰油、飘柔、佳洁士、海飞丝广告投放量分别进入过前10名。相反，如果公司财务状况不良，广告费用也会受到削减。当然，如果广告运用有效，能够给企业带来更多的收益，广告也能获得更多的预算资金。

(四) 产品状况

制定广告预算还要考虑产品自身的状况。产品的生命周期、产品的市场范围、产品是否具有可替代性及产品的风险等状况都将影响广告预算。

在产品生命周期的不同阶段，广告费用存在巨大差别。在导入期和成长期，由于产品刚刚上市，广告多为告知性广告，企业为使消费者认知产品，提高销售，企业会投入较多的广告费用，进入成熟期和衰退期，广告投放逐渐减少甚至停止。

产品的市场范围，即产品在市场的覆盖面。市场范围大的产品，如日用消费品，广告投放高；市场范围小的产品，如专业用品、技术用品，广告投放少。

产品的替代性也是制定预算时需要考虑的因素。如果产品在市场上没有其他替代产品，企业可投入较少的广告费用；如果产品被竞争对手或新出现的产品替代的可能性很高，则需要支付较多的广告费用来维持或改善现有的地位。

产品风险是指消费者选择产品所负担的风险，可以用两种方法判断：① 以产品实际花费为准的金钱风险；② 产品购买后能否满足需要或解决问题的风险。通常低风险产品在市场上都面临着激烈竞争，也具有很大的可替代性，为了维持或改善现有地位，广告预算也较高。相反，所支付的广告费就比较低。

(五) 媒体因素

媒体费用是广告活动最大的支出项目，广告投资中80%以上的费用是花在媒体上的。不同的广告媒体购买价格大不相同，有时不同的媒体对某一消费群体的信息传达是同样的，但媒体价格却差异很大。此外，广告在发布中持续的周期长短、发布频率也至关重要。为了传达品牌信息，广告必须要持续一定周期，并要求有一定的重复和强调。通常媒体的购买价格越高，广告发布频率越高，广告总预算也越高。

对于网络广告的投放，还要考虑网站规模、网站性质、网络普及率及范围，这些也是影响广告投入的因素，这种媒体因素与传统广告有区别。

总之，网络广告作为广告的一种表现形式和传统广告有很多的相似之处，对它的操作可以借鉴传统广告，但又区别于传统广告，比如其计价模式和媒体策划。广告主在对网络广告进行投入时，一定要考虑清楚。

第七章

网络广告新形式

第一节 搜索引擎与搜索引擎广告

一、搜索引擎

（一）搜索引擎简介

搜索引擎（Search Engine）是万维网环境中的信息检索系统，又称检索引擎或查询引擎，英译名为 Search Engine，Robot 或 Spider。根据百科名片的定义，搜索引擎是指根据一定的策略、运用特定的计算机程序搜集互联网上的信息，在对信息进行组织和处理后，并将处理后的信息显示给用户，是为用户提供检索服务的系统。

搜索引擎能够通过 Internet 接收到用户的查询请求，以一定的方法在互联网中搜索发现信息，对信息进行理解、提取、组织和整合，并为用户提供检索服务，从而起到信息导航的作用。简单地说，搜索引擎就是对 www 站点的信息资源进行标引和检索的系统，主要负责组织信息和根据需要提供信息，被人们誉为"网络门户"[1]。

当人们遇到疑惑与问题需要了解或解决时，互联网中的搜索引擎便是一个"传道授业解惑"的工具。正如"百度一下，你就知道"，面对浩如烟海的信息量，搜索引擎作为一个系统，能从大量信息中找到所需的信息，提供给用户。如今，人们已经习惯于使用搜索引擎来寻找旅游信息、商品价格，了解新闻、股票、娱乐八卦等信息，搜索引擎已经成为一个非常重要的信息门户。

（二）搜索引擎广告概念

搜索引擎可以看作是一种传递信息的新媒体工具，同普通传统媒体一样，其收入主

---

[1] 门风超，苗军民．试论搜索引擎的现状与发展．现代情报，2008（2）.

要来自于广告,搜索引擎也是靠网络广告维持营生。谈及广告(特指商业广告),便存在着利益双方的经济支付性行为。因此这里的搜索引擎广告就特指付费搜索引擎广告。

付费搜索引擎广告用一句话概括便是:利用搜索引擎营销(SEM)开展的广告活动。搜索引擎营销就是基于搜索引擎平台的网络营销,利用人们对搜索引擎工具的使用,在人们检索信息的时候尽可能将营销信息传递给目标客户。

二、付费搜索引擎广告

(一) 付费搜索引擎广告优势

1. 受众广泛

艾瑞咨询根据 CNNIC 统计的中国互联网用户数量并结合最新推出的网民连续用户行为研究系统 iUserTracker 的最新数据研究发现,2009 年,中国搜索引擎用户规模达 3.2 亿人,相比 2008 年的 2.4 亿人年同比增长 31.1%,到 2010 年,中国搜索引擎用户规模接近 4 亿人,而到 2013 年后,用户规模将达到 5.5 亿人左右。如此庞大的搜索引擎用户对于广告主而言无疑具备极大的商业价值。

2. 针对性强

一般网络广告难以定位真正的目标客户群,而搜索引擎广告是用户根据自身需求利用搜索引擎寻找相关信息,这区别于一般网络广告难以定位目标受众的缺点,因此其广告投放是有的放矢,具有极强的针对性,更易得到最佳的广告效果。

3. 广告费用相对较低

相对于报纸、电视等传统媒体的广告巨额投放,搜索引擎广告成本较低。搜索引擎采用灵活的计费模式,根据不同关键词的热门程度及广告点击数支付相对应的广告费用,大大降低了广告主投放的资金门槛,使搜索引擎成为一条便宜而有效的投放渠道。

4. 可反馈的广告效果

搜索引擎一般会向客户提供关键词广告被展示次数和被点击数、广告收费情况等相关统计结果,反馈效果好。这样有利于广告主方便掌握广告投放效果,及时调整相应的营销战略。

(二) 付费搜索引擎广告市场

无论是在全球还是中国,搜索引擎市场都在如火如荼的发展。付费搜索引擎广告凭借其优势,得到了广告商的认可,成为网络营销的重要环节,这些都保证了搜索引擎广告市场营收规模的高速增长。

据 DCCI 互联网数据中心的研究,2009 年中国搜索引擎广告市场规模达到 70.1 亿元人民币,比 2008 年增加 38%。2010 年搜索引擎逐步走出低谷,增长率恢复到 42.2%,营收规模达 99.7 亿元[①](见图 7-1)。

---

① 数据来源:DCCI 2009 年中国互联网调查.

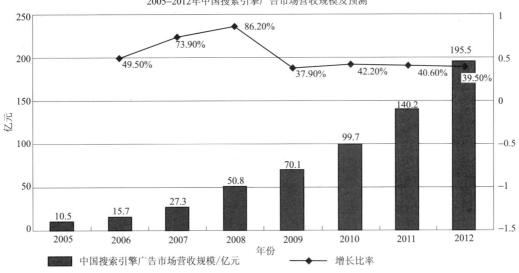

图 7-1 中国搜索引擎广告市场规模及预测

另外，艾瑞咨询预计，在遵循发展常态的前提下，2016 年左右中国搜索引擎市场规模将占网络广告的 45% 左右，绝对领先于其他广告形式。就目前来说，中国付费搜索广告市场主要有两大特点，具体如下。

一是市场规模存在差距，但发展空间广阔。与搜索引擎广告最发达的美国相比，我国仍然存在较大差距。在总量上，美国 2009 年搜索引擎市场规模为 153.9 亿美元，是我国的 14 倍多；从比重上看，据艾瑞咨询数据显示，在 2003 年，美国搜索引擎市场规模在整体网络广告中所占比重（35.5%）就已类似于中国现有水平。相比之下，中国付费搜索广告市场发展潜力巨大，以竞价排名为主导的付费搜索广告还有很大的增长空间。

二是搜索引擎双寡头特征明显，出现多家纷争。ComScore 的 qSearch 2009 年公布的全球搜索网络占有率数据显示，在全球搜索引擎市场中，Google（谷歌）、Yahoo!（雅虎）、百度排名前 3 位。而在我国，本土搜索引擎公司百度成为市场的最大赢家。截至 2009 年年底，百度、谷歌中国两家的搜索引擎营收份额之和超过 96.2%，基本垄断中国搜索引擎市场，行业呈现出较为显著的双寡头特征。另外，2009 年有更多的企业加入到这一领域中，先有微软 Bing（必应）、腾讯 SOSO，后有搜狗，分蛋糕的人越来越多，出现多家竞争的局面。来自 iResearch 的报告显示，2009 年中国搜索引擎市场的基本情况如图 7-2 所示①。

---

① 数据来源：艾瑞咨询．

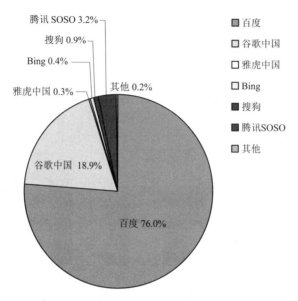

图 7-2 2009 年中国网页搜索请求量市场份额

（三）付费搜索引擎广告方式

目前广泛应用的付费搜索广告方式主要包括固定排名搜索广告、地址栏搜索广告、竞价排名搜索广告 3 种方式。

1. 固定排名搜索广告

固定排名搜索广告是最早的搜索引擎广告，由 Google 最先使用并将它称之为关键词广告（见图 7-3）。它是由搜索关键字触发的一系列广告内容链接，按某种顺序从上

图 7-3 Google 关键词广告

到下排列在搜索引擎结果页面的固定位置，当这个广告链接被受众点击的时候，广告主就需为此付费，费用的高低与广告链接的排序位置相关，广告主事先需为这个排序位置出价竞拍①。

这种广告服务，客户只需一次性购买关键词和对应的排名即可，针对性强，品牌效应更好，但它也缺乏一定的灵活性。

2. 地址栏搜索广告

地址栏搜索广告属于第三代的中文上网方式，由3721网络实名公司提供。它的操作特点是：用户可直接在浏览器地址栏中输入中文名字，就能直达企业网站或找到企业、产品信息，省去了用户记忆复杂域名的麻烦。但是这种广告模式首先需要广告客户将自己的公司名、产品名注册为3721网络实名。

3. 竞价排名搜索广告

竞价排名搜索广告是关键词竞价广告的一种形式，广告客户购买一定数量的关键词后，搜索引擎以关键词付费高低为标准给予购买客户在网站上的链接，并对搜索结果按照竞价的高低进行先后排序。即按照广告客户付费最高者排名靠前的原则。也就是说，竞价排名就是针对某个关键字进行搜索时在指定搜索结果页面显示的排名顺序，出价越高，排名位置越靠前（见图7-4）。

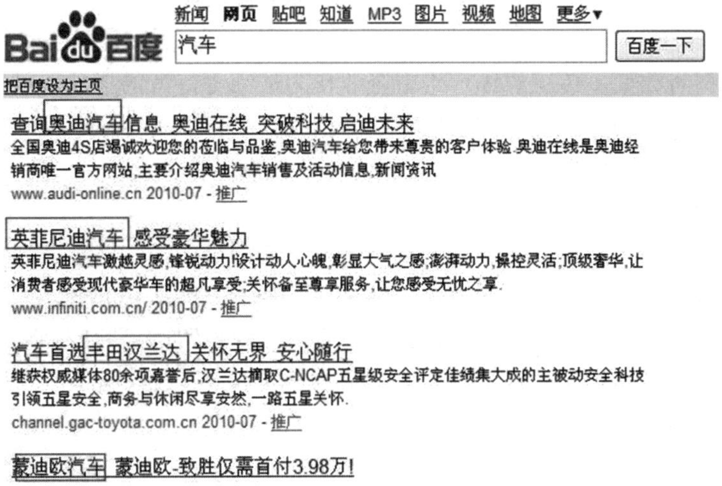

图7-4 百度的竞价排名广告

同时，竞价排名服务是一种按效果付费的网络推广方式。它按照网站带来的实际访问量进行收费，即记录下有效用户点击次数，并以此为收费依据。因此，竞价排名广告模式也叫点击付费广告（PPC）。网络广告中，竞价排名作为日益成熟的广告模式，在

---

① 李凯文，思达. 搜索引擎广告：网络营销的成功之路. 北京：电子工业出版社，2010.

网络经济中体现出强大的生命力。

三、竞价排名广告

（一）竞价排名广告的优势

竞价排名广告是近年风靡世界的网络广告形式，也是各搜索引擎的主要盈利方式，几乎所有的知名搜索引擎都在全力投入搜索竞价的市场大战中。2001年百度在国内首先推出竞价排名业务，之后搜狐、新浪、雅虎等其他搜索引擎竞相采用。竞价排名广告具有以下优势。

1. 广告效果显著

竞价排名预示着企业出钱越多，排名就越靠前。竞价排名广告使得企业可以决定自己在搜索引擎上的位置，通过竞价将网页排列在用户相关搜索结果的前列，容易引起用户的关注和点击，使得广告效果比较显著。

2. 性价比更高

竞价排名按照记录下的有效点击次数作为收费依据，不点击不收费，1 500元即可开户，0.30元钱就得到一次目标用户的访问，可能会因此带来10 000元、100 000元甚至更多的利益①。况且每天有数以百万计的用户可能看到公司的产品或服务，因此会带来更多的关注率。

3. 自由灵活

竞价排名广告改变了传统媒体广告中企业作为被动等待者的形象，可以随时根据关键词的访问量和市场的变化而及时调整，从而控制着广告效果。

（二）竞价排名广告的问题

1. 信息传播有失公正，不利于公平竞争

搜索引擎本身是为用户更好地提取互联网的重要信息而服务，帮助用户获得需要且相对公正的信息。搜索引擎采用的纯技术排序法有其科学依据，能够保证检索结果的公正性。但是采用竞价排名方式后，一切就以广告主与搜索引擎之间的利益为驱动，搜索结果失去了规范性和公正性。竞价排名往往会在检索结果中人为前置企业的推广信息，不利于企业公平竞争。而一般用户在使用搜索引擎查找产品信息时，很难看出搜索引擎的排序原则，影响他们对信息的认知。

2. 无法避免无效点击，影响广告效果

作为点击付费的广告盈利模式，用户的点击量分别决定着广告投资和广告效果。这里的无效点击包括恶意点击和无意点击。

恶意点击有以下几种可能的原因：第一种情况是广告投放客户的竞争对手所为；第二种情况是来自搜索引擎广告联盟网站，为获得广告佣金的广告点击行为；第三种情况

---

① 贾桂军，蔡文艺，王知军. 竞价排名搜索引擎广告盈利模式分析. 商业时代，2009（28）.

则可能来自竞价排名提供商或中小站长的恶意点击。

无意点击的主体可能是网民。无意点击具有隐蔽性,危害性反而更大。据统计,无意点击占整个无效点击的比例可能高达60%以上。

过高的无效点击会导致广告主的成本费用增加,投资回报率下降,并削弱广告主投资竞价排名广告的信心。2007年一项关于搜索引擎广告主的调查显示,百度和Google的无效点击率分别为34.0%和24.1%,40.8%的广告主认为无效点击率削弱了他们投放广告的信心。

3. 竞争激烈,竞价费用急剧上升

这种广告方式的盛行决定了竞争的激烈性。据调查,多数网民浏览网页时的耐心至多停留在第三页,也就是说如果企业网站的竞价排名不够靠前的话就很难受到访问者的关注。因此企业之间的竞争加剧,"供不应求"的前页排名位置使广告点击价格水涨船高。

4. 存在强制消费行为

有专家认为,搜索引擎竞价排名是商业行为,存在强制消费现象。用户访问搜索引擎网站是为了享受信息的搜索服务。搜索引擎网站通过网站访问人数、广告点击率等获得商业利益。从此种意义上讲,信息用户与搜索引擎网站之间的关系,也应看作是一种消费者与经营者之间的关系。因此,搜索引擎的竞价排名正是利用了用户搜索信息行为的可近性原则,充分挖掘他们的注意力经济,是一种强制消费行为。

(三) 竞价排名搜索引擎广告的发展趋势

关键词竞价排名是搜索引擎网站的重要盈利模式,收费方和付费方都能从中获得最大的效益,取得双赢。但是,当竞价排名把出钱多的网站一个个排列在搜索结果前面时,是否考虑到这已经影响到了用户的利益?毕竟搜索引擎最终还是依靠用户而存活,当用户点击进去很多网页,却发现与寻找的内容相距甚远,这势必会导致搜索引擎公信力下降。因此,如何让搜索引擎的结果排序更为客观、公正、科学,也成为一个备受关注的问题。搜索引擎要求得生存、发展壮大,就必须维护好企业与用户双方的利益。

从参与竞价排名的企业方面来考虑,搜索引擎要做的就是如何避免恶意欺诈性点击。各搜索引擎可以开发技术手段,使竞价排序更规范合理化,实现优化竞价排名的目的。比如谷歌推出了一种按转换收费的竞价排名计费方式,用户可在点击或展示两种计费方式里自定义转换;此外,雅虎口碑网则推出了一款生活服务搜索竞价产品——"壹推广"。"壹推广"不按点击数付费,不论每天点击数有多少,推广费都维持不变,价格策略公开透明,有效避免了点击欺诈问题。

因此,有专家认为,可以将搜索结果的页面分为几个模块,以此把参与竞价排名的网站推广信息和纯技术得出的搜索结果分开,区别对待。这样,既能保证信息搜索的公正性,满足用户的信息要求,又能为搜索引擎创造盈利机会,同时还可以更为明确地推广企业信息,达到"三赢"的局面。

第二节 即时通讯与即时通讯广告

一、即时通讯

（一）即时通讯概念

即时通讯（Instant Messaging，IM），特指在互联网中以沟通为目的，通过跨平台、多终端的通信技术来实现一种集声音、文字、图像于一体的低成本高效率的综合型的"通信平台"，其本质是一款协助人们交流的沟通软件。其中大家较为熟悉的是 QQ、MSN、飞信、新浪 UC 等。由于这类软件能够实时传递双方交流的信息，同时又可以提供最新资讯，因此被人们称之为即时通讯工具，意为一种实时快速交流的方式。

即时通讯的主要服务在于"好友之间即时的信息交流"，围绕着该项服务，IM 软件不断拓展着其他方面的服务功能。在我国，随着网络的普及，即时通讯所提供的服务也得到增强。目前即时通讯软件可以提供包括菜单设置、好友管理；文字、图片、语音、视频聊天等多种聊天方式；文件传送、游戏、娱乐等辅助性服务；同时还兼容其他新媒体服务方式，如空间、邮箱、网页浏览等。

即时通讯以它超强的交互和即时性在网络沟通中为用户带来极大的便利，而其日新月异的功能也深受更多网民的青睐，因此被很多人称为电子邮件发明以来最便利的在线通信方式。根据 CNNIC 第 24 次《中国互联网发展状况统计报告》调查显示，中国网民即时通讯服务使用率达到 72.2%，成为继网络音乐、网络新闻服务之后，第三大网络服务。

（二）即时通讯市场

近年来，即时通讯软件的发展突飞猛进，已成为任何人都不能忽视的互联网应用工具。即时通讯软件最早是以色列人发明的 ICQ，ICQ 是英文"I seek you（我找你）"的谐音，1996 年 11 月面世就风靡了整个网络，1998 年，如日中天的 ICQ 被美国在线以 2.87 亿美元的价格收购。1997 年 ICQ 进入中国市场，由国人马化腾开发的即时通讯软件——腾讯 QQ，成为中国即时通讯市场的领航者。即时通讯以其强大的互动性、便宜的价格、使用简单等优势铸就了火爆的即时通讯市场。

1. 即时通讯用户

Royal Pingdom（royal.pingdom.com）总结的全球主要即时通讯工具的相关数据显示，2009 年全球即时通讯工具用户为 10 亿，注册账户总量为 25 亿。在我国，根据中国互联网络信息中心（CNNIC）测算，截至 2009 年底，我国即时通讯产品用户规模已经突破 2.77 亿人，而互联网网民总人数也不过 3.84 亿，这意味着，所有上网人数中 72% 的网民都会拥有一个即时通讯账户。图 7-5 所示为艾瑞咨询根据 CNNIC 统计的中国即时通讯用户规模情况。① 艾瑞咨询预计，未来 4 年中国即时通讯注册账户将有望保持 20.1% 的复合增长率，至 2012 年规模将达到 31.2 亿。另外，据计世资讯的调查显示，在我国即时通讯市场上，无论是用户总人数、总注册账户数，还是活跃账户数、人均拥有 IM 账户数，都创下了世界之最。

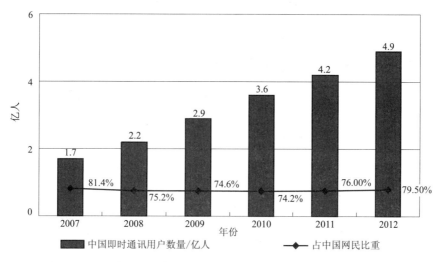

图 7-5　中国即时通讯用户规模及增长情况

2. 即时通讯运营商

目前国内即时通讯市场竞争异常激烈。与其他互联网服务相比，即时通讯市场细分明显，产品导向的特性造成每款主流即时通讯软件均有特征较为明显的用户群，以腾讯 QQ、微软 MSN 等为代表的众多即时通讯工具都拥有大批的使用者。在我国，目前比较有实力和影响力的即时通讯工具主要有腾讯 QQ、微软 MSN、移动飞信、百度 Hi、新浪 UC、网易泡泡、雅虎通，另外还有和网络购物捆绑的淘宝旺旺/阿里旺旺等，国内即时通讯软件呈现出百花齐放的态势，即时通讯市场的竞争越来越白热化。

在 CNNIC 提供的 2009 年度中国即时通讯用户调研报告中显示，中国即时通讯软件用户渗透率可分为 3 个层次：首先是腾讯 QQ，以 97.4% 的渗透率处于绝对领先地位；而飞信、百度 Hi、淘宝旺旺/阿里旺旺及 MSN 构成第二梯队，比例在 17% 左右；其他即时通讯软件处于第三梯队。CNNIC 分析认为，未来 IM 之间的竞争主要会集中在第二梯队，如图 7-6 所示。②

---

① 数据来源：CNNIC，艾瑞数据估算模型
② 数据来源：CNNIC，2009 年度中国即时通讯用户调研报告

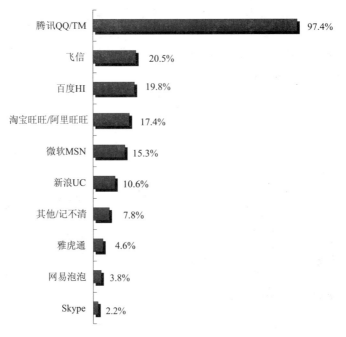

图7-6　IM软件用户渗透率

（三）即时通讯的分类

即时通讯按照使用主体的不同，可以分成以下几个类别[①]。

第一类，个人即时通讯。个人即时通讯主要是以个人用户使用为主，方便聊天娱乐，如QQ、新浪UC等。

第二类，商务即时通讯。商务即时通讯以淘宝旺旺/阿里旺旺为典型代表，用作商务交流的工具。

第三类，企业即时通讯。企业即时通讯是一种以企业内部办公为主，建立员工交流的无障碍实时协作平台，如巴别塔企业通。

第四类，行业即时通讯。行业即时通讯主要局限于某些行业或领域使用的即时通讯软件，不是大众所熟悉的，如盛大圈圈，主要在优秀圈内小范围使用。

二、即时通讯广告概况

（一）概念

伴随着互联网的发展，以腾讯QQ为代表的即时通讯工具越来越向人们的生活和工作渗透，这也就为它带来了无限商机。在个人用户享受着即时通讯的聊天、交友、购

---

① 王长潇. 新媒体论纲. 广州：中山大学出版社，2009.

物、娱乐、游戏等功能时，企业在其上的营销也如火如荼地开展着。从即时通讯平台营销功能开发上来说，它的最大商机便是成为广告载体。

即时通讯广告，顾名思义是指在即时通讯工具上的广告形式。企业通过即时通讯平台发布文本、视频广告信息，借助于即时通讯平台的高覆盖率和庞大的用户规模将产品、服务、品牌等广而告之。

（二）概况

即时通讯广告的发展速度很快，目前，国内的即时通讯工具中一半以上有广告的出现，比如QQ、MSN、淘宝旺旺或雅虎通。有相关文献提到，将很多网站的标准媒体广告来与典型的即时通讯广告做比较时会发现，几乎是同样的媒体预算，即时通讯广告产生的点击流量是标准媒体的3～4倍。在MSN即时通讯上的一个3个月的广告，点击率居然达到了80万次。按照这个比例，即时通讯媒体广告是物超所值的。① 在许多广告客户和广告代理商眼中，即时通讯已经成为吸引大量广告费用投入的媒体平台。

1. 即时通讯的广告受众分析

即时通讯拥有一个庞大的消费者群体，18～35岁的中青年用户群体是即时通讯的主力军。但不同的即时通讯软件用户年龄特征明显，2009年即时通讯调查显示，偏向商务的即时通讯软件用户年龄主要集中在20～29岁；偏向娱乐休闲的即时通讯软件用户年龄偏低，比如百度Hi的用户更为年轻化，19岁以下的人群比例最大。同样，不同的即时通讯工具其背后的使用群体也会不同。QQ用户较为广泛，但学生族为主力；MSN的消费者多为上班族；阿里旺旺的用户更多的是有着商务交流的买卖双方。

可见，各年龄段用户及不同的IM工具都会对即时通讯的使用造成影响，也就预示着即时通讯广告商应重点关注不同年龄段的用户行为、不同IM工具使用者的习惯差异，之后再进行针对性的投放广告，才会取得更佳的广告效果。

2. 即时通讯的广告主分析

QQ广告是现阶段我国即时通讯广告较多的一个，通过观察与使用发现，QQ广告中出现最多的广告主就是QQ本身，它以多种广告表现形式来推广自己的产品和活动。比如QQ系统消息总是提示着Q币的兑换，QQ秀的领取，QQ游戏。此外，广告主还来自于针对学生族群的运动服饰、电子类产品、网游、网站，也有旅游、机票、充话费等，五花八门。

目标用户为白领阶层的MSN广告主多来源于金融、地产、汽车行业，且大多是知名品牌，并非处于引导性消费，而更多是品牌塑造和品牌形象展示。

移动飞信的广告相对较少，以系统消息的形式弹出，广告也多是一些日常消费类产品，广告表现形式单一，以文字表述为主。

---

① IM进入垂直细分时代　网站即时通讯大放异彩. http://it.sohu.com/20060913/n245324149.shtml.

三、即时通讯广告表现方式

（一）即时通讯广告的类型

按照广告位置的不同将即时通讯广告作以下分类①。

1. 对话框中的广告

对话框也就是 IM 的聊天界面。用户双方通过这一个小小的窗口进行交流，而这也为广告制造了无限的机会，对话框广告的注目率非常高，因为它会一直出现在计算机屏幕上，是用户聊天时注意力最为集中的部分，此时广告的植入会提高人们点击的频率。在对话窗口中，一般在窗口的右上方会有类似于旗帜广告显示，用动态图片滚动播放；同时对话框底部也有循环滚动的文字性广告；聊天窗口右侧的 QQ 秀；在申请视频聊天的链接等待中，视频窗口也成为广告的占据地（见图7-7），这种广告有一种强迫性，因为此时的人们会专心注目视频连接窗口，对广告的注目率十分高。

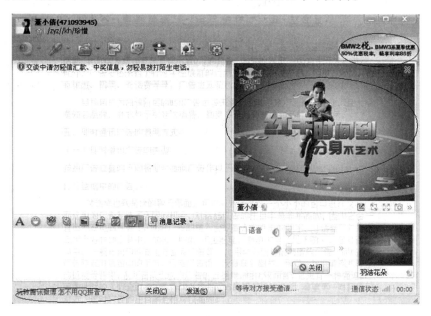

图7-7 对话框广告

对话框广告广泛应用于各种 IM 工具中，如 QQ、MSN、淘宝旺旺、新浪 UC 等。对话框广告可以说是 IM 工具中最佳的广告位置，被用户浏览的可能性最大。

2. 迷你首页上的广告

每天首次登录 IM 后，会随之弹出一个 IM 迷你首页（见图7-8），迷你首页是一种

---

① 贾宁. 即时通讯工具及其广告传播［D］. 上海：上海师范大学人文与传播学院，2007.

小型网页，与普通网页一样，迷你首页上显示有各类信息及广告，用户不可避免地会看到上面的广告。此位置广告的优势在于，用户成功登录即时通讯软件时，它会自动弹出，用户被迫接受这一网页的同时也会不自觉地浏览到广告信息。但由于它以网页的形式出现，提供信息量大，也不是 IM 用户关注的对象，许多用户甚至都不会看一眼就将其关掉，因此广告被点击的概率比较低。

图 7-8　迷你首页上的广告

3. 主菜单中的广告

用户登录即时通讯工具，进入主菜单。广告通常会放置在主菜单的最下方，且多为动态动画广告（见图 7-9）。另外，主菜单中还有一些隐形的广告易被忽略，以腾讯 QQ 为例，如主菜单皮肤设置可传递广告信息。QQ 曾推出各种主菜单皮肤供用户选择下载，这种客户端皮肤是结合产品开发而来，可强势推动品牌宣传。据 QQ 统计，平均每个客户端皮肤的下载达到 60 万次，其中麦当劳皮肤下载达到创纪录的 130 万次。这种皮肤嵌入模式是目前即时通讯工具中最具优势的网络广告[①]。

主菜单中的广告宣传比较广泛，但经常会由于用户将主菜单最小化而无法展示，也就得不到传播。

4. 系统消息中的广告

IM 软件中的好友申请常以系统消息送达。QQ 中的系统消息表现为闪烁的小喇叭，几乎每个用户都会打开查看。因此以系统消息的形式将广告发出，大大增强了广告的阅

---

① 即时通讯广告的传播方式．http://blog.china.alibaba.com/blog/qyjishitongxun/article/b0-i5234598.html.

图 7-9　主菜单中的广告

读率。用户对系统消息多是一种主动的阅读方式。因此将广告放入系统消息给予用户一种强迫性阅读。网易泡泡、QQ 都采用这种方式将广告发送给用户。但这类形式的广告通常是即时通讯公司自己的一些促销信息。

5. 个人头像及签名位置中的广告

即时通讯个人头像及个性签名位置是很多用户展现自己的个性和当前心情的地方，用户可以随时更换而且能够被用户的好友看到。因此该位置人气活跃度非常高，并且具有高信任度的独特传播优势，自然也蕴含着巨大的广告价值。将头像及签名换成商品广告信息，具有巨大传播力和影响力（见图 7-10（a）），但是，这个位置更适合于公益营销传播及有号召力的促销信息发布（见图 7-10（b））。如 2008 年汶川地震期间，腾讯特别设计了"在 QQ 头像挂上绿丝带、点亮红蜡烛，为 5·12 汶川大地震祈福"活动。用户只需下载新版本，在个性签名中输入 "/思念/" 或 "/祈福/"，即可生成祈福图标（见图 7-10（c）），QQ 的这一行为为自己赢得了良好的口碑。公益广告通常能够博得受众的好感，也因此能够充分调动受众的主动参与。有专家预测，即时通讯个人头像及个性签名广告位置必将成为最具价值的广告资源之一。①

6. 表情符号中的广告

用户通过 IM 工具聊天可以发送表情符号，进行更生动的情感交流。表情符号能够

---

① 戎彦．即时通讯个人头像及签名位广告价值分析．现代物业（中旬刊）．2009，8（12）．

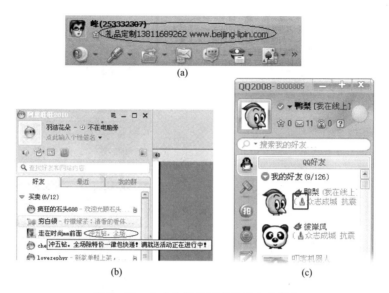

图 7-10　个人头像及签名位置中的广告

生动形象地传达交流双方的情感，深受用户喜爱。用户可以另外下载自己喜爱的自定义表情符号，这就为某些广告提供了潜在的广告位。一些广告已经开始植入到 IM 表情中，用户稍加留意就会发现自己收藏的某些表情下面带着某个网站的地址。除了网站，一些实物品牌也出现在 IM 表情上，如动感地带、可口可乐相继推出了自己的品牌表情（见图 7-11）。这些表情以其生动可爱的形象被许多用户下载、收藏并在频繁地使用中传播给其他用户。将表情图片作为广告载体加以制作，添加进广告产品标志元素，用户经常使用会对产品形成默认记忆，在现实中也会对表情中的品牌多加关注。

这种广告形式虽然易得到用户认可，但诉求空间小是 IM 表情作为广告载体来说最大的缺陷。

7. 虚拟物品中的广告

腾讯 QQ 极大地开发了各种虚拟物品的广告平台，无论是 QQ 秀、QQ 宠物、QQ 游戏还是 QQ 社区，都可以成为广告植入的天地。以实物品牌为依托制作虚拟物品，再用虚拟物品装扮 QQ，此时的虚拟物品就成为品牌广告的代言类型，产生潜移默化的广告效果。如腾讯 QQ 和仁和药业联合开展的闪亮新主播活动，药业公司旗下品牌以虚拟物品方式植入 QQ，QQ 宠物食品店中有闪亮滴眼露的销售，很多 QQ 对对碰游戏中的图案也换成了该企业的产品。

这种广告植入增强了消费者对其产品和品牌的记忆，得到了很好的传播效果。虚拟物品广告创意十足，但前提条件是用户要主动参与到 QQ 的这些服务功能中来。

预览图1

预览图2

预览图3
动感地带QQ表情

可口可乐拉环表情

图7-11 表情符号中的植入式广告

(二) 即时通讯广告传播形式

1. 文字形式

即时通讯中的文字广告是最为普通的形式，且多以动态文字出现，如 IM 对话框下部的循环滚动的文字广告、签名广告、系统消息广告等。文字广告通常只有一句话，简洁精练，或生动、或充满悬念与诱惑性，以此吸引人们的注意。如"21 家信用卡免费还款，想还就还"、"寻中 10 红气球＝30 万＋3 台电脑"。

2. 动态图片形式

动态图片广告色彩鲜艳、闪亮易变，容易抓住人们的眼球。主菜单中的广告、迷你首页广告等多使用这种形式。有的动态图片常常设计成卡通造型，它轻松活泼，用简单的人物造型和动作勾勒出一幅生动的广告画面。像客户端皮肤下载，就运用漂亮的色彩与图片装饰出美丽的主菜单。

3. 动漫视频形式

这种形式当数腾讯 QQ 运用得最为丰富，将 Flash 动画配以音乐展示，画面夸张生动，充满趣味性，像一个活泼的动画片。如对话框中视频链接时的 Flash 动画。典型的如富媒体广告形式，它包含了图像、声音与文字，冲击力比较强，特别是在迷你首页上出现的富媒体广告，这种广告相对而言具有一定的强制性，动感十足，视觉性强。这类富媒体广告持续数秒，同时配有音乐，给用户以身临其境的感受，极具迷惑性，吸引用户关注。

4. 群发广告形式

"群发广告"是淘宝旺旺独特的广告形式，即卖家给自己选择的众多网友发送自己的商品信息，不论买家是否需要，都会把产品信息发送到旺旺用户上，带有强迫性。这种群发广告，会有很大的受众量，广告效果不容忽视，但消费者很可能会对这种强迫性广告产生反感。

四、即时通讯广告存在的问题

（一）IM工具存在安全隐患，影响广告传播

即时通讯工具存在着安全隐患，主要遭受3类病毒的袭击：以即时通讯工具为传播渠道的病毒；以窃取用户账号、密码为目的的病毒；不断向用户发送消息的骚扰型病毒。前两种安全隐患极大地降低了用户接触IM工具的频度，而第三种隐患更多是一些不法分子利用即时通讯工具进行诈骗或者发布骚扰广告，比如经常会有来自中毒好友IM发来的，"拨打某电话号码，有我给你说的悄悄话"的欺诈性广告消息。3类安全隐患间接地影响着即时通讯广告的传播率。

（二）IM广告本身易被受众忽视

即时通讯工具的本质功能是方便用户之间的联系与沟通，用户将更多的时间与精力放在彼此的交流上，即使看到广告，也是匆匆一瞥更不会去主动点击。而且更多的用户并不会去主动添加可能隐含更多广告信息的IM增值应用服务，往往造成IM广告被受众忽视。

五、即时通讯未来发展趋势

（一）即时通讯工具发展趋势

1. 提供的服务更加多元化

即时通讯工具除了最基本的好友交流功能外，不断增加新的增值应用服务，如新闻资讯、股票、游戏、购物甚至搜索服务、浏览器、网络硬盘等，为用户提供了众多的相关服务，这些服务在增加盈利的同时，更能强化用户黏性。随着新的应用和服务的继续增加，将会促成用户之间网络生活圈的形成。

2. 差异化的发展之路

即时通讯工具要向着多元化、差异化的方向发展，找到自己与他人的差别，并做一个准确的定位。如果每个IM工具的功能与服务都类似，那结果只能是价格战争的恶性循环。本文前面对即时通讯工具进行了分类，让人似乎看到了IM工具差异化的苗头。如以淘宝旺旺为代表的电子商务性质的即通信工具；以E话通为代表的语音聊天工具；以IBM推出的Lotus Sametime为代表的企业即时通讯工具；还有以盛大网络开发的游戏

即时通讯工具"圈圈"等。这些即时通讯工具,都以沟通聊天为主,但产品定位正在不断走向细化,只有与众不同,才能在激烈的市场竞争中求得生存。

3. 融合互通,方能求存

用户都希望计算机中存在一个 IM 就可以与其他 IM 上的好友联系,而不必下载各种 IM 软件,申请一个又一个账号。实际上各软件之间的互联互通在技术上已经实现,真正的阻力在于有利益纷争的供应商的态度。各通信软件的融合是大势所趋,互联互通后将节省大量的软件开发和维护成本,并且极大地扩大用户资源,提高广告效应,达到事半功倍的效果。

其实 IM 工具的差异化与融合互通并不冲突,目前国内 IM 市场发展不平衡,腾讯 QQ、MSN 发展迅猛,他们自然很难做到将庞大的用户群拿出来与对手共享,进行互联互通。只有在市场逐步变化为多家势均力敌的情况下,才有可能达成最终的互联互通,所以差异与融合将在未来的一段时间里互相博弈,并最终走向融合之路。①

(二)即时通讯广告发展趋势

1. 即时通讯广告的多元化趋势

(1)对话链(Chatwords)广告。对话链广告是由北京联动在线公司推出,并将此项技术应用于"小蜜蜂"即时通讯工具。对话链广告形式是指将用户在聊天过程中涉及的关键词转化为链接,可以直接指向相关网站。用户可以自主选择是否对链接的内容感兴趣,是否需要进入该网站。

例如,用户在聊天时提到某热门影片的片名,这个词语就会实时地转化为链接,直接指向这一网站,从而为这一电影网站带来巨大的浏览量和用户量。其他各类企业也可以把自己的产品名称、服务等用户经常谈论的词语作为关键词,保证在用户对话过程中出现较高频率,从而达到更好地宣传推广效果。据联动在线对话链业务的负责人表示,"小蜜蜂"即时通讯软件目前已拥有 200 万用户,并且正在快速增长。这一新的广告方式吸引了众多的广告客户,目前很多行业和产品热门关键词已遭抢购。②

(2)内嵌式广告。有业内人士认为,即时通讯很快就会寿终正寝了!IM 将被一种全新的实时会话工具所取代,用户无须另外下载 IM 软件或打开新窗口,就可以在当前应用程序窗口的右边与其他人进行实时通信。可以想象,若在网站上增加了内嵌式即时通讯功能,不仅方便了用户的即时性交流,还能够延长用户在网站上停留的时间,这样一来便可以吸引更多的广告客户,也为他们提供一个全新的商机。例如,用户也许可以在聊天窗口中观看电影介绍,同时与好友讨论影片的内容;可以利用显示广告和文本广告,即当用户键入某个网址时就为用户提供相应的地图链接;甚至还可在即时通讯聊天

---

① 庞怡,许洪光,姜媛. 即时通讯工具现状及发展趋势分析[J]. 科技情报开发与经济,2006(16).
② 对话链(Chatwords):网络广告出现新形式. http://tech.163.com/05/0121/14/1AKKPAUN000915CE.html.

窗中内嵌游戏，配备自定义背景主题等功能。①

其实，伴随着网络技术发展的日新月异，越来越多的即时通讯工具被发明，更加先进的技术被应用到 IM 中，也必然带动即时通讯广告形式的多元化。

2. 手机 IM 广告的新天地

随着手机上网资费的下调和 3G 的普及，手机上网逐渐平民化，IM 正在以各种技术实现方式从 PC 向手机终端渗透。目前国内的移动 IM 市场主要包括移动 QQ、手机飞信、移动 MSN 等。另据易观国际 Enfodesk 产业数据库发布的《2010 年第一季度中国市场移动 IM 数据监测报告》研究显示：2010 年第一季度中国市场移动 IM 活跃用户数环比增长超过 18%，总数突破 1.6 亿。繁荣的移动 IM 市场、巨大的用户规模无不预示着手机 IM 将成为广告的新天地。

3. IM 广告整合趋势

目前即时通讯工具已经成为一个多方位的传播媒介，围绕着沟通功能形成了一个综合服务的网络平台。当有了如此强大的传播平台，企业就能够整合 IM 上的广告，充分利用 IM 的各项资源，在 IM 工具的对话框、消息栏、迷你首页或各种新开发服务组件上及时推出自己的广告，同时还可以通过移动 IM 发布广告，将这种线上线下的广告形式整合起来为企业树立品牌形象。这种多角度、全方位的传播，能够增加广告与受众的接触，有利于提高广告传播力度，扩大广告宣传范围。

无论如何，即时通讯广告的发展依托于即时通讯工具的发展。即时通讯作为网络广告新的载体，以其独有的传播方式发挥着显著的广告效果。随着技术的进步，广告可以借助 IM 工具的自身特色，创新出更多易于被受众接受、形式各异的广告传播形式，并走出一条有着自己特色的广告之路。

第三节　博客广告与微博广告

一、博客概况与博客商业价值

（一）博客传播特征

博客是"Blog"一词的中文译名，最早由王俊秀提出，被国内公认并广泛使用。博客最早兴起于美国，Blog 是 Web Log（网络日志）的缩写，根据 Joe Katzman（2002）的定义，博客是一个私人或半私人的 Web 网站，使用简单的基于浏览器的发布工具，给每个人提供自己的网站。这个定义是从网站的角度对于博客的性质和形式进行了界定。

---

① 商刊：内嵌整合是即时通讯未来发展趋势．http://www.enet.com.cn/article/2008/1118/A20081118390361.shtml．

新媒体 广告

美国硅谷著名的 IT Blog 专栏作家 Dan Gilmer 从新闻媒体演进的角度对博客进行定义：Blog 是"新闻媒体3.0"，1.0 是指传统媒体或旧媒体（Old Media），2.0 就是人们通常所说的新媒体（New Media）或叫跨媒体，3.0 就是以 Blog 为趋势的（We Media）的个人媒体或叫自媒体。

本书作者认为，博客是一种新型的互联网应用方式，以个人形式创建的，进行知识交流、信息发布和内容共享的传播平台。在博客上，可以使用文字、链接、影音、图片等形式建立博客作者个性化的网络世界。简言之，Blog 就是以网络作为载体，简易迅速便捷地发布自己的心得，及时有效地与他人进行交流，再集丰富多彩的个性化展示于一体的综合性平台。因此，博客可以说是继 E-mail、BBS、ICQ（IM）之后出现的第四种网络交流方式。

1. 博客的产生与发展

2002 年中文博客概念进入中国，方兴东依靠 500 万元人民币创建了"博客中国"（BlogChina），后更名为"博客网"（Bokee），与之后的 Blogbus 和中国博客网（BlogCN）成为中国当时的三大博客运营商（BSP）。短短几年，博客在中国得到了迅猛发展，而其流行也与两件事情有关：一是由博客中国网发起并以王吉鹏为首的互联网扫黄事件，二是在博客网站上刊登性爱日志的"木子美事件"。这两大轰动事件使博客的概念迅速走进国人的视野。

2003 年中国博客用户 20 万，博客网站不超过 5 家；2005 年，博客开始出现十分火爆的局面，博客以"井喷"的方式实现了从"小众"走向"大众"，无论是博客的发展规模、博客服务商数量及网民对博客认可程度等都获得了飞跃性的提升；2006 年持续引爆；2007 年门户网站博客频道的优势逐步凸显，同时专业博客、专家博客越来越成为博客运营商关注的热点，部分博客逐步形成了较为固定的博客群落，社区化趋势愈加明显；进入 2008 年，开心网、校内网等 SNS 网站迅速崛起，SNS 网站的内嵌博客功能快速兴起并逐步成熟，带动了一大批网站用户成为活跃博客，而其中微博客的兴起也提高了博客更新的频率。

博客已经逐渐成为互联网的基础应用，博客用户群体的规模虽然在逐年增大，但应用率已经趋于稳定，随着博客用户在 SNS 网站中的分流，日志和微博客的应用将会使博客的活跃程度进一步提高[①]。

2. 博客传播特点

作为一种新的传播现象，博客具有独特的传播特征。

（1）个人性。博客作为一种"自媒体"，它的传播主体是个人，传播内容是从个人认知、兴趣、思想等出发，是一种非组织机构传播的自由状态的人的自发行为。博客作者可以在网络世界里进行自由的、个性化的记叙和倾诉。

---

① CNNIC. 2008—2009 中国博客市场及博客行为研究报告.

（2）开放性。方兴东博士认为，博客是一种"零门槛"（零编辑、零技术、零成本、零形式）的个人网上写作、出版方式。因此，博客对作者是完全开放的，任何个人，只要通过与互联网相连的计算机就可以建立自己的博客。博客对读者同样是完全开放的，它置身于开放自由的互联网中，人与人之间可以互相分享知识与思想。

（3）双向互动性。与传统的单向媒体完全不同，博客具有交互性和链接性的特点，读者和编者可以实现真正意义上的实时互动。甚至读者和编者的身份也模糊了，读者与Blogger形成了一个交互开放的沟通圈。

（4）即时性。在网络上，庞大的博客群可以随时更新自己的博客，并得到即时的传播，很好地体现了网络的时效性。

（5）窄播性。从传播效果层面来考察，博客"圈子性"特征明显，大多专注于某一领域或某一专题。

（二）博客的商业价值

2005年被称为"中国博客元年"，"全民博客"加上"名人博客"的火热创造了惊人的点击率。2007年，博客网总裁方兴东也曾表示：博客将迎来大众时代，盈利不会成为博客的"问题"。至此，博客的发展已经规模化，也成为一块孕育商机的未知资源。

据中国互联网络信息中心（CNNIC）发布的《2008—2009中国博客市场及博客行为研究报告》显示，截至2009年6月底，用户规模已经达到1.81亿人，博客空间超过3亿（见图7-12）。读者对博客的阅读更为频繁，每周阅读博客的读者占到了读者总数的72.4%，而且博客使用者较一般的网民而言，拥有更高的学历和收入。博客市场呈现出用户规模庞大、忠诚度高、高度契合等优势。如此火热的博客市场让博客的商业价值一步步凸显。

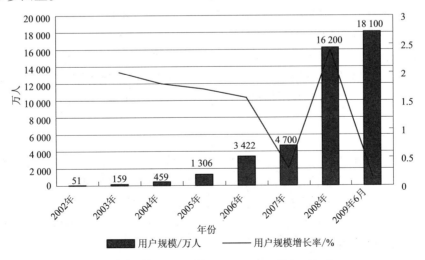

图7-12 2002—2009.6博客用户规模与增长率

二、博客广告

（一）博客广告的概念与发展

庞大的博客市场似乎具备了投放广告的可能。营销专家断言，博客广告将成为广告主理想的媒介之一，相比其他盈利模式，博客广告也是最直接、最有效的盈利方式。

1. 博客广告的概念与形式

有专家这样描述博客广告的定义：博客广告，就是利用博客平台为企业推销产品和服务、塑造品牌、树立形象。

博客广告是发布在博客网站和个人博客上的广告，属于网络广告的一种形式。百度百科中将博客广告分为3种形式：一是刊登发布在博客网站、网页上的网络广告；二是以博客形式发布的广告，企业募集专业写手，在博客网站上发表和企业产品相关的知识性、专业性较强的博客日志；三是博客型的专题广告，这类广告通常是由博客网站负责版面的设计、链接和其他功能的设置，以博客形式出现的企业或行业的专题和栏目，主要用于企业产品、形象的宣传与推广。

2. 博客广告的产生与发展

博客广告既是网络科技发展的产物，更是博客人众化、商业化的结果。博客的产生起初只是作为一种供人们进行写作和交流的网络日志，不具有任何商业性。后来，随着博客用户的不断增多及对大众的吸引力越来越强，博客慢慢具备了商业化操作的条件，有人开始尝试利用博客发布广告。2005年，和讯与国内著名IT写作社区Donews的总编辑洪波签署为期3个月的广告合同，在其博客上投放广告，这是国内首个针对个人博客投放的广告，尽管不久就撤销了，但仍然是一次有益的尝试。2006年，影视明星徐静蕾在新浪网的博客点击量突破千万的消息成为热门话题，不仅引起广告主的关注，而且还诱发了名人博客与网站之间的利益纠纷。

运营商对博客广告的经营模式也进行了尝试：2006年3月，和讯网成立博客广告联盟，集中大批博客的广告位出售给广告主，广告收入按照流量或广告投放效果与联盟成员分成。2006年9月，博客网推出"博客金行"广告联盟，与博客作者共享各类广告的收益。

（二）博客广告优势

（1）博客广告成为影响消费者的意见领袖。博客已经划分为了多个行业圈子，并且每个圈子里都有非常著名的人士在写博客。他们是具有专业知识、善于思考、理性判断的高知群体，在其社交圈中扮演着意见领袖的角色，他们的意见通常影响周围人对事物的判断。博客广告可以对目标受众进行专门投放，利用其意见领袖的角色，创造出某种品牌效应和品牌价值，取得较好的广告传播效果。

（2）博客广告的参与性、互动性更强。博客广告的广告主、发布者和广告受众都可以通过网络实现互动；博客主体有强烈的表达欲和表现力，对广告的参与意识更强，表现也更活跃,广告受众可以有选择地获取他们认为有用的信息,广告主和发布者也可以随时得到用户的反馈信息,适时修订广告策略。

(3)广告投放方式多样化。博客广告可以采取广告主在博客网站上发布网络广告的形式,也可以通过加入特定的博客广告联盟,由博客主主动申请广告。另外,广告主可以在博客网站上建立企业或行业专题,由博客网站负责版面的设计、注释、链接和其他功能的设置,以企业广告的形式发布。广告主还可以以博客形式发布广告,在博客网站上发表和企业产品相关的博客日志,弱化广告商业气息,利用产品中的知识点与博客上的消费者进行沟通,从而影响人们对产品的判断。

(4)博客广告符合精准营销、定向准确的定位。博客是一种个人色彩很强烈的"自"媒体,其读者也往往是一群特定的人,形成一个个以话题为中心的虚拟部落。如果针对某个博客的特殊人群投放广告,不仅针对性强,能够实现准确投放,而且单位受众的广告价值也比较高。

(5)博客广告发布便利,价格低廉,收费灵活。博客广告作为一种网络广告,与其他媒体相比,投放价格较低。一方面申请博客与使用博客的相关费用低廉;另一方面,博客广告不需要使用高技术力量,制作与发布方便,成本较低。商家完全可以以一个低廉的价格购买到一个点击率相当不错的博客广告位。

博客广告收费形式灵活多样,博客广告沿袭一般网络广告的 4 种付费方式:CPC(按点击次数支付费用)、CPA(按引导效果支付费用)、CPM(按千次展示支付费用)、CPS(按销售支付费用)。这 4 种付费方式不仅给广告主提供了更多的选择机会,而且付费方式的多样化也使得广告主对广告投放市场的选择更为准确。

(三)博客广告投放

如果博客中出现了广告,无论在网页框架还是在博客内容中,它必然涉及 4 个主体——广告主、博客网站、博客主和受众。虽然这与传统广告中的广告主、媒体和受众 3 个主体是不同的,但是,如果要想在博客中发布广告,那么博客主和博客网站应该达成一定的契约关系,构成一个"广告发布载体"(否则必然产生纠纷)。因此,作者以为,当下的博客广告经营方式多以博客广告联盟运作方式展开。

关于博客广告投放可以做如下理解:其一,广告主可以选择投放点击量大的知名博客,如明星博客、名人博客、炒作人物博客。知名博客的巨大影响力更易实现广告价值;其二,博客广告继承了互联网网络广告的盈利模式,先依靠博客吸纳人气,然后吸引广告商,从而获取广告收入。博客托管服务提供商提供大量免费的博客空间,吸引博客主,博客主聚积大量网站流量从而吸引广告商。但是依靠单个博客流量难以拉到广告,博客网站就以博客广告联盟的运作形式,通过广告代理平台整合大批量博客广告位,出售给想在博客上投放广告的不同的广告主,这时候联盟成员(已加入联盟的博客主)就拥有了自主选择广告主及广告类别的机会,他们通过注册博客广告联盟,选择合适的广告发布在自己的博客上,实现了博客广告的定向传播,有利于实现广告效果。

广告收入则按照流量或广告投放效果等方式,对联盟成员进行分成。国外一些博客网站采用盈利分成模式,与高点击量的博客作者形成合约制度,将博客创作纳入商业化进程中。如美国的 Gawker 网站将访问量与博客作者获得的薪水挂钩,付给大部分博客一定底薪,底薪之外再根据访问量的增加来支付奖金。这一商业模式的介入吸引了大量优秀网络写手的加入,使网站自身成为网络优秀资源的集成者,继而拉动整个网站的点击量和广告收益,从而实现博客网站的整体盈利。[①]

三、微博的出现及传播特征

(一)微博的概念及特点

微博,顾名思义是微型博客(Micro-Bloging),是一种迷你型博客,它是最近新兴起的一个 Web2.0 表现,是一种可以即时发布消息的类似博客的系统。在微博客的平台上,人们可以随时随地分享所见所闻,无需标题和文章构思,瞬间的灵感即可便捷地发布并被传播分享。

它最大的特点就是"微"字,一般发布的消息只能是只言片语,像 Twitter 这样的微博客平台,每次只能发送 140 个字符。微博客的另外一个特点在于集成化和开放化,可以通过手机、IM 软件和外部 API 接口等途径向微博客发布消息。

微博最初的实践者,是国外的 Twitter,Twitter 有着众多的铁杆粉丝,甚至连美国总统大选、500 强企业的公关营销,微博都成了不可或缺的利器。近几年,微博客在中国也逐渐出现并发展。饭否、叽歪、嘀咕、腾讯滔滔等都是微博客在中国发展的产物。2009 年,新浪开始推出微博,并以名人为切入口,李冰冰、李宇春及潘石屹、黄健翔等各界明星成为新浪的第一批微博用户,并在短期内迅速扩张,获得了业内好评。

(二)微博的传播特性

微博客有着自己独特的优势和特点[②]。

1. 操作简易,收发方式多样

微博不仅注册简单,而且只需要简单的构思就能完成一条信息的发布。在语言的编排组织上,微博客推崇随时随地、自由自在的风格,契合了现代社会快节奏的生活方式;同时,微博开通的多种 API 使得大量用户可以通过手机、网络等方式即时更新自己的个人信息。

2. 原创性强,叙事风格独特

微博随意性的记录方式,催生了用户的个人表达欲。用户通过微博这个平台展现着自己的语言风格与个性特色。于是表达自己个性化、私语话的叙事风格在微博中凸显,大量原创内容爆发出来。

---

① 王长潇. 新媒体论纲. 广州:中山大学出版社,2009.
② 殷俊,孟育耀. 微博的传播特性与发展趋势. 今传媒,2010(4).

3. 即时传播，占据信息发布制高点

微博的书写简短快捷，用户可以随时更新自己博客的内容并得到传播。尤其是面对突发事件，如果有微博客在场，利用各种手段在微博客上发表出来，其即时性、现场感及快捷性，甚至超过所有媒体，此时的微博往往可以占据信息发布的制高点。

4. 转发功能使传播速度几何增长

微博设有转发功能，即用户对收到的信息可以进行转发，当一个用户转贴信息的时候，关注这个用户的粉丝们就能同时看到这些信息，而且能马上发表评论及转发帖子。这样一来，一个信息传递与分享的小圈子就形成了。在某些名人微博中，可以看到名人利用转发功能为贫困儿童筹资、为失散的家庭寻找亲人。微博几何式的传播不仅使信息赢得更多网民关注，还增加了用户的人气，取得了双赢效果。

5. 跟随性强、群聚性的讨论方式

微博不强调好友关系，跟随者可以单向关注自己感兴趣的话题或其他微博用户，和博客的被动式阅读不同，微博的好处相当于一个RSS的集合，一个话题，可以吸引更多感兴趣的微博用户快速参与，大家群聚在一起进行讨论或发表意见。

四、微博广告

（一）微博广告投放方式

截至2010年7月份，新浪微博的注册用户大概在1 500万，每天活跃用户没有数据，但大概在300万～500万。按新浪自身预计，2010年年底注册用户达到5 000万人，那么每天活跃用户将超过千万。这是一个用户数量庞大，在线时间长，忠诚度高的产品。虽然目前对微博的商业开发世界范围内都没有成功的先例，但只要假以时日，这个可以对用户进行细分的产品，应该是一个前途光明的广告推送平台。① 下面就微博的一些广告投放方式进行介绍。

1. 商家利用微博客平台推广自己产品

如何利用微博做广告，对于很多微博服务来说，目前还是一个探索和思索的阶段。现在中国一些微博客的服务平台里已经出现了一些商家利用微博客平台推广自己产品的情况。

许多企业或公司通过注册成为微博用户进行广告推广，但这些企业必定是一些知名企业，这样才会有较多的粉丝对其产生好感并加以关注。企业发布广告信息后，关注这个用户的粉丝就能看到这些信息。没有任何人气、没有任何知名度和影响力的公司不太适合在微博做广告。比如在Vancl（凡客诚品）的微博上，能够发现这家迅速崛起的企业对待互联网的老练：一会儿用1元秒杀原价888元衣服的抢购活动来吸引粉丝，一会儿又通过赠送礼品的方式吸引消费者，这些无非都是推销自己商品的一

---

① 方三文. 微博能不能帮新浪开拓广告蓝海. 凤凰网·财经.

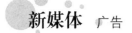

种广告形式。

2. 利用名人微博做广告

首先名人的粉丝多，其微博自然关注度高，通过粉丝关注的形式进行病毒式传播，影响面广；其次，公众对名人的崇拜及信任感让名人更易成为意见领袖。比如，目前在新浪微博关注排行榜上，姚晨以50多万的关注排名位居前列，只要姚晨在自己的微博上说哪个产品好，那等于是一个拥有50多万受众的免费广告。因此，利用人气微博做广告，不仅经济实惠，而且更加有的放矢。

3. 开发"品牌频道"、组建多种品牌小组发布广告

国外的 Twitter 开发了"品牌频道"：企业可以在 Twitter 里面围绕品牌构建页面，同时组建多种品牌小组，聚集同一品牌的粉丝。而企业通过平台可以向用户发送各种新品、促销信息等。Twitter 2006 年创办，已经有不少企业在上面开辟试验田，而国内嗅觉敏锐的商家也在模仿学习，尝试与微博客这种形式结合起来进行营销。

4. 制作热点话题广告

在 Twitter 中，广告主购买的流行话题一侧会标注"Promoted"的标签，当用户点击该广告后，便会转到一个搜索结果页面，页面顶部附带广告主的 Twitter 推广信息。如某动画公司就曾购买过 Twitter 这个广告位推广电影《玩具总动员3》。

基于此，微博媒体可以设置一些热点话题的讨论平台，通过微博用户的大范围讨论，快速形成热门话题，引起更多人的关注，也就是说，可以为一些企业或媒体制作焦点话题页面，收取一定的广告费。

(二) 微博广告应注意的问题

1. 微博广告投放技巧

(1) 提高亲和力，使公司形象拟人化，拉近与用户之间的距离。微博与传统网络营销最大的不同在于微博是"一个人"，它有自己鲜明的性格，需要更多拟人化的沟通方式。

(2) 不要只把微博当成广告发布器。不要仅仅使用微博推广广告，很多人做微博营销，就是拉一大堆粉丝，然后上去发发广告，这是极错误的认知，其结果必然是无人问津。

(3) 内容要情感化，要有激情，并与受众实现互动。微博广告不适宜做得"太硬"或操持一种官方口吻，要把企业当作一个活泼开朗的人去与用户沟通，回复他们的留言、接受他们的意见与建议，并形成互动。

(4) 可与粉丝（用户）建立超越买卖关系的情感。人都是感情动物，若企业把受众当作一个朋友对待，那回馈的自然也是真挚的感情，这样不仅能够扩大销售，更有利于企业品牌形象的建立。

2. 微博广告监管

微博广告对中国来说还是个新鲜事物，在广告监管方面必然会面临新问题。根据中

国广告法，具有广告发布权的必须是具有广告经营许可证的组织机构，也就是说微博个人用户无权发布广告。但是大众有自由表达权，尤其是在互联网上。博主们在写博客的时候，也不会直接以广告宣传的口吻来表达，他们用"软文"的形式，把对某一个产品的宣传写成自己的亲身感受或经验。这实际上给广告扩展了一个全新的领域，但却使广告的监管处于两难境地，一方面，如果不监管，这种广告可能会让人产生一些误解或是歧义，广告的监管机构应该负有责任；另一方面，如果对它进行严格监管，又可能会侵犯到公民自由表达的权利。

对于如何积极引导微博广告，有学者建议，"对博主定标准，对网民多提醒"。中国广告法有基本规定，向受众传播的广告必须明确表明出来。这就要求博主应该有一个标准和底线，如果博主得到了某种利益而为机构专门写了一篇文章，一定要标明，这是诚实和诚信的具体体现。从另外一个角度，监管部门也有职责提醒浏览博客的人，要有自我判断能力。此外，如果博文作者背后有金钱交易，但他还以独立的形象出现，就要加强对这种行为的曝光，对不太诚信的博主产生约束作用。针对监管难的问题，也有业内人士认为，监管的重点应该放在广告赞助商的身上，对他们的行为进行限制。

在微博广告的监管方面，国外已经出台了相关法规，美国联邦贸易委员会出台了新版《广告推荐与见证使用指南》，将广告监管对象扩充到博客及微博和 Facebook 等社交媒体。新"指南"指出，有偿博客必须明确标出。①

关于微博及微博广告的发展前景，一切都还是未知数。有学者认为，微博凭借其独特的优势，发展前景十分值得期待。但也有专家认为微博的不确定性因素仍然很多，它存在着盈利模式的缺失、碎片化、无聊絮叨造成的琐碎信息泛滥、服务器不稳定等不足。因此对于中国微博而言，对国外 Twitter 发展经验的摄取及结合本土环境所进行的适应性考量应该是不可或缺的，唯有具备了这种"众声喧哗中的冷静与理性"，才有理由期待中国微博能够走得更远②。

第四节 SNS 及 SNS 游戏广告

一、SNS 基本概况

（一）概念及种类

1. SNS 在互联网领域的 3 层含义

Social Networking Services：即社会性网络服务，专指旨在帮助人们建立社会性网络

---

① 微博流行吸引广告植入 评：新形式令监管陷入两难. 中国广播网.
② 许天颖. 中国微博能走多远［J］. 传媒观察. 2010（3）.

的互联网应用服务。也应加上目前社会现有的已成熟普及的信息载体。

Social Networking Software：即社会性网络软件，依据六度理论，以认识朋友的朋友为基础，扩展自己的人脉。并且无限扩张自己的人脉，在需要的时候，可以随时获取一点，得到该人脉的帮助。(六度理论：1967年哈佛大学的心理学教授StanleyMilgram创立了六度分割理论，简单地说："你和任何一个陌生人之间所间隔的人不会超过六个，也就是说，最多通过六个人你就能够认识任何一个陌生人。")

Social Networking Site：即社交网络网站，SNS网站又称社交网站，指基于SNS（Social Network Service）理念构建的网站平台。社交网站是本书主要讲述的内容。

社交网站起源于美国，是伴随Web2.0技术而出现的互联网应用服务，旨在帮助人们建立社会性网络。基于这个服务，社交网站使得朋友间能够保持更加直接的联系，建立大交际圈，其提供的寻找用户的工具更能帮助用户寻找到失去联络的朋友们。国外成熟的SNS网站有Twitter、Facebook、MySpace等。SNS网站进入中国的时间不长，但发展迅速。目前，市场份额居前的有人人网、开心网、聚友网、世纪佳缘等。

2. 我国SNS网站的种类

2008年6月Facebook推出简体中文版本，正式进入中国市场，之后日本Mixi、美国聚友（Myspace）、韩国赛我网、德国的XING等世界各大社交平台竞相登录中国市场。而国内，以开心网、校内网为代表的社交网站，也展开了争夺用户、提升商业价值的激烈竞争。

根据《2009年中国网民社交网络应用研究报告》，现阶段中国的SNS网站可以分为两类：一种是时点类的社交网站，目前的典型应用是婚恋交友。这种应用的用户在特定时间特定状态下会用到，用户使用之后很难再次使用。婚恋交友的商业模式相对比较成熟。另一种是据点类的社交网站，此类网站的用户关系由现实中延伸或在网站平台上逐渐培养，像Facebook、Myspace、开心网、校内网、51.com等。这种应用的用户黏性强、扩展性强。网民注册应用之后，其朋友圈子会不断扩大、交往的深度会不断增加。

(二) 中国社交网站概况

随着互联网普及率的进一步提高和各种网络应用的不断深入，社交网站已经成为网民在互联网上的重要平台性应用。根据CNNIC测算，2009年社交网站已经成为中国网民的第九大应用类型，用户规模达到1.76亿，绝大多数用户对于社交网站的使用均存在复用，用户平均每人拥有账户2.78个。在用户对社交网站品牌选择的多选中，QQ校友录、校内网、新浪空间、51.com、开心网分别以50%、37%、36.6%、27.1%、26.4%的比例占据国内社交网站市场前五名（见图7-13）。社交网站的用户来自于两大群体，一部分是学生群体，一部分是白领阶层。

计世资讯（CCW Research）调研结果显示，2010年第一季度中国社交SNS网站的市场收入达到3.85亿元，同比增长72.6%，呈现高速增长态势。随着中国SNS已经获

图 7-13　各种社交网站

得了一定规模的用户积累，SNS 社区网站的商业模式正在逐步积累形成，但目前还缺乏真正有效的盈利模式。

　　CNNIC 分析师表示，SNS 网站将会越来越重视社交类网页游戏，未来的发展也将会更重视提升社交类网页游戏的质量和互动性，以达到对用户更大的吸引力。目前，用户在社交网站上可以享受数千个社交类网页游戏，而每隔一段时间，都会有类似于人人餐厅和人人农场这类的"明星"游戏，成为用户追捧的社交网游。同时，游戏的互动性带来了社交网站的高频次游戏应用，又直接影响了网站的使用频率，具备了很高的用户黏度。

　　基于社交网站用户黏度和流量的优势，越来越多的广告主在社交网站进行投放，网络广告便成为目前 SNS 网站最主要的盈利模式。

二、SNS 游戏

（一）网络游戏及其分类

　　网络游戏，是指基于互联网的、可以多人同时参与的计算机游戏。网络游戏分为大型多人在线游戏、多人在线游戏、平台游戏和网页游戏。

　　大型多人在线游戏（MMOG）——游戏运营商使用互联网构建的支持众多玩家在同一场景进行游戏的虚拟空间，用户通过在虚拟空间中建立人物，实现与其他玩家或服务器端的互动。

　　多人在线游戏（MOG）——游戏运营商使用互联网构建的虚拟空间，游戏对战通常在一个有人数限制的房间中进行。

平台游戏——通过社区的特性，将一些线下或单机类别的游戏整合到一起，为玩家在网络上寻找其他玩家共同玩游戏的平台，平台游戏则是指平台中所包含的游戏。

网页游戏——基于网站开发技术，以标准 http 协议为基础表现形式的无客户端或基于浏览器内核的微客户端游戏。SNS 游戏属于网页游戏的一种（见图 7－14）。

图 7－14　社交游戏网页

（二）SNS 游戏的概念及特点

1. 概念

SNS 游戏，即社交游戏（Social Game），在 SNS 社区产生并发展的一种新型游戏，是一种通过互动娱乐方式增强人与人之间交流的互动行为，它们操作简单，题材有趣，主要依赖人际网络运转和传播，强调好友之间的互动，可以认为是社会关系网络中的游戏。Social Game 依托于 SNS 平台，发展迅速，国内出现了开心农场、抢车位等社交游戏风靡的现象。

2. 特点

社交游戏更多的是一种网页游戏，所谓网页游戏，即无须下载客户端，打开网页即可使用的游戏。以人人网为代表的国内 SNS 网站，其流行与发展还要归功于人人餐厅、人人农场等社交类网页游戏在网民中的风靡。

社交游戏具备休闲游戏的特点，有趣活泼，画面精美，简单易玩，玩家能够自行安排时间登录游戏，也不需要激烈的游戏竞争。另外，社交游戏还可以通过手机平台体验游戏的快乐。与大型网络游戏相比，社交游戏在画面精致程度等方面有一定差距；与网页游戏比较，社交网络中的社交游戏更重视人与人之间的互动、交流。随着社交游戏的高速发展，其潜在的商业价值已被商家挖掘利用。

（三）SNS 游戏市场

1. 全球市场

根据 Screen Digest 公布的数据发现，在经历了 2009 年的爆发性增长之后，2010 年全球社交游戏市场开始步入平缓增长期。数据显示，2008 年全球社交游戏市场规模为 0.8 亿美元，2009 年迅速增至 6.4 亿美元，2010 年约为 8.3 亿美元，到 2014 年，全球社交游戏市场总规模将达 15.3 亿美元（见图 7-15）。

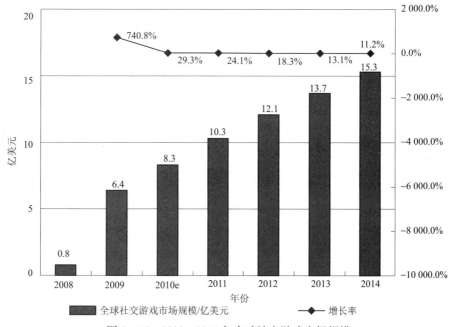

图 7-15 2008—2014 年全球社交游戏市场规模

从目前社交游戏的盈利结构来看，玩家在参与过程中所需要的虚拟道具是盈利的主要方式，不过随着社交游戏广告模式的成熟，越来越多的开发商意识到社交游戏是一种理想的广告载体，游戏中的广告更有利于引起玩家注意。

2. 中国市场

根据中国互联网络信息中心（CNNIC）发布的《2010 年中国网页游戏调查报告》，截至 2010 年 4 月，中国网页游戏用户规模已达 1.05 亿，其中社交类网页游戏用户为

9 209 万，使用比例高达 87.7%，是用户规模最大的网页游戏类型，具有较大的商业价值。

CNNIC《2010 年中国网页游戏调查报告》显示，71.3% 的社交游戏用户遇到过植入式广告，而在这一人群中，明确表示会购买广告产品的用户比例为 2.2%。相比而言，传统网页展示广告的用户点击率仅在千分之一左右，社交网页游戏广告效果无疑更好。

三、SNS 游戏广告

（一）社交游戏广告形式

SNS 游戏中的广告以嵌入式的方式植入，游戏嵌入式广告是一种内嵌在游戏程序之中的广告，它在游戏场景中出现，在玩家玩游戏的同时起到广告传播的作用。

换一个角度说，SNS 游戏广告又是一种植入式广告。比较典型的有开心网与人人网游戏中的植入广告。当前社交网站植入广告还处于发展初期，但有专家预测，植入式广告将成为社交网站一项主要运营收入。

无论嵌入式广告还是植入式广告，最终都以用户体验的方式进行（直接体验游戏，间接体现广告），据此有人又将其广告形式称为：SNS 游戏体验式广告，即以游戏为载体，游戏的过程即为体验产品或品牌的过程，体验经历贯穿了用户游戏过程的始终。

作者以为，关于 SNS 游戏的广告形式，"嵌入式广告、植入式广告、体验式广告" 3 种叫法均可，只不过是立足点不同而已，立足点分别为游戏、广告主或网站、用户。

（二）社交游戏中的植入式广告——以开心网为例

1. 开心网介绍

开心网是中国最大、最受欢迎的社交网站。截至 2010 年 8 月，开心网注册用户已经超过 8 600 万。Alexa 全球网站排名中，开心网位居中国网站第八位，居中国 SNS 网站第一名。开心网以良好的发展势头继续保持中国 SNS 的领先地位。

开心网是国内社交网站中最早涉足植入广告的运营商。开心网提供的产品和服务包括照片、日记、书评、影评等信息工具，还有分享平台、互动话题及互动组件等，这些服务并不都适合植入广告，但是其游戏组件——SNS 游戏却适合。

2. 广告植入方式

在开心网上，企业既可以在游戏组件，如 "争车位"、"买房子"、和 "投票"、"音乐"、"转帖" 中植入产品，也可以联合开心网开发游戏组件。

1) 在游戏中植入广告

开心网的游戏组件中处处都有植入广告的痕迹。如 "礼物" 游戏，用户可以送朋友各式虚拟礼物，这些礼物小到脑白金、卡西欧数码相机，大到迷你汽车、港龙航空，有许多都是现实中熟悉的产品。在 "争车位" 游戏中放置宝马的广告，在 "买房子中"

内置了万科房地产的广告等。

悦活果汁是开心网游戏中最成功的品牌广告植入案例（图7-16）。开心网"买房子送花园"这个组件，由"房子"、"花园"、"牧场"、"楼市"、"打工"5个与人们日常生活密切相关的游戏情境组成。在花园情境中，低等级用户为了增加收入，可以选种贴有"悦活"商标的种子，结出的果子可以榨成"悦活"果汁，收入可以翻几倍。榨汁的过程使用Flash动画表现，效果生动。用户还可以将自种的果汁送给朋友，参与抽奖。这种广告植入为中粮集团的悦活果汁吸引了大量的眼球。

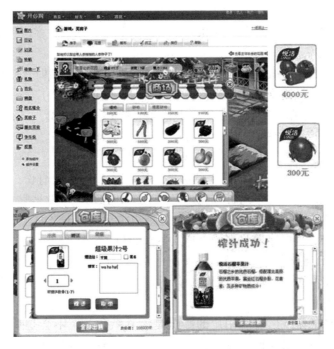

图7-16 悦活果汁品牌广告植入

2) 开发游戏组件

商家与SNS网站合作共同开发一个游戏组件，并将其作为产品广告投放的阵地。如联合利华为打造梦龙品牌而开发的"非常礼遇"游戏，"非常礼遇"以游戏的形式，将品牌传播与产品销售紧密结合起来。比如，游戏中用户在操作"非礼好友"的时候，"梦龙"成为游戏中的道具，倘若使用梦龙道具，那么就可以享用同时"折磨"3个朋友等一系列额外功能，参与方法是购买梦龙雪糕后在雪糕棍上得到一串代码；用户还能参与"礼遇成真"抽奖活动，并有机会获得一箱梦龙雪糕。所以游戏参与的用户非常多，而且活跃度高。作为广告主，联合利华和路雪下的品牌梦龙在提升知名度和美誉度的同时达到了促进线下销售的目的。

(三) 社交游戏中植入式广告的优势

社交游戏中的植入式广告有许多优势。①

1. 借助 SNS 互动平台，让用户愉快地接触信息

SNS 平台让消费者接受广告信息有了更轻松的环境，广告信息不再是干扰信息，而是与游戏融为一体。突出用户的游戏"体验"，淡化"广告"性，避免消费者对广告产生抵触情绪。消费者在 SNS 中的互动交流是轻松愉快的，他们沉浸其中，享受着信息双向沟通的快乐。

2. 利用网络社区环境，让用户高频次地接收信息

在广告形式展现方面，广告大多植入游戏的道具中，用户在多次使用道具的同时增强了广告的接触频率。

SNS 病毒式的传播方式让广告信息迅速扩散。用户操作游戏时，获得有关产品的某种体验，用户请好友一起玩游戏，交流游戏心得时，也把暗藏的广告信息传播给了其他人。在 SNS 中，无交流不快乐，无分享不快乐。有越多的人参与，游戏就越有意思。这将加大用户对于产品的使用频率，提升用户记忆。

3. 广告形式隐形化，让用户主动搜寻

在 SNS 中，把游戏作为承载广告的载体，隐藏了广告主的身份，用户重点在于游戏和体验，而不是广告信息，这种"隐形"的伪装，让用户不觉得它是广告。

一定程度上讲，SNS 中的体验式广告也是用户主动搜寻出来的，用户不是怀着接触广告的心理去参与，而是带着强烈的兴趣点主动参与。

4. 渗入式接触消费者，让用户容易接受信息

首先，SNS 中的游戏广告设计巧妙，并不是为广告而广告，而是在用户主动寻求娱乐的过程中体验到的。

其次，SNS 中的游戏广告对用户的影响是潜移默化的，不会是强制或带有攻击性的，社交游戏植入式广告与网站游戏的功能、道具、情境、场景相融合，用户在娱乐中更易接受广告信息。

(四) 社交游戏广告应注意的问题

SNS 游戏是更多地对用户产生黏度的一种手段，但不可否认的是，社交游戏并不能对用户产生长期的吸引性。研究显示，SNS 网站的游戏组件有一个生命周期，大概是 3 个月到半年的时间。SecondShares 网站评论：社交游戏能否取得可持续的增长取决于能否给玩家带来持续的游戏体验。

目前国内市场社交游戏存在着内容同质化、游戏可玩性不高等弊端，往往是一个游戏多家 SNS 网站模仿开发。为此艾瑞建议，一方面，运营商可加强对游戏设计和用户体验的改进，实现形式到内容的创新；另一方面应结合社交网络的特性，注重游戏对用

---

① 杨蔚. SNS 中的游戏体验式广告 [J]. 青年记者，2009 (18).

户社会关系的维护和拓展,从而提高用户黏性,延长游戏生命周期。

同样,反对 SNS 植入广告的呼声也开始出现。游戏组件的大量开发,造成量多而质不精;以往受欢迎的游戏,时间长了开始变得乏味枯燥;植入的广告越来越多,让人眼花缭乱;广告传播效益递减,而广告预算成本却逐渐递增等,这些都可能会导致 SNS 植入广告不再是产品推广的灵丹妙药。另外,无论是产品的线下销量统计,还是产品的线上点击率,SNS 植入广告至今仍未建立一套科学的量化评估体系。

植入式广告虽然能够融入丰富的产品信息,但是需要重组的资金预算,创新的产品设计能力都是亟待解决的问题。在群雄逐鹿的 SNS 植入营销时代,厂商将会不再满足于单纯的线上互动和产品卖点诉求,国际公关公司顾问袁东来指出,线上虚拟世界的趣味游戏和线下具体产品的销售相渗透才是数字平台营销的未来演进趋势,但这一演进漫长而复杂。①

---

① 孔琳. SNS:植入营销新趋势. 国际公关,2009 (4).

第八章

手 机 广 告

第一节 手机媒体的产生与发展

加拿大学者凯尔奇曾提出"信息媒介"的概念,认为媒介概念的内涵在不断延伸。作为信息化时代通信和网络融合形成的移动通信终端,手机逐渐具有了媒介的特性,并且与四大传统媒体的融合趋势更加明显。2003年以来,陆续有学者提出手机媒体、第五媒体、移动网络媒体等概念,本节将分析手机作为媒体的广泛业务运用及手机媒体的经营。

一、补偿性媒介与手机媒体

保罗·莱文森在著作《手机——挡不住的呼唤》中阐述了媒介演化的"人性化趋势"和"补偿性媒介"两个核心概念。

"补偿性媒介"理论认为,任何一种后继的媒介都是对过去某一种媒介或某一种先天不足的功能的补救和补偿;媒介的进化是人类选择的结果,更好地满足人类需要的媒介被保留了下来。对于媒介的演变而言,书写、印刷、电报、录音等是对稍纵即逝的口头传播(思想和谈话)的补救和补偿;摄影、电影等满足了人们留住眼前图景的愿望;广播使即时性的远距离传播成为可能;电视以音画同步为广播无法看到图像提供了一种补偿;录像机弥补了迄今为止仍不受控制的电视技术的即时性;互联网则是"一个大写的补偿性媒介",补偿了电视、书籍、报纸、教育、工作模式等的不足;而手机媒体则使以前一切媒介的非移动性得到了补偿。

保罗·莱文森认为,说话和走路是人类的两种基本交流方式,而手机之前的一切媒介都把说话与走路、生产与消费分割开来。手机的问世使这两种相对的功能较为完善地结合，无线移动的无限双向交流优势，使手机成为信息传播最为便捷的媒体。伴随着通信技术和手机制造技术的进步，手机不断向人性化和智能化方向发展，语音通信、无线增值服务、互联网应用等业务使手机越来越具有大众媒体的特征。

二、第五媒体形成条件

随着手机硬件、软件的迅速发展以及 3G 手机的良好运营，作为移动互联网通信、娱乐、信息终端的手机已经成为继报纸、广播、电视、网络之后的第五媒体。手机成为媒体需要如下几个条件。

第一，载体功能。媒体最本质的内涵是信息传播载体，能够传播数字、文字、声音、图像等不同形式的信息。手机作为信息传播载体，具备语音通话、文字短信、彩铃彩信、音乐视频收听和无线网络通信等功能。不同形式的信息通过手机载体在不同终端之间进行传输，向用户提供语音、数据和多媒体娱乐业务，不断满足用户的个性化需求。

第二，受众规模。传播学认为，受众人数超过总人口数量 1/4 的媒体被称为大众媒体。根据国际电信联盟的统计，2009 年底，全球手机用户达到 46 亿，手机普及率为 67%。据信息产业部数据显示，截至 2009 年 11 月，我国手机用户总量已突破 7.38 亿户，成为全球拥有手机数量最多的国家。受众数量已经不是制约手机成为大众媒体的因素，庞大的用户规模为手机行业的快速发展和新业务的拓展提供了坚实的基础。从传播学来看，手机媒体已经成为真正意义上的大众传播媒体。

第三，信息生产与消费。通信技术与计算机技术的快速发展，手机的移动特性与互联网互动特性的有效结合，使手机媒体具备更多基于互联网的增值服务。手机既能随时随地地接收信息，又能发送信息，增强了传播的互动性和参与性；用户既充当媒体内容的生产者又充当媒体内容的消费者，真正体现了新媒体传者和受者角色的自由转换，充分实现监测环境、社会协调、文化传承和提供娱乐的大众传播功能。

第四，传播特色。手机作为媒体最大的优势在于，手机媒体将移动通信技术与互联网紧密结合，打破了地域、时间和计算机终端设备的限制，用户可以随时随地接收文字、图片、声音等各类信息，真正实现了用户与信息的同步。

随着 3G 技术的广泛应用，手机媒体的优势逐渐扩大，网速的提高，带宽的拓展使流媒体等视频业务成为手机增值服务的主要发展方向。目前，就手机电视业务的发展而言，广电、电信双方其实是互为补充的。从二者在产业链中的优势来看，在三网融合的趋势下，双方的合作和互动将是大势所趋：一方面，电信阵营拥有通信技术、网络及庞大的手机用户基础；另一方面，广电阵营掌握了丰富的内容与广播基础建设。融合、互动、竞合将有望成为主导手机电视产业发展的三大关键词。

手机作为媒体，带来消费和传播方式的变革，手机的传播模式逐渐从人际传播转为大众传播。

与传统媒体相比，手机媒体的优势在于：① 手机用户规模庞大、受众资源丰富；② 手机用户是信息生产者和消费者的统一体，传播速度快、范围广；③ 个性化的增值服务内容丰富，能够满足人们对语音、数据和多媒体娱乐的综合需求；④ 传者与受者之间没有明确的界线，"一对一"、"多对多"的传播模式使传者与受者实现了真正意义上的平等；⑤ 手机具有双向互动性与分众特点，这是其他四种媒体所无法比拟的。

三、手机媒体特性

（一）第五媒体定义

目前，业界和学界对手机媒体的界定还没有形成统一的标准，学界分别从技术、业务内容、传播方式等角度对其进行定义。

匡文波将手机媒体定义为"手机媒体是借助手机进行信息传播的工具；随着通信技术（如3G）、计算机技术的发展与普及，手机就是具有通信功能的迷你型电脑，而且手机媒体是网络媒体的延伸"①。

该定义强调手机媒体作为信息传播载体与网络媒体的融合，手机从通信终端向信息、娱乐多功能终端转变，最终由普通的信息传播工具转变为PC，成为互联网媒体新的应用模式。

朱海松以市场营销为基础，从广告和传播的角度对第五媒体进行了界定，"以手机为视听终端、手机上网为平台的个性化即时信息传播载体，以分众为传播目标，以定向为传播目的，以即时为传播效果，以互动为传播应用的大众传播媒介，也叫手机媒体或移动网络媒体"。

该定义包含几层含义：一是手机媒体充当信息传播的工具，突出手机与网络融合带来的个性化、即时性等特征；二是手机作为媒体分众、定向的特性；三是手机媒体所具备的独特优势即传播的即时性，传播能够不受时空和地域的限制；第四，强调手机媒体具有真正意义上的互动特征，作为广告媒体，将为市场营销和广告投放提供崭新的平台。

从传媒经济和媒体经营的角度，传媒经济是基于信息的公开、广泛传播而产生的经济活动；媒体经营是围绕媒体生产、媒体消费、媒体推广而进行的一系列市场活动。本书从媒体经济和媒体经营的角度研究手机媒体在产品市场、广告市场、延伸市场和资本市场的运作。

本书将第五媒体定义如下：以移动为核心，以无线网络为纽带，以语音、数据和多媒体增值业务为内容，以手机为通信、信息和娱乐多功能智能终端，以媒体生产与媒体消费中的受众双重互动性为特征的传播媒体。

---

① 匡文波. 手机媒体概论. 北京：中国人民大学出版社，2006.

（二）手机媒体特性

与传统的四大媒体相比，手机媒体具有其独特的媒体特质和传播优势。

1. 无线移动

手机媒体打破了地域、时间和计算机终端设备的限制，能够随时随地接收文字、图片、声音等各类信息，真正实现了用户与信息的同步。移动性是手机固有的特性和优势，手机的移动特征与以 GPRS、3G 等为代表的数字通信技术和互联网技术的有效结合，使手机真正成为无线移动媒体。用户能够畅游无线网络获取大量信息，从而实现"一机在手，知晓天下"。

2. 媒体生产与媒体消费的二重性

媒体生产与媒体消费的二重性是指在手机媒体的内容生产与消费过程中，充分体现了手机作为媒介互动参与的特性，媒体的传者和受者之间的界限不再有严格区别，手机用户既充当信息的生产者又充当信息的消费者。

手机媒体在互动参与方面具备传统媒体无法匹敌的优势，因此，手机用户不再满足仅仅是媒体产品的消费者，也逐渐成为媒体信息的生产者。尼葛洛庞帝把网络区分为环状网络和星状网络，从媒介作业方式上来说，即为"广播"与"点播"。广电网是典型的环状网络，以"一对多"的广播方式进行节目播出；电话网是典型的星状网络，以"一对一"或"多对多"的点播方式进行联系沟通；手机网络正是一种"一对一"的点播式网络。传者与受者的界限并不明显，双方均是信息的生产者和消费者，具有极强的参与性与互动性。这种个性化的参与方式使手机媒体在受众注意力资源稀缺时代成为一种强有力的市场营销手段。

3. 平台集成

手机媒体作为信息交流平台，提供语音、数据、多媒体、娱乐等业务和广告、市场资讯等各类信息，经进化为业务平台、信息平台、广告平台和整合营销平台。

手机业务的快速发展和移动通信技术的进步，使得彩信、IVR、WAP、移动定位、流媒体、Web 页浏览、电子邮件、移动电子商务等业务相继兴起，而这些具体的业务形式正是对手机媒体的广泛应用。通过各种业务形式，手机媒体整合了单向媒体的不同特点，对现有单向性媒体的缺陷进行了补充，为市场营销和整合传播提供了强大的平台。该平台能够为不同需求、不同终端的第五媒体用户提供个性化服务，满足他们的不同需求。通过多种形式形成一定程度的互补和替代，确保同一类内容在手机媒体中能够以不同的形式实现最广泛的传播。

4. 个性化和互动性

传统媒体发布信息面对的是不特定人群，信息不具有专门化，属于大众传播，大众面对大量信息，必须花费时间和精力去选择其关注和急需的信息。手机媒体用户可以根据自身的需要和兴趣定制服务，例如，可以点播感兴趣的视频，可以订阅符合需要的手机报获取各种新闻资讯。手机内容服务商也为受众提供个性化的服务，满足手机媒体用户的个性化需求，如高速浏览网页、参加电视会议、观赏图片和电影及即时炒股等。因此，手机媒体可以进行"点对点"的传播，信息具有高度的集中化，属于典型的"窄播"。这些特征和优势为手机媒体具备较高的个性化和互动性提供了重要支撑。

（三）手机媒体的"三次售卖"理论

20世纪60年代，加拿大传播学学者麦克卢汉提出了报纸的"二次售卖"理论：传媒所获得的最大经济回报来自于"第二次售卖"——将凝聚在自己的版面或时段上的受众"出售"给广告商或一切对于这些受众的媒体关注感兴趣的政治宣传者、宗教宣传者等。第一次售卖是指将自己的版面或电视节目提供给广大的受众，从而获得了凝聚在自己版面或时段上的受众的注意力、影响力；第二次售卖是指将这些影响力出售给广告商，获得经济回报，所以说，传媒经济本质上是广告经济。

手机媒体的运营不仅符合二次售卖理论，而且由于产业链中出现了新的利益体——服务提供商，因此，将二次售卖理论进行延伸和发展，提出"三次售卖"理论。在互动营销的过程中，移动运营商将短信、彩信、彩铃、网络冲浪等服务提供给广大的手机媒体用户，收取用户的业务费用，从而实现了"一次售卖"——服务内容；移动运营商通过一次售卖的过程，掌握了大量手机用户的信息数据库，将用户数据库出售给广告商，使广告商对受众进行"一对一"、"点对点"的精准广告投放和营销，收取企业广告费用和用户信息流量费用，从而实现"二次售卖"——互动广告营销。除此之外，移动运营商还向服务提供商收取信息费分成费用，完成了对受众的"三次售卖"，如图8-1所示。

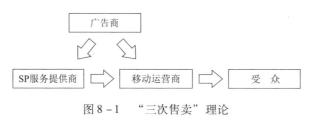

图8-1 "三次售卖"理论

"三次售卖"现象在手机媒体与传统媒体的融合过程中也表现得非常普遍。其中，以手机媒体与电视媒体融合过程的三次售卖现象表现得最为明显，这里的"三次售卖"是指传统媒体（电视）、受众、广告商和服务提供商之间的多重关系。电视台制作播出节目，吸引观众收看，从而获得凝聚在该时段上受众的注意力，完成第一次售卖；将受众注意力出售给广告商获得经济回报，完成第二次售卖；电视台鼓励观众通过发送手机短信积极参与电视节目互动，观众每发送一条与节目有关的信息或订阅一种服务，服务提供商都要按比例收取资费，电视台也会获得相应的收益。因此，电视台一方面从广告商那里兑现观众的广告价值；另一方面又与服务商一起分享观众参与的利润，从而实现电视媒体从二次售卖到三次售卖的转变。

四、第五媒体与传统媒体"竞合"

手机媒体受时空限制较小,并且拥有与日俱增的用户群体,逐渐成为不可忽视的传统四大媒体以外的"第五媒体"。与现有媒体不同的是,优越的展示平台与薄弱的内容提供能力之间的不平衡,很大程度上限制了手机扮演媒体的角色。但从另一方面看,这正是手机媒体与传统媒体合作的契机。

(一)媒体竞合

媒体产业的本质是进行注意力资源的搜集。据统计,90%的信息来源于大众媒体,因此,受众的注意力资源是媒体最重要也是最稀缺的资源。媒体成功进行"二次售卖"甚至"三次售卖",正是源自媒体的受众注意力资源。第五媒体的适时出现,使精准传播和分众营销开始成为媒体舞台的中心,也使得媒体对受众注意力资源的搜集相对容易。目前,媒体正在以前所未有的速度发展,种类日益丰富,形式日新月异,而受众的注意力资源却十分有限,众多媒体同时争夺有限的受众的注意力。

手机凭借其随身携带的特殊优势,成为对受众黏性很强的贴身媒体。手机使用者将手机内化成自己的一部分,个性化的手机款式、铃声、开机画面、编辑格式等,使手机成为用户的个人名片。传统媒体的网络化和手机媒体的无线网络功能促成了媒体间的融合,四大媒体借助网络平台为手机媒体解决了最主要内容匮乏的瓶颈,最终使手机媒体具备了四大媒体所具备的一切功能。

针对第五媒体,移动通信运营商相继推出了手机电视、手机报、手机博客、手机播客等业务形式,体现了传统媒体与手机媒体既融合又相互依存的关系。在注意力资源稀缺和信息过剩的时代,手机媒体与传统媒体之间的关系不再是单纯的竞争,也不是纯粹的合作,而是实现了手机媒体与传统媒体的"竞合"关系,即通过相互的合作弥补各自传播方式和内容的缺陷。但是也应该注意到,在市场经济面前,各种媒体对于广告市场、业务内容的竞争在所难免,各自发挥作为媒体不可替代的优势,从而实现利益的最大化。从总体上看,媒体间的竞合关系已经日益明朗化,"竞合"已经成为媒体间的主要发展趋势。

(二)平面媒体与手机媒体融合

平面媒体是指包括报纸、杂志、书籍在内的纸质媒体。互联网带来的数字化革命使平面媒体启动了电子化潮流,以报纸媒体为代表的平面纸质媒体逐渐向多元化方向发展。传统报纸与互联网的结合,组成提供新闻信息的大型门户类新闻网站。这类网站分为两种形式:一种完全是纸质报纸的电子版;另一种是现在网络报纸常用的方式,即纸质报纸在网上设立独立的网站,以此为平台向互联网用户提供远比印刷版报纸内容更丰富的信息。

电子报纸的出现满足了互联网媒体用户对最新信息资讯的需求,而手机作为用户的贴身媒体与电子报纸结合诞生的手机报,满足了用户对新闻资讯的即时需求。伴随着互联网的高速发展、3G 的应用及手机的日益普及，传统的平面媒体特别是报纸与手机终端和无线技术的紧密合作日益增多。基于手机媒体的新闻传播甚至被看作是报纸复兴的希望，手机报能够帮助报纸与读者和广告商建立更稳固的关系，提供新的利润来源和更有效的传播手段。另外，平面媒体运营者即报社、杂志社等新闻组织机构，可以利用自身新闻内容方面的优势与手机媒体展开广泛、多元的合作。

2004 年 7 月 18 日，我国第一家手机报《中国妇女报》彩信版正式开通，拉开了国内无线报业快速发展的序幕。从此，以第五媒体为平台的手机报走上了快速发展的道路。

（三）电子媒体与手机媒体融合

早期的电子媒体主要是指广播和电视。随着电子媒体数字化时代的到来和互联网的广泛普及，许多学者认为包括广播、电视、网络、数据库、短信等一切基于数字技术基础的媒体形式统称为"电子媒体"。本书所说的电子媒体是指广播和电视媒体，主要功能是广泛参与娱乐。

2003 年 10 月，CCTV《非常 6+1》栏目开启了手机参与电视节目互动的先河，也由此拉开了手机媒体进行"三次售卖"理论的实践。2005 年湖南电视台《超级女声》节目使湖南电视台和移动运营商实现了电子媒体与手机的合作。另外，手机增值业务的彩铃、彩信等 SP 提供商纷纷在电视和广播节目中做广告，推广其所提供的增值服务。以此为开端，全国大部分电视台和广播电台在节目中开通了手机短信互动平台，充分调动了受众的参与热情，增强了节目的互动性，也促使电子媒体与手机媒体的融合达到了前所未有的程度。图 8-2 所示为 2003—2010 年中国移动互联网活跃用户数。

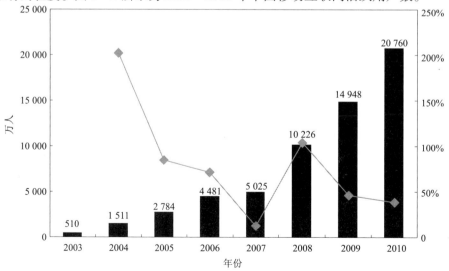

图 8-2　2003—2010 年中国移动互联网活跃用户数

数据来源：易观国际 2009

（四）互联网与手机媒体融合

拥有一部多媒体智能手机，用户可以通过WAP（无线网络协议）上网浏览新闻、收发邮件、订购商品、收看电视、游戏娱乐。手机与互联网的结合充分解决了手机媒体信息内容匮乏的瓶颈，改变了手机以前单纯的通话终端角色，使手机从人际传播通信工具转为大众传播媒体。

手机媒体的快速发展依赖于3G的普及与推广，3G时代，手机媒体除了具备个性化、互动性、随身携带、移动无线等特征以外，还将深深打上网络媒体的烙印。基于3G无线网络的手机广告、手机报纸、手机博客、手机流媒体等增值服务和彩信、彩铃等数据业务将得到蓬勃发展，由此，手机切实成为兼容四大媒体特征的新媒体。网络技术与无线通信技术的发展，使文字、图片、声音、流媒体变成无线信号，人们可以在其中享受手机带来的互动娱乐新生活。

报纸、广播、电视、网络四大媒体以各自的媒体特征与手机媒体结合，诞生了新的业务形式，促进了媒体间的合作与交流，使资源的利用效率得到提高，带给用户更多的信息和娱乐体验。

（五）新媒体形式对手机媒体的冲击

近年来，传媒行业得到迅速发展，众多新媒体迎合市场的需求相继出现，有些属于新媒体形式，有些属于新媒体硬件、新媒体软件，或者新媒体经营模式，大部分新媒体是基于互联网和手机无线网络的应用。

新媒体形式给手机媒体带来以下冲击：一是大部分媒体通过电视或计算机作为显示终端，提供清晰的画面、丰富的视觉体验；二是新兴媒体基于网络的互动体验更直接、更强；三是具体的业务形式使目标受众更分散，也更方便进行受众定位和市场推广。

新媒体形式虽然具有各自独特的优势，但手机媒体提供的平台对业务的整合力是其他单一的媒体形式所不能代替的。

五、手机媒体业务

《中国移动增值服务市场年度综合报告2010》数据调查，2009年中国移动增值服务市场规模达1 792亿元，同比增长23.5%。从细分市场的发展情况来看，短信仍然是规模最大的细分领域，但是在整体移动增值市场中所占的份额正在从2005年的52.6%逐年降低至2009年的41.4%。无线音乐（彩铃、振铃等音乐业务）和WAP则是近年来增长较为迅速并且逐步占据较大份额的细分业务，2009年无线音乐和WAP业务收入占整体移动增值市场比例分别为14.0%和14.2%。如图8-3所示。

WAP业务收入已超过无线音乐业务，这主要得益于移动互联网的快速发展。2009年全年中国短信市场规模达到741.2亿元，较上年同比增长18.4%。中国无线音乐市场规模达到251.8亿，用户数达到4.89亿。

新媒体 广告

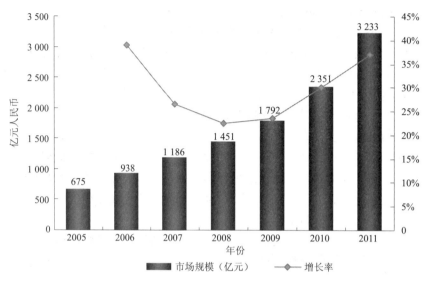

图8-3 2005—2011年中国移动增值服务市场规模及增长

2009年WAP业务市场规模达到254.4亿元，同比增长59.4%，从用户规模来看，2008年WAP用户增长超过100%，而2009年WAP增长速度超过了200%，用户规模从2008年的6 831万增长到了2.05亿户。图8-4所示为2009年上半年中国移动增值7大业务市场规模占比。

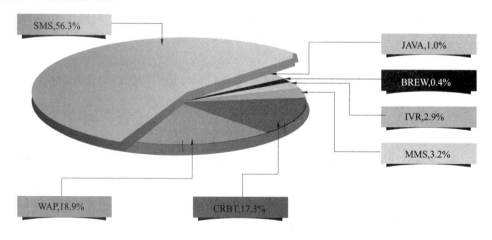

图8-4 2009年上半年中国移动增值7大业务市场规模占比

移动增值业务具有如下特点：① 移动增值业务是依托于通信技术的产品；② 移动增值业务作为一种服务型产品，其业务提供是随时随地、没有任何障碍的；③ 移动增值业务作为一种服务型产品，用户呈现多次消费的黏性、小额支付性等特点；④ 移动增值业务具有明显的网络效应；⑤ 移动增值业务产品会改变用户个体性基础消费方式；⑥ 移动增值业务作为一种服务，其有效性来源于与用户需求的针对性。

第二节 手机广告主要形式与技术支持

手机媒体因其个性化、及时互动与精确定向等传统媒体无法比拟的优势使其越来越受到营销专家和广告主的青睐。在3G时代，新业务的兴起将把传统媒体广告的优势集结在小小的手机屏幕上，形成最具融合性与整合性的手机广告。[①] 软件制造商 Sybase 旗下的 Avant Go 声称，广告主预期消费者对手机广告方式的平均回应率较传统直接销售高5~10倍。我国移动通信产业还处在快速发展阶段，移动用户数量和普及率不断提高，3G时代的到来将会更好地推动移动广告的发展。

一、手机广告的定义

目前，对手机广告的研究还处于起步阶段，称谓不一，主要有手机广告、手机媒体广告、无线广告、无线互联网广告、第五媒体广告、移动广告等说法。为了与传统四大媒体的称呼相一致，本文采用手机广告的说法。

关于手机广告的定义，学界和业界也没有较为一致的标准。

朱海松从广告营销的手段入手，概括了手机广告的传播特点、手段及评估方法等方面，他认为手机广告是利用第五媒体为平台发布的广告，具体地说就是以手机媒体为平台发布的广告。手机广告的特点是具有更好的互动作用、可测量和可跟踪等特性，可以针对分众目标，提供特定地理区域的、直接的、个性化的广告定向发布，可以通过手机短信、彩信、声讯、手机流媒体等多种手机增值服务来发布，无线发布效果可通过互动的量化跟踪和统计得到评估。

闵大洪认为手机广告是基于手机的媒介特性，以文字、图片、特殊图片（优惠券、二维码）、视频、电话号码、手机外呼等作为传播形式，以各种业务为传播载体，包括短消息、WAP、语音等，向手机终端用户传递广告信息。

舒咏平、陈少华、鲍立泉认为手机广告"亦称为移动媒体广告，是基于手机媒体所提供的商业广告，实质是网络广告的一种新类型"。

艾瑞市场咨询认为手机广告是由广告主向目标受众通过手机终端投放的产品服务相关的品牌广告或销售信息。从广告主的来源来看，手机广告既包括SP移动增值推广广告，也包括新近兴起的非SP传统行业品牌广告。该定义从手机媒体产业跨行业性着眼，将手机广告分为SP广告和非SP传统行业品牌广告。

---

① 杜俊飞. 中国网络广告考察报告. 北京：社会科学文献出版社，2007.

新媒体 广告

广告分经济广告和非经济广告，即商业广告和非商业广告两类。本文所探讨的手机广告是广义上的广告，包括了商业广告和非商业广告。因此，手机广告可以这样定义：以第五媒体作为平台发布的广告，即以手机媒体作为平台发布的广告，可以针对分众目标提供特定地理区域的、直接的、个性化的广告定向发布，具有分众、定向、互动、及时、可测量、可跟踪的特点。这种广告类型与报纸广告、广播广告、电视广告等具有较大的差别。

二、手机广告的主要类型

（一）手机广告类型

手机广告主要包括短信广告、语音广告、内置广告和 WAP 广告四大类型。另外，Push 类广告等新的手机广告形式不断涌现。3G 时代，手机上网速度得到大幅提升，手机视频广告、游戏类广告等广告形式也应运而生。

1. 短信广告

手机短信是随着数字移动通信系统而产生的一种电信业务，通过移动通信系统的信令信道和信令网，传送文字或数字短信息的数据通信业务。手机短信分为短信服务（SMS）、增强型短信息服务（EMS）和第三代多媒体短信息服务（即彩信，MMS）。其中，彩信不但可以传递文字信息、彩色照片图片，还可以传播音效、活动视频等内容。

短信广告是指以短信服务（SMS）、增强型短信息服务（EMS）或彩信（MMS）为传播媒介，实时、定时向消费者发送有关产品、服务、概念等信息内容的广告形式。

短信广告的发送一般有以下几种方式。

（1）手机之间点对点发送。用户在对手机内短信息发送的相应设置认知的基础上，在手机中编辑短信内容，输入对方的电话号码后，即可将短信发送给对方。

（2）网站发送。全国大部分省（市）的移动通信公司都已建立了自己的网站，其中不少移动通信网站开通了网上免费短信息发送服务功能，如上海移动、吉林移动、河北移动、甘肃移动、重庆移动、海南移动等。移动手机用户只要成为它的注册用户，就可在它的网站向任何有短信功能的手机免费发送短信。网络与无线移动通信的联袂，使得网上短信息的发送变得更为方便、简单，也更为实惠。

（3）网上软件发送。所谓网上软件发送，指的是连接上互联网后，用某种软件的附带功能或专门功能向手机用户发送短信息。如图8-5所示。一般是用网上寻呼软件发送。

短信广告的特征在于它依托手机短信这一传播媒体而存在。短信这种技术手段作为一种广告媒介，具有以下几个方面的优势。

① 成本低廉，制作简单。目前短信的发送成本大约是0.1元/条，彩信0.3元/条。广告商群发短信的广告花费会更少，千人成本只有几百元。与此同时，短信广告的制作时间往往只需要几分钟。与传统广告相比，大大节省了广告投入，减少了广告制作时间。短信广告发布时间极具灵活性，广告主可根据产品特点弹性选择广告投放时间，甚至具体到某个时间段内发布。

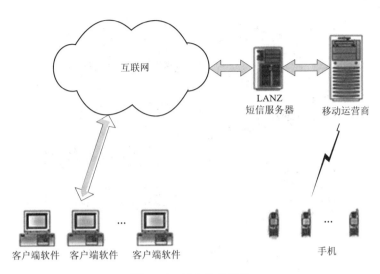

图 8-5　网上软件发送

②发布精确，蔓延广泛。短信广告以普通短信息服务为主要承载形式，将纯文本的广告信息（≤70个字符）传递至目标用户的手机，"一对一"的信息传递实现手机广告的精准高覆盖投放。在媒介与受众接触的有限时间中，能提高受众与广告的接触频率。短信广告具有很强的散播性，速度快，即时发送，瞬间传播。接收者可将信息随身保存，随时咨询广告主，需要时亦可反复阅读，并发送给感兴趣的朋友。

③广告效果较好。短信广告直接影响到最有消费力的一族，通过用户数据库的建立，可以将用户进行分类，实现广告的精准投放，进一步提高投放效果，在此基础上甚至可以为顾客量身定做个性化的信息并准确发送到个人，以求最大限度提高客户的购买欲。因此，当传统媒体在广告经济中没有太多创新空间时，充分发展短信广告，运用新的广告组合策略，进行整合营销传播，将无疑给广告经济注入新的活力。

随着手机功能的多样化和网络带宽的提升，未来的短信广告形式也将涵盖游戏广告、声音广告、动画广告、互动广告等。手机广告主可以与移动运营商共同搭建手机互动营销平台，以网页浏览、用户主动点播、许可用户信息主动推送3种形式发送广告。图8-6所示为12580生活播报彩信广告。

2. IVR广告

IVR（Interactive Voice Response）广告，即互动式语音应答广告，手机用户可以用电话进入服务中心，根据操作提示收听手机娱乐产品或服务促销信息，也可以接收广告主传递的音乐、铃声、录音等语音形式的产品或服务信息。与传统的电话推销时代相比，IVR是基于用户数据库的有针对性的电话广告和回访调查。

彩铃（CRBT）是语音应答广告中的重要形式之一。彩铃是一项由中国移动及服务提供商合作为手机提供的一项用户作为被叫用户时的个性化回铃音业务，即由被叫客户

图 8-6　12580 生活播报彩信广告

订制，为主叫客户提供一段特殊音效来替代普通回铃音的业务。现在已经有许多企业尝试利用彩铃进行营销推广。目前较常见的一种彩铃广告是集团彩铃。集团通过订制具有自己特色的类似广播广告的铃音，让拨打集团成员的主叫客户在接通等待时收听一段几秒钟体现企业形象或信息的音乐和语音，使客户对企业留下印象，掌握企业信息，达到宣传集团形象、促进产品销售的目的。集团彩铃作为"一对一"的信息传播渠道，针对性强，直接有效，不仅增强了老客户的信任感和忠诚度，而且使每一位主叫方都有可能因此而成为企业的潜在客户。从企业品牌管理的角度来看，集团彩铃将会使企业原有的视觉 VI（Visual Identification）发生革命性的变化，集团彩铃将使企业的视觉 VI 升级成为声觉 VI（Voice Identification）。① 从营销的角度来看，企业可以通过产品彩铃、品牌彩铃、促销彩铃来为企业的营销推广服务，实际上我国许多企业已经开始接受集团彩铃这种形式的推广了。

3. 内置广告

手机内置广告主要包括 3 类：移动网络运营商通过其定制的手机业务置入广告，即捆绑模式；广告商与手机终端商直接合作，将广告以图片、屏保、铃声和游戏等形式置入彩屏手机里，同手机厂商分配广告收入，即终端嵌入模式；手机广告提供商与非运营商手机定制商合作置入产品广告。

所谓捆绑模式，是指将广告和有价值的免费信息捆绑，使受众在接收有价值信息的同时，看到广告宣传。如当用户通过手机阅读天气预报或新闻时，其手机将首先显示是否阅读广告的提示信息，只有用户确认后才会接收广告，进而阅读天气预报或新闻，否则可以拒绝广告。需要指出的是用户无须为阅读该广告信息支付任何费用。

---

① 石诚. 手机互动广告：叩开精准营销之门. 电子商务世界, 2006 (10).

终端嵌入模式就是把广告元素直接置入手机终端,投放给手机用户。这一模式的优点在于可以形成长期、潜移默化的宣传效果。目前许多广告商正在向手机终端厂商渗透。消费者只要选择了此类手机,便无法对此类手机中的广告做出选择,只要当用户使用 GPRS 时,手机中的内置软件便会对广告内容进行即时更新。这也就要求广告商在选择嵌入机型和传播广告信息时,要时刻以目标受众的需求为导向。

内置广告普遍存在广告内容难以及时更新的弊端,但是网络技术的快速发展推出了可供用户下载的广告内容升级版。目前,受众对被动接受手机广告传播模式仍有一定的排斥心理,相对来说,对内置的广告则较容易接受。但是,从长远来看,内置广告不具有很强的竞争力。手机广告应当成为人们的一种另类休闲,对于广告而言,具有传播性和实效性的广告才更有价值。

4. WAP 广告

WAP 广告是以 WAP 网站作为载体,广告主根据传播需求选择特定频道的广告位,向目标手机用户精准展示广告的一种无线手机广告。根据 Enfodesk 易观智库近期发布《中国无线营销市场专题报告 2010》显示,2009 年中国无线营销市场 WAP 类广告占无线营销整体的 47.4%,其规模同比增长 76.8%。图 8-7 所示为 2005—2011 年中国无线营销细分市场比例分配图。

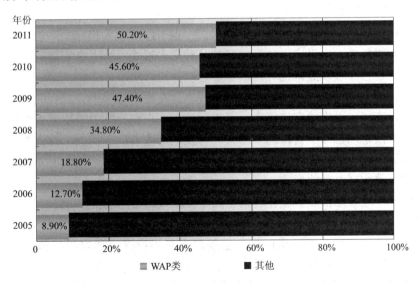

图 8-7 2005—2011 年中国无线营销细分市场比例分配

原则上所有互联网适用的广告类型都可以为无线互联网所用,包括旗帜广告、间隙广告、电子邮件广告、文本链接广告、搜索广告、QQ 或 MSN 广告等。

旗帜广告(Banner)是定位在网页中的图像文件,通常是 GIF、JPG 等格式。旗帜类广告可以分为三类:静态、动态和交互式。静态类就是在网页中显示一幅固定的图片。动态类则采用 Shockwave 等插件工具使图像移动或闪动,以增强表现力。

间隙广告(Interstitial)又称为插播式广告。空隙页面是一个访问者在浏览网站内容时正常插入的页面,因此空隙页面是被递送给访问者的,实际上并没有被访问者明确请求过。常见的"弹出式广告"就是间隙广告的一种。

电子邮件广告包括放置在电子邮箱页面的广告及通过互联网发送到电子邮箱的广告。电子邮件一般采用文本格式或 HTML 格式。前者通常是文本格式,把一段广告性的文字放置在新闻邮件或许可的 E-mail 中间,也可以设置一个 URL,链接到广告主的公司主页或提供产品/服务的特定页面。表 8-1 为主要 WAP 站点与品牌广告主。

表 8-1 主要 WAP 站点与品牌广告主

WAP 站点	广 告 主
3G 门户	明基、索尼爱立信、联想、惠普、摩托罗拉、三星、诺基亚、戴尔、七喜、百事可乐、NORTHLAND、耐克、索芙特等
空中网	耐克、阿迪达斯、诺基亚、索爱、联想、思科等
移动梦网	诺基亚、上海大众、奔驰、国海证券、李宁、碧欧泉等
天下网	可口可乐、杰克丹尼、轩尼诗、戴尔、惠普、宝洁、ChannelV、TVB 等

资料来源:易观国际,2009

文本链接广告以文字作为网络广告的形式,点击即可进入相应的广告页面。它是一种对浏览者干扰最少,网络广告效果较好的一种广告形式。特点是安排灵活,可以出现在页面的任何位置,可以竖排也可以横排。

搜索广告即手机用户利用搜索引擎进行搜索,在搜索结果中会看到的广告。随着手机上网的流行应用,更多的广告将来自手机网站,用户在搜索引擎搜索查询本地商务信息的过程中,搜索广告的市场将越来越大。与互联网搜索广告类似,搜索类广告包括关键词购买或竞价排名模式等形式,Google 还利用手机平台的特点进行了创新,推出了利用手机搜索直接拨打电话的形式。

QQ 或 MSN 广告是指广告主在聊天工具 QQ 或 MSN 上投放的广告。

5. Push 类广告

Push 类广告又被称为推送式广告,它是建立在用户许可和定制的前提下,通过对用户的细分把广告定向投递到用户手机上。它包括短信、WAP、彩 e 共 3 种形式。与 WAP 门户广告和内置广告相比,Push 类广告是手机广告的主流形式。如图 8-8 所示。

Push 类广告本质上还是一种用户被动、广告商占主动的广告。这在一定程度上影响了用户的媒体态度和广告效果,具有一定的强迫性。虽然它具有效率高、覆盖面广,成本低等优点,但是一些垃圾广告严重影响了用户的生活,更影响了用户对手机广告媒体的态度,进而影响了广告的效果。目前的推送型广告正在摆脱以往群发短信的方式,而更注重将合适的广告内容在适当的时间、适当的地点发给适当的人。如小区广播类广

图 8-8 WAP PUSH 广告

告就是其中之一。通过获得手机用户的位置变动状态信息，利用小区广播信道（CBCH）将广告信息传递到特定区域的用户手机，实现在特定的时间，为特定地点（如机场、车站、商场、酒店、旅游景点、会议地点等）的特定客户群（旅客、购物者、住宿及就餐人员、参加会议人员等）提供特定频次的新型手机广告产品。

"小区短信"的手机广告模式能够针对特定区域、特定时间的特定用户群发送特定短信，通过一系列的定位及数据分析，将信息针对性地发送给与广告相关的用户，如在机场候机的乘客会经常收到打折的机票信息。目前，商旅服务、展会、酒店、商场、汽车、快速消费品、银行、房地产等行业都开始通过小区短信平台投放手机广告。

通常来讲，WAP 无线网站包含图文、Flash、视频、音乐等丰富的表现形式，却很难培养手机用户主动输入手机无线网址的习惯，而通过 WAP Push，将企业的广告信息主动推送至移动用户的手机之中，用户在收到提示信息后，无须在手机上进行反复的网址输入，点击即可直达提供信息的企业手机无线网站。

6. 手机游戏类广告

手机游戏广告是在手机游戏中出现、内嵌在游戏程序之中的商业广告。它将广告内容和手机游戏有机结合，以手机游戏的用户群为基础，通过固定的条件，在游戏中适当的时间、适当的位置出现的手机广告。该模式的关键在于通过广告嵌入技术和先行一步占领市场的优势形成终端客户对广告的主动选择。目前，在游戏中插播广告有两种模式：一是在下载每款游戏前需要欣赏相应的广告；二是在游戏人物设计上凸显广告产品。

手机游戏广告类型：动态嵌入式广告；静态嵌入式广告；主题游戏式广告；游戏赞助广告；关卡过关式广告；场景型广告；情节型广告等。

由于手机游戏广告只出现在真正感兴趣的潜在受众面前，因此其针对性强，可以根据广告接收者的实际情况，进行个性化传播，使广告效果更加优化。利用手机游戏媒介，可以随时随地向受众传递广告信息，对其进行长期的接触、培育，具有良好的渗透性。手机游戏类广告打破枯燥的文本广告模式，其图、文、声、像并茂的形式使得整体感官效果强，品牌印象更加深刻。

7. 手机视频广告

手机视频广告，是指在手机视频点播、移动视频聊天等网站上置入的流媒体商业广告。目前，手机视频广告在我国的发展还不成熟，一个限制性因素是手机技术。尽管许多手机都能够使用浏览器上网和显示一些内容，但只有极少数手机能够播放视频内容。另外，手机视频网站的盈利模式并不清晰，手机视频的前向收费也没有得到有效的推广。艾瑞咨询认为，以适当、适量的视频广告为主的后向收费，将有望成为手机视频网站的一项重要的营收来源，这或许能够带动手机视频广告的发展。

（二）手机广告的表现形式

手机广告包括短信、语音、内置、WAP、无线搜索、小区广播等多种广告类型，但是其表现形式不外乎文字、图片、声音、视频几种。在广告信息过剩的时代，声像结合的广告表现形式成为手机广告吸引消费者的重要手段。

1. 文字

文字是最普通的广告表现形式。从报纸广告、杂志广告到电视、网络广告以至手机广告，文字在广告中起到深化广告主题的作用。可以说，文字是广告中最原始、最重要的元素。最初的手机广告类型——短信广告的主要表现形式即是文字。另外，文字在短信、语音、内置、WAP、无线搜索、小区广播等手机广告类型中，都起到重要的基础作用。

2. 图片

图片是比文字更加形象的表现方式。从黑白到彩色，图片丰富了用户的视觉世界，对商品的描述更加形象，带给消费者更直观的消费体验，如手机内置多媒体菜单中的图片、壁纸、屏保等。

3. 声音

手机广告中声音的表现形式主要包括手机内置多媒体菜单中录音文件和手机内置多媒体菜单中手机铃声、mp3 文件。

4. 视频

流媒体视频、动画的广告表现形式克服了文字、图片、声音形式单独表现的不足，综合了几种表现形式各自的特点，创造了理想的广告表现形式。例如，手机多媒体菜单中手机视频、电影文件、M-Flash 动画等。广告产品有汽车、网游、旅游城市风景区、电影预告片、新人音乐专辑推荐等。

三、手机广告的技术支持

（一）移动通信技术

从技术上讲，我国手机正由 2G 向 3G 过渡，即以 GPRS 为代表的 2.5G。这是一种在 GSM 系统基础上发展起来的无线分组交换技术，提供端到端的、广域的无线 IP 连接。该技术突破了 2G 电路交换技术对数据传输速率的制约，实现现有 GSM 网络与高速数据分组的简便接入，是在 GSM 网络基础上提供的高速分组通信服务。GPRS 是支撑中国移动的"移动梦网"业务和 3G 世界的主流技术，全球 200 多个最大的运营商都选择了 GPRS 网络，GPRS 数据业务已经遍及世界各地。

2.5G 代表技术 GPRS 具有高速数据传输的优势，GPRS 访问速度为 171.2 kbps，不仅能够传送普通文本信息，而且能够较稳定地传送大容量的高质量音频与视频文件；实时在线，用户上网相对稳定；快速登录；自如切换，语音和数据业务可以切换使用；增值服务内容丰富。GPRS 支持彩铃、彩信、图片、移动游戏、移动聊天、动画、Flash 视频、新闻、资讯等众多业务，为用户提供全新的多媒体世界。

2.75G 是从 2G 到 3G 的衔接性技术，其代表技术为 EDGE（Enhanced Data Rate for GSM Evolution）即增强型数据速率 GSM 演进技术。该技术充分利用现有的 GSM 资源，对 GSM 网络软件及硬件稍作改动便能实现高速传输数据的无线接入，使运营商向移动用户提供互联网浏览、视频电话会议和高速电子邮件传输等无线多媒体服务。

3G 将无线通信与国际互联网等多媒体通信结合。其主流技术为 CDMA 技术，包括以欧洲、日本为代表的 WCDMA 技术、以美国为代表的 CDMA 2000 技术和以我国为代表的 TD–SCDMA 技术。我国所采用的 TD–SCDMA 标准是由我国内地独自制定的 3G 标准，1999 年 6 月 29 日，由中国原邮电部电信科学技术研究院（大唐电信）向 ITU 提出。该标准将智能无线、同步 CDMA 和软件无线电等当今国际领先技术融于其中，在频谱利用率，对业务支持的灵活性、频率灵活性及成本等方面具有独特优势。由于我国内地具备庞大的市场，该标准受到各大主要电信设备厂商的重视，全球一半以上的设备厂商都宣布可以支持 TD–SCDMA 标准。

与第一代模拟制式手机、第二代 GSM 数字手机相比，3G 最大的优势是极大地增加系统容量、提高通信质量和数据传输速率，向用户提供高速、宽带的数据业务和移动多媒体业务。3G 手机提供的 2.4 Mbps 的速度能够让用户快速处理图像、编辑音乐，体验视频流媒体和 Flash 动画带来的视觉冲击，享受可视电话、电子商务和网络冲浪等多种无线互联网信息服务。根据中国移动通信公司对现有移动数据业务的分析，未来通过 3G 手机提供的数据业务包括通信（如短消息、电子邮件、娱乐）、信息资讯（如综合、购物、商业、投资、定位）、实时视音频业务（如聊天、远程医疗、电话会议）和移动商务（如商品/服务采购）等。3G 带来了人类传播模式、消费行为和生活观念的变革，同时也为更好地利用手机新媒体进行市场推广和品牌建设提供了极为广阔的发展空间。

（二）手机终端支持

艾瑞咨询对接收过手机广告的用户的调查结果表明，使用普通移动电话接收广告占到了 39%，智能手机为 26.2%，大多数手机具有摄像、手机上网、视频浏览、蓝牙、移动搜索的功能。除了这些功能，智能手机还具有独立操作系统，可以由用户自行安装软件来扩充手机功能。因为手机广告和传统媒体的可视化程度不同，要达到较高的广告效果对手机终端的要求相对也较高。在手机广告导入期，广告形式以短信、彩信和

WAP为主，国内普通手机就可以满足基本要求。但随着手机广告增加音频和视频的同时，智能手机在手机广告表现方面更具有优势。智能手机的发展关键在于价格的经济和方便的操作系统，目前适用于手机的操作系统也逐渐优化，获得越来越多人的青睐。

第三节 手机广告的传播特点

对于市场化程度较高的手机终端设备市场而言，手机业务内容的市场化经营才刚刚起步，庞大的手机媒体用户资源还没有得到完全开发。因此，如何充分利用大规模的受众资源和手机媒体带来的消费变革、传播变革及有效利用第五媒体的保留特征，将成为学界和业界未来研讨的重要课题。

一、手机广告的传播优势

与传统广告相比，手机广告具备6个优势：个性化、互动性、移动性、低成本、情境性和高效性。手机广告互动营销的典型特点是分众、及时、定向、互动和定量。

（一）大众传播下的分众广告媒体

手机已经成为大众传播媒体，在从人际传播工具到大众传播媒体的转化过程中，手机既扮演着大众传媒的信息管家，又扮演着分众传媒个性娱乐的角色。庞大的用户资源规模决定了移动运营商能够较为容易地实现手机广告的送达。典型的方式为移动运营商通过对所掌握的手机用户人口统计特征进行消费者心理分析和用户群消费习惯细分，把同一性质的分门别类，与不同企业的不同目标消费者进行匹配，从而有针对性地寻找到有效的目标受众。

手机是个人专属用品，短信实现了用户之间进行"一对一"的信息、广告传播，使传播形式由传统的"大众传播"转为"分众传播"、"针对传播"直至最终升级为"个性传播"。比如，手机用户向WAP网站发出想要访问的页面请求，WAP网站获取用户信息，并将手机用户的信息传送至服务器，系统通过用户的唯一身份编号查询出他在数据库中的相关属性信息。如果数据库没有相关信息，系统则会自动保存用户信息，并收集用户基本资料；如果数据库有相关信息，则根据该用户的一些特点和兴趣爱好，从广告库中选择最匹配的广告，并发送到WAP网站端，WAP网站将广告与所在页面合并后，显示在用户的手机终端上。

（二）及时性

手机是个人贴身通信工具，通过手机全球定位系统（GPS）技术可以获取用户所在位置并推断其当前状况，以此为依据对精确的手机用户及时发送信息或广告。例如，当一位顾客从超市旁边经过时，超市可以通过短信或彩信及时向顾客发送超市物品打折的信息，以吸引顾客前来消费。对于广告主来说，手机广告的诱人之处正是在于能够在正确的地点和时间锁定目标用户，从而及时向用户发送有效信息。可见，手机广告的发送不仅能够针对不同的受众，而且可以针对不同的时间和地点，使广告更具有实效性，也令广告效果更加优化。

（三）广告的定向投放

把握消费者的行为信息是广告的重要环节。由于手机与消费者个体的自然捆绑，广告商可以选择性地向目标消费者实现有效的定向推送。手机广告的定向投放分为两个方面：一方面，广告主通过市场细分寻找到广告投放的精确目标受众，根据不同群体用户特性和偏好实施一对一的广告投放，确保了广告信息投放的精确性和传播的有效性；另一方面，广告主根据手机用户定制的信息需求，投放其需要的广告信息。根据不同手机用户的特点进行定向的广告投放，将广告信息投放给最适合的手机用户群，使广告主的广告传播更有效率。

在以往的信息传播过程中，传统媒体几乎不考虑情境就将相同的信息发送给众多的接受者，而手机媒体则能够依托传统媒体强大的内容背景，在正确的时间和地点，将一条信息同步发送给目标受众，使得信息传受可以达到任何网络所能够覆盖的区域，甚至角落，具有互联网无法替代的定向性和本地性。这就有效摆脱了传统广告给用户送达过量广告信息导致客户产生抵触情绪的弊端。手机广告的可计算、可管理及较高的送达率是传统四大媒体难以达到的。运营商后台的数据处理系统能精确计算出手机广告的接受效果，更为手机广告的快速发展提供了重要的硬件支撑。

（四）互动性

"市场研究显示，目前互动媒介的投资增长速度是广告消费整体增长速度的3倍，这个速度在全球范围内还有不断加快的趋势，广告数字化的趋势，以及消费者对媒介消费控制力的增长，为互动营销创造了一个全新的发展空间。"奥美顾客关系行销集团中国区总裁范庆南如是说。互动性是手机广告的独特优势，通过与手机用户的有效互动，及时了解广告受众的动向；把媒体与媒体紧密联系在一起促进广告营销的整合性传播；跟踪传播效果，获取量化数据，为调整传播策略提供依据，从而制订更有效的广告表现策略和广告投放策略。

手机广告的交互性还体现在它具有自发扩散的效应。如果广告内容足够诱人或手机广告设计得足够优秀，完全可能使广告的接收者转变成发布者，将广告发给兴趣相投的朋友或感兴趣的朋友，进一步扩大广告的传播范围，使广告商收到意想不到的效果。消费者既是信息接受者，也可以是信息发布者。

（五）定量性

手机广告的定量性特点表现在两个方面：一方面，对广告效果的监测和评估。一般而言，对广告效果的评估是从传播效果的角度进行的，大体有两种思路，一种是以事后调查为手段的"试错研究"思路；另一种是以"到达率"为基础指标的媒体研究思路。但这两种思路都不能对广告效果进行清晰准确的监测。手机广告可以通过发送系统及时统计用户反馈,对广告发布过程进行量化的监测和管理,是一种有质量的量化管理。从某种程度上来看,这也是手机广告互动性的一个延伸。广告主通过移动运营商对广告返回的结果进行评估,既可以及时获得消费者对产品和服务的满意度,也可以了解产品的市场地位,有利于广告主及时调整营销策略和方针,及时开发和投放市场需求反应强烈的产品,对提高市场竞争力和促进企业高效运作有着非常大的提升作用。

另一方面,手机广告的定量性特点还表现在,通过对广告发布过程的监测和互动反馈,掌握用户对广告的反应和行为,随时更新手机用户数据库的用户消费习惯等特征,量化用户数据库,保障数据的真实性和准确性。手机广告可以凭借运营商后台的数据处理系统掌握终端用户的基本信息,包括在网上的点击记录、阅读网页停留的时间、用户浏览的相关内容及用户每月话费额度等。通过对用户资料的精确统计和数据分析,寻找到与广告主产品相符的潜在消费群体,从而实现真正意义上的精确投放,这是传统广告媒体所不能匹敌的优势。

二、手机广告存在的问题

在手机媒体蓬勃发展的势头下,不能忽略其存在的一些问题,需要给予足够的重视。

(一)网络制约

在 2G 和 2.5G 时代,由于网络传输速率和带宽的限制,手机上推出的广告主要以短信和彩信的形式为主。但是,这两种形式的容量相对较少,只能发送文字和少量的图片或声音,广告表现形式单一,对用户的吸引力不大,用户的黏度较低。2008 年 3G 牌照的发放、网速的提高为手机广告的快速发展提供了硬件保障。

(二)资费制约

目前,我国的手机广告收费模式可以分为两种:一种是 SP 不收取用户收看广告的信息费,但移动运营商收取看广告过程中产生的流量费;另一种是移动运营商向收看广告的用户进行话费补偿,采取看广告送话费的措施。前一种方式无法适应消费者一直免费看广告的习惯,难以培养受众忠诚度;后一种方式有利于手机广告的前期推广,但在新的商业体系下,真正的盈利点来自于广告主,而不是转移到消费者身上的费用。

(三)终端制约

手机广告和传统媒体的可视化程度不同,因而要达到较高的广告投放效果,对手机终端的要求较高。在手机广告推广初期,广告形式以 SMS、MMS 和 WAP 为主。随着 3G 时代的到来,音频、视频、Flash 等流媒体形式的手机广告需要更为智能化的终端。但是,智能化终端费用相对较高,能否快速普及成为制约手机广告发展的一个关键因素。

(四)用户制约

用户群规模是决定手机广告能否快速发展的根本,对用户消费习惯的培养及用户个人隐私的尊重成为手机广告发展进程中必须面对的现实。手机用户由于受到屏幕、电池、手机网页的界面、心理、SP 陷阱等多种因素的影响,对于手机广告的接受度还处于认知阶段,需要运营商和 SP 加强对于用户体验的引导。移动电话用户不习惯商业广告的打扰,广告公司开发具有吸引力的内容,以吸引移动电话用户主动收看手机广告,这是最需要解决的问题。

运营商在对用户消费行为进行深度挖掘时,将会涉及用户个人隐私和数据保护的法律问题。如何平衡商业利益和个人隐私成为摆在运营商面前一个严峻的问题。虽然手机广告具备区别于传统媒体广告的定向、及时、分众和互动性的优势,但短信群发对用户隐私权造成的负面影响在短期内仍难以消除。此外,手机广告监测体系的缺失也成为手机广告高速发展的壁垒。同时,各种垃圾广告大量充斥在周围,使用户对手机广告不信赖,甚至厌恶。如何解决垃圾广告问题,也对手机广告的行业自律提出了要求。

(五) 市场规范制约

目前,我国的手机广告市场还处于起步阶段,规章制度还不健全,保障该行业健康发展,使产业链上各部分的利益实现最大化,建立行业内合适的市场规范非常必要,比如广告定价、广告图片大小、页面大小、文字链接字数等标准的建制及能否运用广告代理制来规范手机广告市场等。

三、手机广告市场

(一) 国外手机广告市场规模及预测

据美国 eMarketer 发布数据显示:2007 年全球手机广告市场规模为 27.0 亿美元。2012 年,全球手机广告市场规模将达到 191.5 亿美元,同比增长 25.6%。如图 8-9 所示。

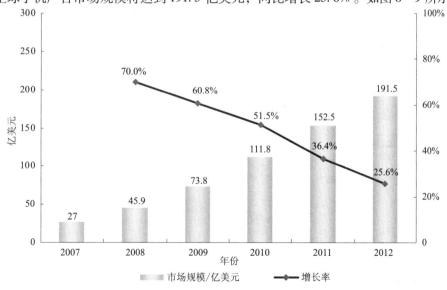

图 8-9 2007—2012 年全球手机广告市场规模及增长

(二) 我国手机广告市场规模及预测

2006年，在互联网络商、SP、移动运营商等多方力量的推动下，开启了我国手机广告"元年"。首先涉足手机广告的是3G门户网。2006年3月24日，3G门户网开始正式运营手机广告。2006年3月，分众传媒以1 500万美元及价值1 500万美元的普通股收购凯威点告100%资产。同年3月底，中国移动联合飞拓无限科技有限公司推出手机互动营销平台，进行广告试点。同年5月，上海聚君技术公司同上海联通和上海移动分别签署协议，联手在上海推广基于MMS、WAP等平台的手机广告。2006年7月12日，中国联通公司宣布全面推出手机广告业务，高调进入手机广告领域。

随着手机广告市场的发展，投资商也纷纷开始关注和青睐手机广告领域。2007年7月，中国移动从工商部门获得广告资质，进军手机广告市场，并在北京奥运期间提供无线搜索、彩铃等一系列业务。传统4A广告代理公司也对手机媒体产生了浓厚兴趣，奥美专门成立了负责数字营销的奥美世纪公司，重点关注互联网和手机广告。

据《中国无线营销市场专题报告2010》，2009年中国无线营销市场规模达9.80亿元，同比增长30.0%。预计2010年无线营销市场规模达11.23亿，同比增长14.6%。2005—2011年中国无线广告市场规模及增长率如图8-10所示。

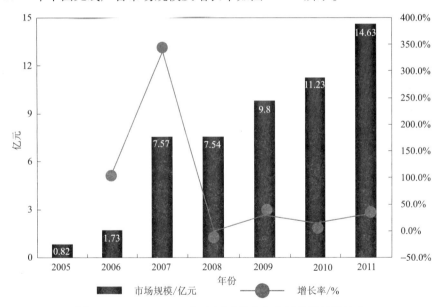

图8-10　2005—2011年中国无线广告市场规模及增长率

四、手机广告经营

（一）手机广告运营模式

国内手机广告市场主要存在以下5种类型的商业模式。

（1）代理模式。手机广告主与中国移动共同搭建手机互动营销平台，以移动梦网浏览、用户主动点播、许可用户信息主动推送3种形式发送广告，借助移动梦网的平台优势实现传播效果。

（2）会员制模式。这是各企业占领高端市场的首选策略。在这种模式下，广告主需与移动运营商密切合作。这种模式的问题在于手机广告的受众只局限于会员，而不是面向广大消费者。会员可以根据需要自主选择广告类型，但是，普通消费者却没有机会接收广告。因此，扩大受众群体，增加会员基数，是会员制模式前期市场推广的关键环节。运营商和广告主可采取看广告送话费等营销策略。

（3）SP模式。广告主以SP身份把广告内容以短信或WAP Push的形式发送给用户，覆盖国内WAP Push广告市场近80%的份额。但是这种模式因为涉及手机用户的个人资料而遭到质疑。

（4）终端嵌入模式。广告主先期可不受移动运营商控制，而与手机厂商紧密合作，将广告以图片、屏保、铃声和游戏等形式植入手机，同手机厂商分配广告收入。这种模式的缺点是广告内容更新困难。

（5）WAP网站模式。WAP网站通过手机门户网站，用免费的内容吸引用户访问，再利用流量做类似互联网广告的手机广告。

在实际操作过程中，主要有以下两种运营模式：一种是由运营商发布的广告，企业向运营商购买广告发布渠道，如中国移动的"企信通"业务，就属于这种类型；另一种是由SP的互动平台发布的，一般的运作模式是由投入广告的企业与SP一起向运营商申请审批，获批后，广告由SP在其互动平台发布，运营商会随时监控。无论是手机广告的特有优势，还是商业模式的多元化选择，SP与运营商都是这一市场的主导力量。而对于手机广告这一新兴市场，市场两大主体的竞合关系在很大程度上影响其成长环境。

（二）手机广告产业链

1. 移动广告价值链

移动广告价值链包括广告主、移动营销公司、媒体所有者、网络运营商、技术提供商和消费者。其中，广告主是价值链中最重要的一环。因为该业务的收入取决于广告主支付给移动广告公司开展广告活动的资金数目；媒体所有者在价值链中也相当重要，他们拥有经过授权的移动号码数据库；网络营运商控制了传输渠道；技术提供商进行技术创新是整个价值链的黏合剂，该环节要解决传输协议、终端设备、传输能力等问题；消费者的态度决定了移动广告的未来，拥有一定数量的消费者是移动广告生存的基础。

手机广告的核心是广告运营商。目前，广告运营商在移动领域还没有形成品牌，互联网领域的品牌如好耶网、领克特等，在手机广告领域也具有较好的发展基础。移动运营商在手机广告中的作用，更多地体现在通过终端对用户特点进行把握，提供给广告运营商更多的有效信息，从而与广告运营商利益分成。手机广告业务与其他SP业务不同，它是一种通过在合适的时间，将广告信息发送给合适的人，最终在不损害用户利益的基础上使广告主获益。

广告主的需求是手机广告市场发展的核心动力源。2007年，以手机平台为基础的手机广告已经逐渐受到各行业品牌企业主的认可和青睐，WAP站点具有强大的互动性，带有注册、下载等需要用户参与互动形式的内容积淀了WAP媒体的营销特性，广告主通过WAP能够拿到受众手机号码、UA等信息，进而可以有效地进行受众细分和定位。WAP媒体中，以移动梦网、3G门户、空中网为代表的站点成为最受广告主青睐的网站，移动梦网依赖于运营商的支持，在市场中影响力最大，目标市场主要以高端人群为主。而独立WAP网站的多样性和更具特色，主要覆盖了白领人士及学生等用户[①]。

当前的移动广告价值链还不完善，在广告主和营运商之间存在多种中介，营销层次也比较复杂。没有一致认可的有效价值链，不利于移动广告业的快速发展。

2. SP与移动运营商

作为手机产业链上重要的环节，SP与移动运营商之间的关系就犹如车和路的关系。SP与移动运营商除了相互支撑和配合的关系外，存在的最大问题就是如何进行利润拆分。高速发展的手机环节给产业链上的行业带来广阔的市场前景与机遇，也带来了新的利益分配问题。从中国移动的策略调整就可一窥我国移动市场变化的缩影。

（1）新分成模式确定。从2005年下半年开始，中国移动开始对SP试行新的数据业务分成模式，包括3种分成模式：第一种维持此前分成方法，中国移动提供计费和支付，SP负责业务的推广与售后服务，中国移动与SP之间1.5∶8.5分成；第二种，中国移动负责售后，与SP之间3∶7分成；第三种，5∶5分成，SP只提供内容，中国移动则将推广、计费、售后全面接管。

（2）打压免费WAP。由于免费WAP网站发展迅速，中国移动的移动梦网流量被严重分流，担心自己沦为通道。2005年10月开始，中国移动先后推出3项重大措施，打击免费WAP网站发展，包括限制SP在免费WAP网站上进行业务推广，停止免费向WAP发送手机号、手机型号，部分省份公司放弃包月制等。

（3）二次确认。中国移动手机用户如果在每月1～20日之间订购包月信息服务，订购当月可以免费体验；如果在20日以后订购业务，则订购当月和下月都可以免费体验。到月底，中国移动会通过10086代码发送短信，对所有订购业务进行提醒确认。目前，许多SP依赖默认用户赢得收入。但是，根据中国移动内部试点数据显示，进行"二次提醒"后，SP新增用户和新增信息费收入平均下降70%～80%，总收入下降约20%。

通过以上举措可以看出，中国移动意图占有市场主动权，而不仅仅满足于向SP提供网络渠道。中国移动收购凤凰卫视19.9%的股份，表明双方在移动增值服务领域进

---

① 肖珺. 2008年中国移动增值服务市场即将进入新一轮快速发展阶段［R］. 易观国际.

行内容资源的生产和合作,从而掌控整个产业链。

(三) 手机广告投放策略

随着百事可乐、可口可乐、阿迪达斯、HP 等知名企业纷纷进入手机广告营销领域,手机广告前景发展良好。在手机互动营销领域,如何确定市场目标,广告媒体的投放策略相当重要。手机媒体作为随身携带的广告媒介,在广告投放策略中主要考虑投放人群、广告形式、广告价格、广告时间 4 个方面。

1. 准确定位目标受众

手机媒体移动互动的特性使其在受众注意力资源稀缺的时代具有明显的优势。作为贴身媒体,手机已经转变成个人资讯中心。手机媒体特性和移动通信平台的数据库管理技术使其精确营销,准确定位目标受众。相比其他媒体,手机媒体的用户群集中在 15~35 岁的年龄层。这个群体追逐时尚、喜欢炫耀性消费、对潮流非常敏感,因此,数码影音产品、手机产品、快速消费品、体育运动用品、时尚消费品等领域的广告将非常适合。

2. 多样广告形式组合

手机媒体搭建的是一个随身携带的广告平台,如果仅仅采用直接以短信、彩信形式发送广告,和传统广告没有本质区别。手机媒体的广告形式需要针对用户情况和所处的环境,采取适合的广告形式进行互动营销,让用户不仅是单向的接收,还可互动。2005 年,商业大片《无极》的宣传推广,不仅与空中网推出了中国首个电影 WAP 官方网站,还落实在电影宣传的配合上。除了向手机用户发送电影海报、片花等直接的广告宣传外,还有答题赠电影票、抽奖等方式的互动性行为,吸引手机用户进入电影院观看电影。

3. 广告价格

目前,手机广告类型多样,涉及的企业众多,造成手机电视广告的价格相差较大。企业可以根据产品的实际情况,选择投放。现在,市场上通行的短信广告价格为 0.05 元/条,而彩信广告价格维持在 0.15 元/条左右,如此推算二者的 CPM 千人成本分别为 50 元和 150 元,价格相对比较低廉。通过 WAP 门户投放的广告类似于在互联网上投放的广告,如移动梦网上的首页广告、文字链接广告等,一般按 100 元/1 000PV(点击)进行收费,与短信、彩信广告的费用相当。在内置广告方面,价格体系也尚待完善,更多的定价方式是由客户与手机终端商协商定价。由于是一次性置入广告,所以价格相对较高。

4. 广告发布时间

手机媒体是贴身媒体,但是广告不能在任何时间投放,应充分尊重消费者的个人时间,如在周末主要投放促销消息;在上班时间尽量减少对用户的打扰;在吃饭时间应尽量避免投放一些卫生用品、药品的广告;在休闲时间可以投放音乐、电影娱乐信息等。只有掌握好手机广告的投放时间,才能使手机真正变成用户的个人资讯中心。

第九章

移动电视媒体广告

第一节 移动电视媒体的产生与特点

一、移动电视广告及其发展

近年来,随着网络技术与新媒体数字技术的飞速发展,数字电视领域正发生着巨大的变化。数字化不仅给有线电视、直播卫星及地面无线电视带来了技术更新及业务转型的机会,而且使电视有了更多的传输手段与服务方式,与市民息息相关的以公交车、出租车等交通工具作为载体的移动电视便是其中重要的业务形态之一。

这些使用在出租车、公交车、火车、轮船、飞机、城铁等各种交通工具上的移动电视,正在以极快的速度走进人们的日常生活。

作为新兴业态的移动电视广告市场潜力巨大。移动电视具有覆盖面广、强制接收的特点,收入来源主要依靠广告收入。中国户外广告已经进入了高速增长阶段,据CTR数据显示,2009年中国户外LCD广告市场同比增长17%,公交移动电视广告市场同比增长41%,且远高于整个广告市场13.5%的增长率,这组数据充分显示出移动电视广告市场的强劲势头。据易观国际预测,2012年中国移动电视广告收入将达到45亿元。

二、移动电视广告概念

(一)移动电视概念

数字移动电视,顾名思义就是可在移动状态中收看的数字电视,属于地面数字电视的范畴,是全新概念的信息型户外移动数字电视传媒,是传统电视媒体的延伸。数字移动电视是国际公认的新兴媒体。它以数字技术为支撑,通过无线数字信号发射、地面数字接收的方式播放和接收电视节目及广告。它最大的特点是存在处于移动状态、时速120公里以下的交通工具上，保持电视信号的稳定和清晰，使观众可以在移动状态中轻而易举地收看电视节目及广告信息。移动电视和广播一样，都使用无线信号发射和地面接收的方法。只要有数字电视（接收）机，就像拥有收音机一样，可以在发射场强所在的任何地方在移动中接收信号。

（二）移动电视广告的播出形式

在我国公交移动电视市场上主要包括3种技术实现方式：一是类似于分众传媒那样的DVD/CF卡播放，世通华纳传媒集团早期在厦门等几个城市就采用这种方式；第二是互联网视频的定点下载，巴士在线就是与中央电视台的移动频道进行此类合作；第三则是地面数字电视，各地广电局均采取该技术发展移动无线数字电视业务。当今世界最先进的数字电视是第三种，即单频网技术发射的无线数字信号，信号稳定、图像清晰，实时传播到公交巴士、出租汽车和幢幢大楼的荧屏上。数字电视地面广播的推广和产业化将更有利于广告在移动载体上及时、动态发布，带动移动电视广告业务逐步向主流化迈进。

世界各国都非常重视其标准的制定及相关的知识产权问题。目前国际通行的、已获批准的三种地面数字电视传输标准：美国的ATSC、欧洲的DVB-T和日本的ISDB-T。欧洲及日本的标准都采用COFDM调制技术，能够较好地支持移动接收，可被应用于移动交通工具进行电视接收，又被称为移动数字电视。2006年8月18日，具有自主知识产权的中国数字电视地面广播传输系统标准GB 20600—2006《数字电视地面广播传输系统帧结构、信道编码和调制》正式获批成为强制性国家标准，2007年8月1日起开始实施。

目前，移动电视媒体的发展以各地广电系统为主导力量，如北广移动电视传媒、上海东方明珠移动电视，同时也出现了一些民营的移动电视广告运营商，如世通华纳、巴士在线、华视传媒等跨地域的移动电视广告运营商。

（三）移动电视的载体形式

1. 公交移动电视

1999年新加坡率先在1 500辆公交车上开展数字地面移动电视业务；2002年，经国家广电总局批准，2003年1月1日，中国首个、全球第二个普及移动电视的城市上海，正式推出以公交车辆为主要载体的移动电视商用系统及其相关服务，2004年5月28日，北京1 000辆公交车上的移动电视正式开始试播。普及移动电视已经成为提升城市形象、推进文化发展的一项重任，移动电视的普及渐渐成为衡量都市现代化程度的标准，移动电视在城市建设、广告利润的双重驱动下快速普及。

2006年3月，广电总局为规范公交移动电视，给开播机构设置了诸多条件：首先必须是有实力、有条件的地市级以上广播电视播出机构；其次是开展移动数字电视试验的城市，其城市公交车数量应不低于2 000辆；再次，移动数字电视集成发射平台的建设符合总局地面数字电视频率规划的要求。

目前，国内上海、北京、南京、广州、深圳等经济前沿城市，合肥、长沙、郑州、兰州、青岛、长春等省会二线城市，大连、烟台、秦皇岛等旅游城市或经济发达的中小城市的公交系统已经播放移动电视。截至2010年6月，我国已经有70多个城市陆续开始在公交系统上播放移动电视。

2. 列车移动电视

1）列车移动电视的发展

列车移动电视是列车闭路电视的简称。列车闭路电视是一种在以我国铁路客运产品车辆上运营的新兴媒体形式，其研究开发始于20世纪90年代后期。此后，有多个公司在国内外投资支持下试水列车移动电视媒体的经营领域，将其进行商业化运作并形成一定规模。目前列车移动电视已经成为一种新型媒体，业内对列车移动电视的认识也在不断深化和发展之中。

近几年，国家投入巨额资金加快铁路建设发展，大量客运专线、城际铁路兴建与投入运营，与之相适应的是各种新型动车组列车、直达高速列车大量投入使用。动车组列车作为中国铁路最先进的旅客运载工具，代表了当今世界铁路最新科技成果。动车组列车主要运行于我国东部经济发达地区和城际经济圈，车厢均配置有列车移动电视系统，为旅客提供旅途文化娱乐服务，使得动车组列车的客运服务品质得到大幅提升的同时也创造出强大的覆盖力和传播力。从受众面上看，高速列车、动车组列车、直达列车等不同等级的列车划分旅客层次，细分市场，为企业多元化系列产品的推广提供了媒体组合宣传策略，增强了信息与受众的关联性，引导受众的决策和消费欲求，具有非常大的传播优势。

中国列车移动电视，是由新华社与铁道部联合打造的全国列车电视新闻信息传播平台，整合了所有列车视频媒体资源，是我国户外移动电视最大的权威媒体。目前由鼎程传媒与甬诚文化传播有限公司负责运营。

2）列车电视概况

全国500列空调列车装有列车电视，共75 000台，日覆盖150万人次，年覆盖5.5亿人次。一列车平均拥有电视屏幕150个左右。每节硬座车厢安装6个显示屏，分置于车厢的两头（各1个）和中部4个（左右各2个）。根据实地上车考察和CTR调研结果，硬座车厢内乘客收视角度和距离比较合理，平均最远收视距离为4米，收看非常方便。

500列列车电视覆盖全国30个省市自治区、一二三四级市场、500多个经济活跃城市。

3. 地铁移动电视

地铁移动电视媒体是基于地铁乘客信息导乘系统，通过在地铁站台及车厢内安装显示屏为乘客提供动态视频的列车运营信息、消费资讯及各种广告信息。

数码媒体集团（DMG）是中国领先的地铁数码媒体网络运营商。DMG在全国8个主要城市（包括北京、上海、重庆、广州、南京、深圳、天津及香港）通过27条地铁线路及公交信息屏（超过34 000多块显示屏），每天向超过2 000万乘客提供娱乐、资讯、广告及其专利乘客信息系统（PIS）服务。

2009年10月15日，华视传媒收购地铁电视广告运营商数码媒体集团，与数码媒体集团覆盖的地铁电视广告网合并，实现了公交移动电视与地铁移动电视联网运营。

4. 出租车移动电视

出租车移动电视媒体平台是安装在出租车副驾驶座头枕后侧的一个触摸式彩色液晶屏。它通过提供信息、资讯并以独一无二的互动体验在广告主和消费者之间建立亲密对话。同时，还能配合SMS技术来收集包括电子邮件地址，电话号码等更多更深入的信息。

目前，触动传媒是中国最大的出租车视频广告运营商，集互动广告技术服务、体验营销服务和广告数据调研服务为一体。触动传媒2003年从上海起家，迅速向北京、广州、深圳推进。

出租车电视的特点：① 具有技术优势。触动传媒的专利技术建立了很高的技术壁垒，从而延伸出许多增值服务。这项技术有20项专利，克服了黑屏、震动等问题，这与使用CF卡上传和更新数据及播放的一般电视系统完全不同。② 高端定位。据统计，93%的出租车乘客属于高收入者，且96%乘客年龄在21~49岁之间，82%的乘客接受过高等教育。平均每位出租车常客每月大约会乘车40次，如此，广告主只需要在一座城市的3 000辆出租车上发布广告，就可以接触到约90%的高收入人群，而如此的传播效率是传统媒体的3倍多。

5. 其他移动电视

随着移动电视不断发展，移动电视广告市场也出现了细分化趋势。目前，出现了城际巴士移动电视联播网、机场巴士移动电视联播网、旅游巴士移动电视联播网及水上巴士移动电视等。

中国高速频道成立于2004年3月，是一家利用福建九地市城际间运营的豪华巴士作为媒介，通过车载视频为乘客提供全正版的视听节目及广告资讯，是国家交通部唯一指定的车载视频媒体。目前中国高速频道与全国数百家知名大型客运公司合作，覆盖全国35座一级城市，辐射316座二、三级城市4 000多条客运主干线，近23 000辆城际巴士、机场巴士、旅游巴士车载电视独家广告经营权，形成了以海西城市圈、长江三角洲、珠江三角洲、环渤海湾、西南和海峡西岸为核心的战略品牌辐射圈。

城际巴士移动电视广告最突出的优势是，在长途行驶过程中，中途不下车，从始发站到目的站，在长达几个小时的行驶过程中，以其封闭无干扰、长时间接触、轰炸式信息植入的特点，让受众在欣赏影片和娱乐节目的同时，使企业形象和产品无形中植入受众的脑海中，形成抹不去的品牌烙印。

(四) 移动电视广告特点

移动电视与传统电视相比，最大的不同之处在于信息和资讯获取的时间和空间发生了变化。从收视的时间来看，传统电视主要在晚上，移动电视主要在白天；从收视的空间来看，传统电视主要是在室内、家里——私人空间，移动电视主要在户外、车上——公共空间；而从受众的参与度来分析，传统电视的受众是主动的、有选择权；而移动电视的受众是被动强制收视、没有选择权；再次，移动电视将广播电视与平面媒体功能融合，通过画面分割、滚动字幕等手段实现静态平面边栏广告和推送字幕信息，使其呈现出信息密集、服务性强、形式灵活等特征，达到周期短、反应快、信息量大、生动活泼的传播效果。从目前的运营情况看，公交移动电视最为成熟，移动电视特征也最为明显。

1. 移动电视受众广泛，广告以生活快消品为主

移动电视可以在公交车、出租车、长途客运车、私家车、轻轨、地铁、火车、轮船、飞机等移动载体上广泛使用。

庞大的流动人群是移动电视受众的最大优势。这一特征使得移动电视具有广阔的生存空间，且不必担心受传统电视的排挤。传统的电视受众是固定在某一个地方的相对"静止"的人群，这类观众的高峰期主要集中在晚间。而白天里城市人群忙于工作，没有过多的时间坐下来看电视，传统的电视受众"变窄"了，主要是在家的老、幼观众。相反，数量庞大的移动人群却使移动电视受众"变宽"了，移动电视服务的对象包括城市各类运载工具和人流密集区域的流动人口。

从广告主市场来看，日用消费品、食品、饮料、家电等行业的部分大广告主已进入常规投放阶段，而城市服务、金融等行业的客户增长速度也较快。从行业分布来看，目前排在前4位的行业是：日用消费品、食品饮料及餐饮服务、保健品药品、电子产品。在亚洲其他同类媒体中占据较大比例的金融、房地产等行业尚有较大上升空间。据易观国际数据显示，至2009年第2季度，业内主流企业的活跃广告主数量均超过200个，随着各大移动电视运营商的名气提升，移动电视媒体受关注度提高，品牌广告的投放力度显著加大。

2. 移动电视节目短小，广告频次高，重复记忆，效果明显

移动电视的人群呈现流动频繁，接触移动媒体频次高等特征。仅以北京、上海公交车为例，北京市拥有公交线路849条，各类公交车辆2万多辆，每天乘坐公交车的人次高达1 180万，市民平均每周花费在公交车上的时间为5.18小时，年运营总人数近50亿人次；上海市拥有公交路线1 300多条，公交车9 000多辆，每天有700万人次通过公交线路出行，平均每人在公交车上大约需花费40分钟时间。这些数字反映出移动电视的高覆盖、受众广，接触频率高、收视时间长等特点。与此同时，公交移动电视是以5～10分钟的节目间插播广告的方式编播，使广告的重复播出频次增多，这些因素都会使其信息覆盖量趋于最大化。

另一个显著特征是公交移动电视广告的高频次重复播放。调查结果中认为"广告重复太频繁"的乘客占到73.8%，认为重复不频繁的只有6.0%，还有20.2%的乘客认为无

所谓。对于推销产品来说，重复广告无疑是一种有效的方式。乘客不会始终精力集中地收看，所以重复播出可以提高广告的受关注程度。早在1885年，艾宾浩斯遗忘曲线的提出就已经表明了重复对于记忆的强化作用。因此，广告重复播放的作用不言而喻。

3. 广泛的移动电视受众具有相对确定性

移动电视目前多出现在城市公交、地铁、出租车、列车等各个系统，其传播或服务的对象囊括城市人群密集区域的流动人口。而且，乘坐这些交通工具的乘客主要以工薪阶层和中产阶层为主。这一特殊群体主要由青年、壮年、中年等上班族构成，虽然是中低收入为主，但都是社会消费的主流人群。他们具有一定的购买力和消费能力，也是社会消费的主流人群，商业价值高并且结构稳定，是任何广告主都不愿放弃的最具吸引力的广告投放目标。

北京人在车上获取广告信息的时间至少在40分钟左右，能够有意或无意地接收到更多商家需要在第一时间发布的广告信息。再者，移动电视节目构架的出发点是充分适应市场，锁定受众需求。它能针对不同人群量身定做各种实用服务信息，门类齐全，贴心服务，将目前观众的被动收视变成"您需要什么，我们提供相应内容的节目"。这种以强烈服务理念为龙头的服务型电视为商家提供了强有力的广告发布平台。同时，移动电视的受众群体是全天候的。不同的人在不同的时间出行，只要针对不同的消费群众，选择适当的播放时间，投放相应的广告产品，就会收到最大的效应。

4. 环境封闭，单一频道"强制"传播

移动电视的传播，从某种意义上说，更像是一个移动着的电视综合频道，其节目具有一定的必看性和必听性，受众没有选择节目的权利，公交人群不能调换频道、不能屏蔽广告，别无选择地接受信息，为此广告信息获得最强的宣传效果。只要置身于公交车等装有移动电视终端的交通工具内，就无法躲避移动电视，即使看不到图像，也不可回避地接收到来自电视广告节目声音所传递的信息，显然呈现出封闭性、垄断性、强制性的收视收听效果。

对于那些固定乘车的上班族等群体而言，反而会养成一种收看移动电视广告的习惯，专业媒体调研机构"央视—索福瑞"调查报告显示，乘客在公交车上看移动电视，收看广告的比例达到82.9%。传播信息流失比较少，这对企业和广告代理商来说无疑诱惑巨大。在"互动传播"的背景下，垄断性传播与被动接收本是传播领域的缺陷。而今用在移动电视这一特殊的媒体传播领域中，"被动接收"反倒成了一大优势。传统的电视传播中，受众拥有相对主动性——他可以选择何时看、看什么，随时更换频道，这对广告传播的效果是不太理想的。移动电视传播环境下的受众处于被动地位，剥夺了观众手中的"遥控器"和随时更换频道的权利。移动电视的垄断性传播，有利于培养社会大众群体性收看同一节目的自觉性，对于广告传播效果更佳。由于节目内容的存在提升了受众的注目率和主动接受的效果，增强了传播效果。

5. 主动收视，效果更加明显

移动电视的受众以乘客为主，大多数乘客在行进中处于等待的时间中，大多无事可做,而移动电视弥补了这一空缺,乘客较容易对公交电视产生注意力和记忆力,注意力是信息社会的"虚拟经济的硬通货",注意力必然蕴含着巨大的广告价值。移动电视与其他户外媒体中最为关键的差异是,移动电视拥有完整的节目编播体系,生动的内容具有较大的吸引力。特别是在乘客无聊的空闲时间里,移动电视自然会吸引较多的观众。

与此同时,随着数字移动电视数字技术的不断提高和完善,移动电视的播出质量和效果日臻稳定与成熟,在交通工具时速 120 公里的状态下节目信号接收清晰、画面和音响效果好。移动电视凭借数字电视的无线方式传输,在传输电视信号上具有高画质、高音质、多频道、高性能等独特优势,已经基本消除了模拟电视时代因传输问题产生的屏幕雪花、重影、闪动等现象。移动电视覆盖广泛、信号稳定,内容兼娱乐性与时效性等特征,赢得了越来越多的受众主动收视,确保广告播出的到达率。

2006 年 9 月,CTR 市场研究通过计算机辅助电话访问(CATI)对北京、杭州、厦门、大连、青岛 1 100 个样本总量(北京 $n=300$,其他城市 $n=200$)展开了研究。74% 的公交人群表示接受公交移动电视这种媒体,不接受的仅为 6%。喜爱度方面,58% 的被访者表示喜欢或非常喜欢这种媒体,表示不喜欢的为 9%,公交人群对移动电视的接受程度如图 9-1 所示。

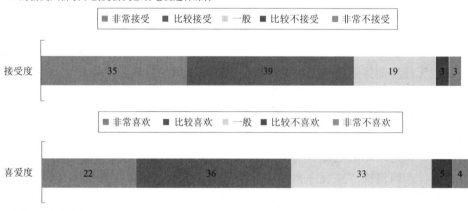

图 9-1 公交人群对移动电视的接受程度

6. 移动电视的"伴随性",或可直接产生消费决策

从空间概念划分,媒体分为两种,一种是目的地媒体,一种是途中媒体。对于个体而言,要么是在过程当中,要么是已经到达一个稳定的状态。移动电视是一个途中媒体。一般而言,移动电视的受众前往目的地有一定的目的性,如果受众利用闲散的途中时间收看到移动电视节目和广告,与此次出行的目的有关,甚至吻合,必将产生直接的广告信息传播,此次传播具有针对性,对决策产生直接影响,实现精准营销。

目前,很多广告主在发布具有较强针对性、时效性的促销信息时,都会选择移动电视进行推广和发布。这些广告主经常进行"途经"评估,广告主会重点关注产品经销商家所在地是否会有装载移动电视媒体的交通工具经过,比如公交车等。在2008年青岛国际啤酒节期间,青岛移动电视与世通华纳传媒集团共同直播了啤酒节盛况,不仅使乘客欣赏到啤酒节的精彩节目,也让乘客感受到了啤酒城中狂欢的气氛,很多乘客产生了在途经啤酒城下车的冲动。这种途中媒体与受众的"伴随性",最大可能地缩短了广告产品与受众的空间距离,并有可能产生直接消费决策。

7. "白天媒体"与传统电视,覆盖与收视双重互补

移动电视空间上是户外移动媒体,时间上是白天媒体;而传统电视空间上是室内稳定媒体,时间上是晚间媒体;从收视率分析,移动电视的收视高峰在白天,传统电视的收视高峰在夜间。

在城市中,每天拥有庞大的人群走出家门来到户外,依赖公交车、出租车等交通工具出行,在此空间和时间上正是传统电视的"盲区",正好让移动电视成为补充且强制收视的媒体。移动电视与传统电视的互补性,确保了内容与广告信息覆盖的衔接。传统的电视受众主要集中在晚间,主要是在家的老、幼观众。相反,白天工作的职业人群成为移动电视的传播对象。通过公交媒体与电视媒体的收视曲线对比分析可以看出,这两种媒体在收视时间上呈现出明显的互补关系。因此公交媒体对广告客户来说,是媒体组合投放很好的选择。

在休息日,公交接触与电视接触的互补趋势更为明显,电视的优势时段出现在中午11:00—15:00和晚上18:00以后,这两个时段恰好是公交接触的低谷时段;而6:00—10:00和15:00—17:00这两个公交的优势时段对电视来说则是低谷。传统电视与移动电视的互补如图9-2所示。

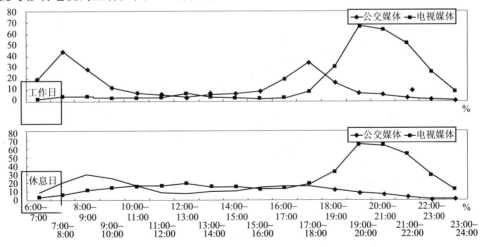

图9-2 传统电视与移动电视的互补

数据来源:《2007年中国车载(公交)数字移动电视发展蓝皮书》

第二节　移动电视媒体经营模式

一、我国移动电视的经营模式

新媒体的产业链包括内容提供商、软件及技术提供商、营销机构和监测机构等。内容提供商分为3类，一个是专业内容提供商，主要指提供影视、新闻、音乐的专业制作公司和传媒机构等，其次是企业和个人。软件技术提供商在整个产业链中提供技术支持。网络运营商是无线网络运营商、固网运营商等。平台提供商为内容呈现而提供平台。营销机构主要指广告公司、监测公司等。终端提供商是指给受众提供工具。受众是新媒体的接受者，还承担着信息生产的双重身份。监测机构主要是指对新媒体进行效果评估的机构。企业是指对新媒体进行营销活动的发起者，同时也是营销费用的承担者。

随着移动电视在我国的迅速发展和普及，移动电视运营模式基本得以明确。但是，由于地域、市场和环境的不同，决定了运营商必然要采用不同的运营模式。

从目前全国移动电视开发运营的实际情况分析，中国移动电视的盈利模式仍以广告收入为主。主要是利用平台播出的大量节目来吸引具有购买能力的观众，通过这些观众群的数据来吸引广告，这也是目前传统电视的盈利模式。

据易观国际分析，移动电视产业链包括以下几个环节：广告主、广告代理商、内容资源方、技术资源方、渠道资源方、移动电视运营商和用户。如图9-3所示。

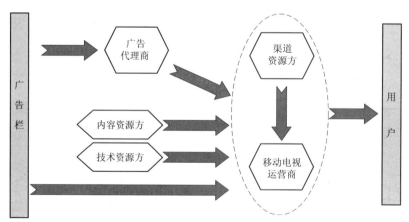

图9-3　中国移动电视产业链

其中，移动电视运营商是中心环节。移动电视运营商在运营过程中放置液晶电视并出售媒体价值（主要的形式是通过刊载广告为广告主服务）并由此获利，如东方明珠移动电视、北广传媒移动电视等。这类企业对于资源的掌控程度存在较大差异，或者全部拥有终端产权，或者部分拥有终端产权，或者仅拥有广告销售权，由此也产生了较为复杂的合作模式及公司架构。

移动电视与传统电视最大的不同之处体现在渠道资源方和技术资源方。一般来说，渠道资源方是移动电视的载体，如公交巴士、地铁、列车等。移动电视媒体运营商必须通过与渠道资源方合作方能获得终端放置的许可权。这种许可权在不同领域强势化程度不一样。技术资源方是指拥有前端发射技术、终端接收设备和路况信息、乘客信息导乘服务系统等信息服务方面的技术资源生产商或提供商。

在整个移动电视运行过程中，广告主、广告代理商、内容资源方、用户等概念均与传统电视别无二致。

二、移动电视广告运营的局限性

（一）收视环境与技术因素

任何一种媒体都有其优势与劣势，移动电视在运营过程中也暴露出了自身的不足和问题。这些问题是由于外部环境影响造成的（因为移动电视在户外传播，所受外部干扰更多），有些则是自身存在的缺点所造成的，目前，移动电视普遍存在以下问题。

1. 网络覆盖原因，导致信号有盲点

尽管移动电视技术采用先进的 DMB－TH 国标信号发射播放技术，在运行过程中能保证接收和播放信息的稳定性，但作为比较新兴的移动技术，其本身还不够成熟，也面临着许多技术问题。例如，由于楼群、高架桥阻挡等原因，也有受到信号覆盖的限制，郊区的线路无法接受到稳定的信号源。即使是移动电视在行驶过程中仅仅出现短暂的黑屏、无声等现象，当很快恢复后，乘客也很难立即再对播出广告产生关注。

2. 移动电视环境复杂，收视效果受到影响

从效果的评估来看，噪声和拥挤的乘车环境对传播效果有影响，它将降低传播的效果。

（1）能否看到电视画面与车内环境密切相关，电视屏幕小而乘客多，在电视周围的乘客可以看到画面，而距离电视屏幕远的乘客可能就被前排乘客遮挡住而看不到画面。据调查统计，电视屏幕周围的乘客一般只有七八人。可见，乘车环境和移动电视技术这两个因素影响了乘客能否观看到电视广告画面。

从调查结果看，48%的乘客"基本能看到画面"，也有相当一部分乘客（34.5%）选择的是"乘客多，大多时候看不到"，只有4%的乘客"都能看到"。

（2）由于一些城市公交车条件差，行驶过程中会有大量噪声，特别是非空调车开窗通风时，常常无法听到移动电视的声音；而地铁由于运行时，轨道噪声常常会将移动电视的声音淹没，甚至很多城市地铁的移动电视取消了声音播放。

新媒体 广告

对于广告声音的调查，有10%的乘客选择"大多数广告都能听清"，49%的乘客选择"基本能听清一些"，36%的乘客选择"大多数广告都听不清"，"都能听清"的只占到5%的比例。如图9-4所示。这组数据反映出公交电视广告的声音受到了其他因素的干扰。"只见画，不闻声"必然会影响乘客的收视心理，进而影响到广告的传播效果。

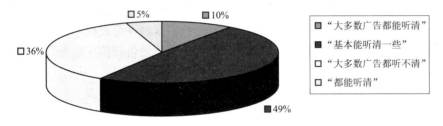

图9-4 乘客能否听清广告的调查

（二）广告制作水平与种类

目前，移动电视广告主要还是将传统电视广告直接拿来，进行简单编辑、包装后直接播出。但是移动电视有着自身独特的传播系统，它的受众和传播方式及传播环境都不同于传统媒体，所以就必须突出"个性"。

首先，移动电视应该更注重广告内容的情节、画面、色彩等视觉效果，因为播出的时间短，外界干扰多，广告内容要易于理解，不能重意境的唯美或长篇累牍地详细介绍。

其次，移动电视可以在广告的播出方式上另辟蹊径。根据乘客的乘车时间和时段的分布规律，策略化地制定播出方式。简单地重复并不能保证效果的持续有效，甚至还有可能事与愿违。

再次，合理安排广告类型。播放什么类型的广告应该根据乘客的信息需求来决定。据CTR市场研究做过统计，乘客希望在车载电视上看到的广告及信息较多集中在娱乐、体育、休闲、食品、饮料、服装鞋帽、汽车和房产等行业。根据这一调查数据，移动电视应该调整目前的广告类型，以符合乘客的信息需求。

（三）受众的接受心理与广告投放

广告不仅是移动电视获得盈利的重要手段，同时也是影响移动电视节目满意度的重要组成部分。调查结果表明，大多数受众对广告数量和播放频率都有一定的容忍度，一旦超过这个度，很容易产生厌恶心理。同时调查还发现，广告内容、时间长短、广告插播数量等因素都会影响受众收看节目的时间长短，进而影响受众对移动电视的整体评价。因此，不能简单认为公交车等封闭的收视环境必然导致广告的高传播效力。除了提高广告本身的精彩程度外，还应从受众接受心理考虑广告的投放。

就现有情况而言，受众已经认为广告数量较多，因此不宜再增加广告数量。再次，广告内容应契合受众身份。移动电视的受众群体以公司职员、学生和专业技术人员居多，因此广告应该与这部分群体的社会地位、经济状况和文化层次密切相关，并根据这个群体的乘车习惯合理安排播出时段。

第三节　移动电视广告的未来发展趋势

移动电视广告以其极高的性价比、海量受众和高到达率等优点获得了很多广告主的青睐，当前移动电视广告已摆脱了青涩时期的试验性投放，将继续从传统媒体，尤其是电视媒体中分流广告份额。业内主要运营商世通华纳、华视传媒的快速发展也说明经济危机反而成就了移动电视发展的春天。

（一）趋势一：移动电视技术不断完善，收视质量日渐提高

随着移动电视的不断发展，移动电视技术日臻成熟，节目质量将会逐步提高。主要体现在以下几个方面：其一，原来移动电视和报站器是用同一个声道，当公交车报站时，电视的声音就会被吞没，而公交车的报站又非常频繁，这就使得乘客在欣赏电视节目时会遇到声音时断时续的现象。目前，新的公交车在出厂时就已埋好移动电视线路，移动电视声音与报站系统分开，避免在报站时遮盖移动电视的声音，保证了音画的播出质量；其二，世通华纳等移动电视运营商委托一些技术厂家专为移动电视开发了信号接收、稳定电源、固定机盒等设备，使移动电视在行驶中减少很多不稳定因素；其三，随着我国城市化进程的不断深入，城市公交车大多采用环保空调车，公交车质量的提高也将大大改善公交移动电视的收视环境，提高广告的传播效果。与此同时，新型的动车、地铁等载体的乘坐环境都有明显的改善，也大大提升了移动电视广告的传播效果。

（二）趋势二：国家大力发展城市交通，受众范围不断扩大

目前，移动电视的主要平台是公共交通设施。所以在一定程度上，移动电视的发展依附于城市交通的发展。2005年9月建设部、发改委等部门发布《关于优先发展城市公共交通的意见》，2006年12月又发布了《关于优先发展城市公共交通若干经济政策的意见》，对公共交通发展给予多种政策倾斜。在政府的高度重视和积极推动下，我国城市轨道交通所占比重在近年内始终保持快速上升的势头，目前我国已成为世界上城市轨道交通发展最快的国家。除了速度快，缓解城市交通压力等优势，轨道交通还有加快城乡一体化进程、缩小城乡差异的作用。

随着各大城市公交特别是轨道交通的快速发展，高油价及停车费用上升导致私车使用成本提高，在一些特大型城市实行尾号限行制度等，更多的人将选择公交出行，这种改善无疑成为促进移动电视持续发展的动力。

公共交通事业的发展，使得移动电视拥有了稳定的增长平台，从而使移动电视所覆盖的受众人群大大增加，受众结构也越来越广泛，这也必将促使移动电视的市场规模逐

新媒体 广告

步扩大。

据易观国际数据显示，2009 年中国移动电视终端数量已达到 22.10 万个，同比增长 24.16%。2007—2012 年中国移动电视终端规模预测如图 9-5 所示。

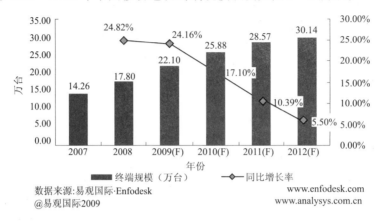

图 9-5　2007—2012 年中国移动电视终端规模预测

（三）趋势三：媒体特性日臻成熟，广告主逐步认可

为规范广播电视广告播出秩序，促进广播电视广告业健康发展，保障公民合法权益，国家广电总局出台了广播电视广告播出管理办法，本办法自 2010 年 1 月 1 日起施行。办法明确要求今后播出机构每套节目每小时商业广告播出时长不得超过 12 分钟，电视剧插播广告每次时长不得超过 1 分 30 秒。

办法规定，广播电视广告播出应当合理编排。其中，商业广告应控制总量、均衡配置。其中，广播电视广告播出不得影响广播电视节目的完整性。除在节目自然段的间歇外，不得随意插播广告。

国家广电总局发布的《广播电视广告播出管理办法》客观上也给移动电视带来发展契机。广告限播令引发连锁反应，传统电视广告价格将继续上扬，许多传统电视表示将至少上涨 10%～30%，这可能加速分流广告主，重新组织新的媒体组合。作为传统电视的户外延伸，运作成熟的移动电视将是最佳选择。移动电视以其极高的性价比、海量受众和高到达率等优点获得了很多广告主的青睐，媒体价值也进一步得到肯定，广告主的投放已摆脱了尝试性投放，进而转变为定量的持续性投放。

广告主对移动电视的认可度不断提高，这不仅表现在广告数量上的拓展，也表现在客户行业结构、大广告主分布等方面。如公交移动电视 2007 年年初运营商刚开始区域性扩张时，覆盖行业维持在 10 个左右，保健品、城市服务、教育培训等领域短线客户较多。至 2008 年，通信、食品、饮料、日用品、医疗用品等客户对城市公交移动电视媒体的投放出现快速增长的趋势，且整体投放力度加大，主要行业在公交移动电视广告上的投放都达到千万级水平，百事可乐、宝洁、中国移动、可口可乐等大客户已然步入稳定投放阶段。

易观国际认为，广告主在传统的电视投放上，面临成本提高而效果下降的压力，他们需要新的媒体组合，移动电视可以作为其很好的补充。

（四）趋势四：移动电视广告联播网络整合营销效果显现

目前，全国性的移动电视广告运营商已从开疆拓土网罗资源发展到多城市整合，实现联播经营的阶段。目前公交移动电视主要由华视传媒、世通华纳、巴士在线进行整合以联播网的方式进行广告营销，华视传媒广告资源优势集中在一线城市，而世通华纳在二、三线城市的优势明显。全国列车电视媒体广告资源由原来的广源传媒与亿品传媒合并成立的鼎程传媒联播运营。

移动电视作为新兴媒体，通过有效的整合，以联播的方式进行广告运营，打破了区域运营商广告经营上的地域限制，实现了户外数字电视全国性的广告价值。有利于移动电视广告行业的快速发展，有利于移动电视媒体广告从补充型媒体向主流发布媒体过渡。

（五）趋势五：移动电视广告跨媒体合作，实现立体营销

2009年10月15日，华视传媒以1.6亿美元对价收购中国最大的地铁电视广告运营商数码媒体集团（DMG）。数码媒体集团此前拥有覆盖8个城市、27条地铁线路的地铁电视广告网。合并后，华视传媒的户外数字移动电视广告联播网将实现"地上地下"无缝覆盖。而在铁路交通领域，鼎程传媒独占中国列车电视广告媒体资源的同时，还整合了动车报纸《青年时讯》和火车站大屏等传播平台。中国高速频道将城际巴士、机场巴士、旅游巴士车载移动电视独家广告经营权揽入囊中，形成了对长途出行人群的有效覆盖。

华视传媒等运营商不断拓展媒体网络覆盖，将覆盖全国的公交移动电视广告联播网、地铁移动电视广告联播网融为一体。视频、平面报纸等媒体形式整合，全程陪伴城市交通出行人群，为受众提供优质的资讯，同时为广告主提供精准的媒体服务，其在国内移动电视行业的规模效应已然显现。

（六）趋势六：三网融合推动"互动"即时广告营销

2010年1月13日国务院总理温家宝主持召开国务院常务会议，决定加快推进电信网、广播电视网和互联网三网融合。2010年7月1日，国务院对外正式公布了第一批三网融合试点城市名单，包括北京、上海、杭州在内的12个城市入围。

在三网融合过程中，移动电视可以采用多种形式进行信号传输，从而使更多的城市交通载体得以运用移动数字电视技术，必将增加移动电视覆盖的范围。与此同时，能够做到即时对视频节目、广告进行传输，广告发布的时效将更加及时，发布的方式将更加多样。随着三网融合的不断深入，互联网的可视交互、互动游戏等功能将会在未来的移动电视上得以运用，必将改变移动电视广告单一的发布形式。互动节目是加强受众对车

载移动电视认同感的良好方式。因为车载移动电视"强迫收视"的特点，使观众可能会对其产生一种与己无关的疏离感。设置互动节目，受众可以通过各种方式参与节目，增加了一个受众群体与移动电视沟通的渠道，而通过互动得以实现的参与式、植入式等广告形式必将受到广告主的青睐。

（七）趋势七：移动电视广告在二三线城市发展势头迅猛

在经济波动中，京沪穗等一线大城市与二三线城市在GDP、居民消费、收入等数据表现出截然不同的状态。CTR市场研究数据也显示，金融危机下，一线特大型城市的居民整体收入、消费增速明显放缓，广告市场也大幅下滑；而二三线区域中心城市继续保持不同程度的增长。

同时，目前特大型城市的市场日趋饱和，潜力巨大的区域中心城市自然成为企业的重点关注对象；加之中国的城镇化水平也在不断提高，居民购买力逐渐增强，许多企业开始重新审视和规划中国市场。销售重点向区域中心城市看齐，决定了市场推广策略也远离特大城市。

面对巨大的商机，许多企业及新媒体公司已加速从特大城市向各省省会、地区经济中心城市延伸发展，以期摆脱下行的泥潭，保持业绩上涨。客观上说，在公交移动电视行业中，拥有大量二、三线城市资源的运营商将拥有更多的发展机会。

（八）趋势八：移动电视广告营销更加专业化

在公交电视初创时期，运营商较注重资源布局和争夺，但随着行业的发展、竞争的加剧，公交电视运营商将更加关注对既有资源的精耕细作，不断打造专业的广告投放平台，对资源结构进行优化，强调跨区大客户的投放和深度挖掘媒体价值。

在强调专注的同时，运营商对于资源平台专业服务的要求也越来越高，在推广上，移动电视推出了各项服务于市场的推广活动；在团队建设上，不断引进适应新媒体的高素质人才；在效果维护上，专业的终端维护队伍日渐成熟；在销售上，专业、国际化的销售刊播服务人员正从传统成熟媒体向移动电视等新兴媒体流动。

在收视标准推出前，由于不能有效地评估投放效果，广告投放处于试水阶段，这极大地抑制了行业发展。2008年，移动电视运营商纷纷与权威市场研究公司合作推出了公交移动电视行业的收视评估标准。世通华纳携手尼尔森，华视传媒、CCTV移动传媒与CTR市场研究合作，分别推出了公交移动电视收视率调查标准，这对国内公交移动电视的发展来说具有里程碑的意义。收视标准的推出，企业主、4A公司还有媒体都从中受益。特别是可以让广告主凭收视率的高低来购买广告价位，为精准营销提供了便利。在经济危机下，企业和4A公司对公交电视的频频眷顾，也在客观上说明了投放评估标准获得了各方的认可。

未来消费者行为将越来越多元化，从单方面被动地接受品牌传播到参与互动。为了更准确、更深入地了解消费者的需求，许多广告主及4A公司将继续加大投入更深入的研究消费者的消费行为，以便于更好地利用有限的预算进行精准营销。

安吉斯媒体集团大中华区开发了全新的调研工具CCS（Consume Connection Study），透过这些样本，可以看到新兴市场的消费潜力，同时也对这些市场有更深入的了解。世通华纳也开发了国内户外视频媒体第一个销售管理和媒介策略工具BCA（BCA地面覆盖管家），该工具着重解决核心受众和覆盖资源的解读难题，拉近广告主和目标消费者的距离，方便广告主进行投放决策。

第十章

新媒体广告监管

第一节 新媒体广告监管的特征与难点

近年来,新媒体广告在我国媒体广告产业中不断发展壮大,新媒体广告的触角已深入到社会生活的方方面面。本书所讲到的新媒体广告是指将新媒体作为传播载体的广告。包括互联网广告、搜索引擎广告、即时通讯、博客、游戏广告、手机广告、户外液晶电视广告等类别,因此,新媒体广告监管主要涉及上述广告类型及其形式。

一、新媒体广告问题

对于新媒体这位赶赴广告"大餐"的后来者,尽管它发展迅速但也有诸多与生俱来的不足,暴露出种种问题,新媒体广告目前存在的问题包括以下方面。

(一)单方发布,违规广告多

一些新媒体广告在未经有关部门审核的情况下,广告发布者就可以通过各种平台单方发布,一些商家在追逐利益最大化的同时难免会发布违规广告,损害了消费者的权益。

(二)诚信缺失,存在广告欺诈

互联网的虚拟性,增加了网上商业活动和建立互联网信用环境的难度。一些不法商家利用法律和监管漏洞发布虚假欺诈信息来牟利,甚至设置消费陷阱,蒙骗消费者。

(三)广告粗制滥造,缺乏创新

一些户外新媒体如楼宇液晶电视、车载移动电视等广告制作低俗、缺少文化内涵,广告设计不求创新，简单粗糙。比如某些地区公交车上的移动电视时常会播放一些恶俗广告，让人大跌眼镜。

（四）手机短信广告泛滥成灾

手机短信从其"出生"的短短几年中，已发展到今天日均8亿多条的天文数字。在这浩如烟海的手机短信中，夹杂着大量毫无价值的垃圾短信，这类让接受者十分反感的垃圾短信影响了手机广告的正常发展。

（五）监管难度大

新型媒介及新传播技术的不断涌现使得广告市场更加复杂多元，新概念层出不穷，让广告监管面临前所未有的多维环境，驾驭难度大大提升。比如关于新媒体广告监管我国尚未出现一套完整的运作模式，新媒体广告的快速发展与相关法律法规的滞后之间的矛盾日渐凸显，使执法机关的监管难度增大。

二、新媒体广告监管

广告监管之于广告活动，如影随形。从这个意义上说，中国的广告监管与中国广告业的发展紧密相连。

广告监管是指广告管理机构、广告行业协会及社会监督组织，依照广告的相关法律、法规和政策规定，对广告行业和广告活动实施的监督、管理、协调与控制活动。目前，世界各国根据各自的国情采取多种方法对广告行业进行监管。主要有政府监管、行业自律、社会监督机制等方式。

（一）当前广告监管模式

在监管上，我国新媒体广告监管承袭了传统的监管模式。我国广告监管主要由广告行政监管（包括广告审查制度）、广告行业自律和广告社会监督3个子系统构成。

广告行政监管是我国现阶段进行广告监管的一种主要方法，它的最高行政机关是国家工商行政管理总局。县级以上各地方工商部门下属的广告司、广告处、广告科、广告股（或室）构成自上而下的广告管理行政体系。

广告行业自律是一种由广告从业者成立行业组织，制定行业章程和行业规则的行为，由广告行业自律组织和广告行业自律规则两个方面组成。中国广告行业自律组织中最有影响力的当数中国广告协会，其在1990年制定了《广告行业自律规则》。

广告社会监督则是广大消费者通过广告社会监督组织借助媒体等的作用来依法对广告进行日常监督行为，在我国，广告社会监督组织主要是指中国消费者协会和各地的消费者协会。

可以这样来定义中国广告监管体制——政府主导型的广告监管体制。这一广告监管体制的突出特点是"政府监管为主、行业自律为辅"，且是一种多部门协作的广告监管模式。除了工商行政管理部门对广告的监管外，特定的行业主管部门也对广告的监管负有责任。比如，食品药品监督部门对药品广告、卫生部门对医疗广告的前置审批等。应该说，我国建立起了政府监管、部门配合、行业自律、社会监督的管理模式。这个体制和管理模式能够维护规范有序公平竞争的广告市场秩序，营造和谐诚信、有利发展的广告市场环境并保障广告业持续稳定发展。但是，面对网络、手机等新的信息传播方式，这种管理模式有时显得无所适从。

（二）新媒体广告监管问题

随着新兴媒体层出不穷，监管范围逐步扩大，广告监管工作遇到更多新情况、新问题，所以在新媒体的环境下，传统广告监管模式必然会显示出多方面的不适应，诸如监管主体配合失调、监管对象不明确、监管层次和水平与监管对象和广告活动的新特点、新变化不相适应、监管方面的制度与法规不完善、操作体系不健全等问题。另外，目前广告监管队伍总体素质还不能完全适应新形势、新任务的要求。宏观上，新媒体广告监管有以下几方面问题。

1. 新媒体广告法规模糊滞后

面对变化多端的新媒体广告市场，我国广告法规显得模糊不清，同时在广告行业自律又严重发育不良的情况下，新媒体广告中大量打"擦边球"的变相违规广告屡屡得手。广告法因模糊和滞后性而无从援引。

2. 新媒体广告监管方式"无计可施"

目前广告监管技术的研发和建设仍然跟不上飞速发展的广告发布手段。手机短信广告，楼宇广告，巴士、出租汽车等交通工具上的移动媒体广告等新媒体广告发布形式"花样百出"，侵害消费者和危害社会的情况越来越多。如果广告监管对此"无计可施"，将会造成严重的社会后果。

3. 新媒体广告监管力量"捉襟见肘"

中国媒体市场和广告市场发展日益壮大。无论是媒体数量、广告从业人员数量，还是广告经营市场的规模，都在高速增长。但是，作为广告监管体制中的核心力量——广告行政监管队伍，没有也不可能随着广告市场的膨胀而不断扩编。这让广告监管陷入了疲于奔命的窘况。

（三）新媒体广告监管建议

1. 监管思路

新媒体广告正以生机勃勃的态势向前发展，其发展过程中鱼龙混杂、泥沙俱下也在所难免。新媒体广告要想良性发展，必须立足于"政府主导、立法先行、行业自律、统筹实施"的思路上，再对新媒体广告加以引导、规范和监管。

基于这种认识，有学者指出，应建立适应数字媒体特点的内容监管体系和操作机制，应遵循整合性、层次化和兼容性原则进行统一管理，将行业管理、行业自律、机构自律、用户自律等与政府管理有机结合，注重公共利益与个人权利的兼容、新媒体与老媒体的兼容、内容管理与基础设施管理的兼容、人工管理与技术管理的兼容。更有学者将管理细化为党的领导、依法监管、科学监管、独立监管、统一监管、透明监管、有效监管、动态监管、协调监管和公众参与10个原则。①

2. 对新媒体广告监管的几点建议

新媒体广告监管，可以通过立法、技术、管理人员3个方面的专业化建设来全方面提升广告监测水平。

（1）加强立法。建立和完善与新媒体广告相关的法律制度，制定科学规范的行业标准，将新媒体广告置于各相关部门的全方位监管之下。如完善新媒体广告的严格准入制度，要求新媒体办理广告经营许可证，确认主体资格；实行广告备案制度，网络、移动通信服务商应该每月将新媒体广告样件提交工商机关备案等。

（2）创新监测技术。进行专项技术研发，解决新媒体广告监管的技术难题，将更多新媒体纳入监测，使广告监管机关通过高科技手段实现对新媒体广告的高效能监管。如上海市工商局研发的互联网广告巡查系统，在对上海所有IP地址段网站广告巡查的基础上，通过与上海企业数据库的自动比对和工信部ICP注册（备案）信息的自动比对，使得互联网广告监测更有针对性。

（3）合理配置广告监管力量。广告监管机关要加大培训力度，培养一批业务素质强、专业知识水平高的监管干部，并依据职责分工，明确各相关职能部门的工作任务，做到分工明确，责任清晰。如监管网络的部门就有工信、公安、工商等，确保广告监测力量有效配置。

（4）借助联席会议平台。上海市工商部门牵头成立了整治虚假违法广告专项行动联席会议，充分发挥了有关成员单位的职能作用。成员单位新吸纳了房管、教育、银监、证监、旅游和新闻主管部门。通过联合商议整治目标措施，联合开展专项检查，联合实施媒体或行业告诫，联合制定规范性文件等，目前上海市已形成了工商牵头，广告监管、媒体主管和行业管理多管齐下、综合治理的整治工作机制，为其广告市场秩序的持续规范和健康发展奠定了较好的管理基础②。

新媒体广告在我国媒体广告产业中不断发展壮大，因此如何利用与使用新媒体广告，让它能够更好更快地发展，将是今后研究新媒体的重心之一。而监管模式对新媒体的未来可能生死攸关，当下，我国正加大力度创新监管体制。结合国情，探求新媒体监管切实可行的模式，找到新媒体发展需要的制度创新和政策调整方案，可能是未来新媒体研究最需要的。③

---

① 赵高辉，李小翠．用发展的眼光理性透视：2007年新媒体研究综述．新闻记者，2008（4）．
② 上海市工商局．注重效能优化 提高广告监管工作的有效性．工商行政管理，2010（10）．
③ 赵高辉，李小翠．用发展的眼光理性透视：2007年新媒体研究综述．新闻记者，2008（4）．

第二节　互联网广告的监管问题

一、网络广告存在的问题

互联网的迅猛发展，使得网络广告在当今社会显得尤为重要。它不仅占据着日益壮大的广告市场，而且对网络经济的飞速发展起到了巨大的媒介和宣传作用。但目前网络广告也出现了诸多不良因素：有些网站发布虚假广告、色情广告、未经有关部门审核的广告和法律法规禁止发布的广告，有些特殊商品广告发布前未经有关部门审查，还有些网站在广告经营中存在着不正当竞争行为等。

我国网络广告仍处于不成熟阶段，缺乏规范性，存在很多问题。具体如下。

（一）行业发展无序，社会认可度不高

目前国内尚无一套完整的监管制度来对网络广告进行从制作到发布的全程透彻跟踪和监控，违禁、虚假广告频繁出现，虽然网络广告规模持续迅速增长，但经营理念、创意等不够成熟，行业的整体状态也尚属自发无序阶段。

据调查，相比传统媒体广告，网民对网络广告的接受程度较低，也很少主动去关注或点击网络广告，并对广告内容存在不信任感。因此广大用户对网络广告的认可度并不高。

（二）网络广告发布的无序性

由于网络广告还处于自发、缺乏控制的状态，一些不法分子利用网络广告欺骗用户的行为时有发生，各种各样的不实广告充斥网上，广告内容的真实性、合法性缺乏保障。一些企业利用网络发布不受限制的特点，在互联网上进行虚假宣传，欺骗、误导消费者，导致网络广告市场混乱。

（三）网络广告骚扰现象严重

1. 强迫性广告过多

强迫性广告，简单地说就是强制消费者观看广告。网民在打开、浏览网页或下载的过程中，会突然弹出一些带有强迫性阅读特征的网络广告，甚至不点击还无法关闭，严重影响用户浏览和阅读网页。

2. 垃圾电子邮件广告泛滥

电子邮件以其成本低，速度快，覆盖面广的特点，催生了大批广告商借此滥发垃圾广告的情况。对于用户而言，邮箱充斥大量垃圾邮件，严重占用信箱空间，并且那些夹插在重要邮件中的垃圾广告会混淆用户的判断，甚至可能致使重要邮件无法接收或被用户失误删除的恶果。

二、我国网络广告监管情况

目前网络广告的监管存在许多困难和问题。在网络广告法系的建设方面仍处于起步阶段，缺乏完整、规范的法律体系和监督管理体制。比如我国现行《广告法》对网络广告的监管基本没有涉及，而在已颁布实施的其他相关互联网法律法规（《互联网信息服务管理办法》、《经营性网站备案登记管理暂行办法》和《互联网电子公告服务管理规定》等）中，也都很少涉及网络广告管理方面的内容。因此网络广告立法的空白，致使违法广告泛滥，这些都严重制约着网络广告的发展。

针对这种现状，国家工商管理部门开展各种网络广告的管理试点工作，以探索网络广告的有效监管方式。同时，各监管单位也加强了对互联网广告的监管，并对网络广告的规律有了更深的认识，初步制定了一些管理法规。当前，国内已有几个城市的工商部门颁布了网络广告管理暂行办法，如《北京市网络广告管理暂行办法》，用以规范网络广告内容和广告经营活动。之后，中国互联网协会成立，成为网络广告规范化的主要推动力量。北京市工商局自主开发的网络广告监测系统开通，进一步加大了网络广告监管的力度。

但是，互联网广告的复杂性使得建立科学系统的监管体系尚需时日。互联网广告监管机制尚不健全。首先是监管部门自身机制不健全。网络广告监管有别于传统媒体广告监管，对于广告监管部门来说有一种陌生感，无模式可循，管理不知从何处入手。其次是网络广告管理法规严重滞后。目前网络广告经营还处于一种自发无序状态，工商行政管理机关对网络广告的监督管理常处于被动状态，管理法规和管理手段严重滞后。

因此如何对网络广告进行有效监管，是一个重大课题，需要加强研究。现阶段，我国采用的是政府主导模式，即强调政府在互联网络管理中的作用，通过政府立法和网络过滤的技术手段对网络进行管理。就目前而言，这种管理模式基本上处于探索阶段。

三、我国网络广告监管难点

网络广告发展中存在的问题使得网络广告的监管势在必行，但网络广告的虚拟性、无地界、跨国界等特点，以及违法广告发布手段的不断翻新，决定了工商行政管理部门对网络广告监管的难度。网络广告监管主要存在以下几个难点。

（一）法律依据难寻找

目前我国没有针对网络广告管理的专门法律法规及工商机关出台的规范性文件。北京发布的《北京市网络广告管理暂行办法》，也主要集中在对网络经营单位的备案上。而网络经营行为又具有特殊性，现有的各法律法规不能完全适应监管网络广告的需要，给依法行政带来困难。

（二）违法证据难确定

查处违法广告关键在于证据的认定，但网上内容可以任意修改，不留痕迹。一些违法网络广告可以立即销赃，这样寻找网络广告违法证据存在争议。且电子证据易丢失或随意删除，当事人完全可以对违法事实加以否认。

（三）执法手段难到位

主要包括：对网络广告监管的硬件设施不到位，没有对专门用于上网的计算机进行监控；查处机构不到位，多数工商局没有专门管理网上交易行为和对网上违法广告进行查处的机构；人员素质不到位，不少工商执法人员不了解网络广告经营者的特征与现状，缺乏对违法网络广告进行鉴别和查处的能力。

（四）违法行为难管辖

网络本是虚拟空间，违法广告经营者未披露真实的经营地址和名称，就难以寻找。即使有真实的地址和名称，有的违法者远在外地，有的本身就是皮包公司，出事后人去楼空，处罚决定书将成为一纸空文，行政处罚难以执行。

（五）违法责任难追究

互联网不受时间、空间、国界的限制，只要具备上网条件，任何人都可以上网浏览。在这种情况下，一个违法广告的发布，受害者很可能涉及不同国家，甚至分布在全世界，如何界定违法行为的发生地和管辖权，是一大难题。

四、加强网络广告监管的对策

（一）借鉴美国网络广告监管模式

互联网起源于美国，并且最先在美国得以发展和壮大，因此，美国政府已经有了一套较为完善的互联网管理体系，基本上已经形成了较为成熟的政府指导下行业自律为主的管理模式。这种模式不仅符合美国国情，而且在一定程度上，确实反映了互联网管理的某些规律。考察美国对于互联网的监管方式，有助于取长补短，借鉴别人的先进经验，立足自身实际，更为有效地促进我国互联网事业的快速发展。

美国政府对于互联网的管理，大致可以分为立法管理、技术监管、自律引导、市场调节、国际合作5个方面。①

1. 立法管理

美国政府对于因特网的管理一向倡导"少干预，重自律"的原则，在立法方面采取了积极的措施并取得了实质性的进展。

在立法层面上，美国采取一定程度的控制，从国会到州，美国在不同层面上制定了具有不同监管范围和效力的法律法规，甚至在很多州立法案中，还加强了对网络广告的规定和违规处罚力度。而对于互联网所传播的内容的管理，既不大包大揽，也不不闻不问，既有控制，又有调节。

2. 技术监管

包括美国在内的很多国家都是在其对传统媒介广告监管模式的基础上，借助许多高

---

① 王静静. 从美国政府的互联网管理看其对中国的借鉴［D］. 武汉：华中科技大学传播学专业，2006.

科技的技术手段，对网络内容管理的模式进行进一步的发展和调整。如美国运用到分级系统、过滤系统、"网络保姆"等技术来达到监管的目的。

3. 自律引导

美国政府在道德自律方面一直倡导著名的"摩西十诫"；在行业自律引导方面，美国政府一般是本着"少干预，重自律"的管理思路，往往只采取最低限度的干预，提倡民间行业、企业和网络用户个人的自律。

4. 市场调节

美国政府积极为网络发展营造宽松、安全、良好的政策环境，并不断地加以调整以适应市场的变革。

5. 国际合作

在互联网管理上，美国政府充分利用了著名的互联网协会ISOC（Internet Society）的效力及形形色色的国际会议、国际性公约，通过这种政府间或非政府间直接交涉的形式，就互联网上出现的某些重要问题进行研究讨论，有利于加速问题的解决。

同美国等一些国家已经形成的较为完备、全面的互联网管理体系相比，我国还处于寻找网络管理模式道路的阶段。在既无现有经验可以借鉴，又无固定模式可以遵循的情况下，对国外的网络管理方法和规制手段的移植便成为当前我国管理互联网、促进互联网事业发展应作的重要工作之一。

（二）网络广告监管对策

为规范网络广告市场和网络公司的广告行为，保护网络用户、消费者、经营者的合法权益，使网络广告走上规范化、法制化道路，构建一个综合性的网络广告监管框架体系是极其重要而且迫切的。[1]

1. 完善法律，做到有法可依

目前，国内作为调整广告业的《广告法》和维护市场秩序的《反不正当竞争法》、《消费者权益保护法》都还没有针对网络广告作专门规定。因此，应当对上述3部法律进行必要的修改，将网络广告纳入其调整范围。如：明确网络广告的定义、范围；对广告主、广告经营者、广告发布者进行清楚的定位；建立广告内容、主体资格、审批权限、审查、登记、备案等制度，解决主体界限的划分与市场准入资格问题；完善网络广告登记审查制度，按照规定对网络广告的经营主体、发布的广告内容、发布主页及发布形式进行审查登记。

2. 完善广告监管体制

（1）放宽互联网广告市场准入门槛。允许已经依法履行备案手续的非经营性网站经营发布广告，将广告联盟纳入监管范围，对其进行严格审查。

（2）实行市场准入登记管理。建议广告监督管理部门和域名登记管理部门协同管理，对没有取得经营主体资格的，域名登记管理部门一般不予受理域名申请；对准予域

---

[1] 安娜. 网络广告监管的难点与对策. 中国工商管理研究，2009（9）.

名登记的，域名登记管理部门将有关登记信息抄告工商部门，以便实现有效监管。

（3）创新监管方式。运用技术手段推动监管工作，建立一个网络广告跟踪系统，同时借鉴金融系统的信用评级系统，采取定期检查与随机抽查相结合，对网络广告商发布的网络广告进行检查，根据检查结果评定其信用等级，并将评定结果向公众公布。对于信用评级较差的网络广告商处以罚款甚至取消其营业执照。

（4）放宽个人网站发布广告的合法行为。对于非网络服务商及个人所做的一般网上宣传，不视为专业性广告经营活动，可作为自身宣传，实行备案管理。对于网络服务商相互链接的广告形式，可不纳入重点管理范围，也不需要备案，实行事后监管。

3. 建立健全联席会议制度

加强与通信管理、公安等部门的沟通协作机制，通信管理部门对发布违法广告的互联网站实施行政处罚直到关停网站、吊销ICP许可证等。

4. 积极引导行业自律

要建立完善的网络广告监管的法律环境，就必须建立行业组织、发挥组织的作用。可确立网络广告行业自律规则，强化行业自律，填补政府广告监管机关职能调整后留下的空白。自律模式已经取得了各国政府和国际社会的认同。

重视互联网自律引导，首先要由行业组织制定自律规范；其次要坚持政府管理与ISP、ICP自律相结合，即政府管理与ISP（因特网服务提供商）、ICP（因特网内容提供商）自律相结合。

5. 舆论监督、群众参与

应重视舆论监督，积极动员广大网民和消费者对网络广告实行监督，建立举报制度、监督制度、网上购物保护制度等，以规范网络广告市场秩序，促进网络经济的发展。

第三节　短信广告的监管问题

一、短信广告概况

（一）短信广告概念

短信广告属于手机广告。手机广告是以手机媒体为平台发布的广告。手机广告有多种类型，包括短信广告、彩信广告、WAP网站广告、手机搜索广告、手机终端短信广告、WAP Push点击呼叫广告和二维码广告。短信广告是最早的手机广告形式，到目前为止也是规模最大、问题最多的手机广告形式。

手机短信是近年来伴随着网络技术的高速发展而出现的一项电信增值服务，利用网站及其他方式与移动通信网相联的短信息服务系统，通过移动通信网向移动用户发布或传播文字、数据、图像等形式信息的经营活动。一般认为，短信广告是广告主以付费的方式，以手机短信为广告媒介，委托短信息代理商（运营商），以对方手机为接收终端，通过相关工作台站及网络发布和传输商品或劳务信息以促成购买的传播活动。

艾瑞咨询数据显示，在所有类型的手机广告中，短信广告依然是手机用户最经常接触到的广告形式。接受到的短信广告主要涉及房产、财经、电影、音乐、IT产品、汽车、旅游和服装等。

（二）短信广告优势

短信广告以其制作周期短、传达速度快、针对性强等多种优势独秀于众多新媒体广告中。具体来说，短信广告具有以下优势。

（1）终端用户多：据最新统计数据，中国手机用户数量近7.4亿。

（2）发布速度快：不论是白天还是晚上，手机短信可随时发布，手机用户几分钟内就可收到，特别是紧急的宣传活动，手机短信非常适合。

（3）发布成本低：短信广告发布，1角钱一条，在相同的广告宣传费用下，手机短信的受众用户要比传统媒体的受众用户多出数倍。如短信群发广告就是一种富于创意而经济的全新直投式广告形式，很具经济效益。

（4）定向目标准：可以根据选定的号码或号段发送，定向到地区和人群，精确锁定消费者，直观型的"一对一"营销方式有利于精确锁定消费者。

（5）广告送达率高：手机用户收到短信后都会去查阅，只有查看到短信息，短信息才会消除，所以能够达到95%以上的查看率。

二、手机短信广告存在的问题

使用手机的人常常会"被"手机短信"广而告之"。有开业庆典、节日促销的，有交友、推销商品的，有家教、高利贷、房产中介、机票打折、刻章办证的，有兜售假文凭、假证件、假发票、假钞的，有售春药、从事色情服务的……

于是，具有自己优势特点的短信广告被冠以了"垃圾短信"、"违法短信"、"虚假短信"等坏名。必须明确，短信广告本身并无所谓好坏，它也是一种正常的广告形式，但却避免不了"垃圾广告"、"违法广告"的出现。随着近几年这种短信广告的不断出现，几乎所有的手机使用者都无法摆脱各种各样的商品和服务信息的侵扰。

正是由于短信息存在传播方式上的量贩性、接受方式上的被迫性、内容上的无法预辨性及接收时的骚扰性，发布信息中群发短信的行径才致使不良短信息广告未经用户同意，乘虚而入，而这种大量的私人通信以外的信息，必然会对用户造成某种程度上的困扰。一方面，短信广告的大量滋生使受众产生反感，从法律层面分析，它侵犯了手机用户的隐私权、通信自由权、消费自由权、消费知情权、虚假短信广告侵害手机用户财产权；另一方面，短信广告的制作者、发送者专业性不强，短信内容大多未经过精心创意和严格审查，质量不高。尤其是诈骗、骚扰、非法等内容的短信存在，使受众对短信广告产生了强烈的不信任感。

总的来说,目前我国的短信广告数量不少,但质量不高,有的反而成了"扰民广告"、"欺诈广告",这些都是我国手机短信广告在发展中存在的问题。

三、短信广告监管难点

目前,我国短信广告的市场运作非常不规范,还未形成完整的价值链和成熟的经营、监管体系。一些业内人士坦言,电视广告、报纸广告、杂志等广告的发布,必须有合法许可证和运营证,就连新兴的网络广告也逐渐建立起一套管理模式。然而,手机广告却没有完善的审查监管机制。手机短信广告监管已成困局。目前,我国短信广告的监管问题主要有以下4方面。

(一)监管难点之一:广告各活动主体身份重叠,增加确定难度

在短信广告中,广告主、广告经营者、广告发布者的界限与定位是非常模糊的,有的是合二为一,有的甚至是合三为一。

短信广告的发布者不但包括电信运营商、移动增值业务提供商(SP),而且包括直接发送广告的商家和个人,SP多是集广告经营者与广告发布者两种角色于一身,宣传企业自身产品或服务的通信公司则将广告主、广告经营者和广告发布者3种角色集于一身,甚至任何懂得使用短信发布软件的人都可以通过网络向受众发送短信广告。广告发布者非常分散,在这种情况下虚假广告泛滥,而执法部门又无法知道发送者的真实身份,追查违法短信广告的发布源头成为监管中的一大难题。另外,现在的手机网络不受时间、地域的限制,只要具备相应手机短信群发设施,任何人都可能收到违法广告。如何界定违法行为发生地和管辖权,这成了一大难题。

(二)监管难点二:多样化的广告表现形式带来的监管难题

手机短信分为普通短信息服务、增强型短信息服务和第三代多媒体短信息服务3种。其中,MMS不但可以传递文字信息、彩色图片,而且可以传播音效、活动视频等内容。可以想象,随着技术的革新,未来的短信广告可能涵盖游戏广告、声音广告、动画广告、互动广告等形式,这意味着对于广告的界定将会越来越难。例如,定制广告这种以信息服务的方式发布的广告,到底是广告还是信息服务?嵌入在手机铃声中的企业宣传语,到底是广告还是铃声?带有互动内容和趣味性的广告,到底是广告还是游戏?这些都将成为监管的一大难题。①

(三)监管难点三:监管主体之间的协作难题

电信监管机构、工商管理部门都有权利对短信广告发布行为进行规范和监管。由于电信业务经营者控制了短信广告传播的通道,短信广告监管极大程度上依赖于电信行业管理部门在技术上、管理上的合作。不同部门存在不同的利益,怎样与电信监管机构分

---

① 贾嫚丽. 手机短信广告研究 [D]. 郑州:河南大学新闻学专业,2009.

工合作、求同存异，成为短信广告监管中的又一难题。

(四) 监管难点四：监管缺乏法律依据

对于短信广告的监管，尽管有一些法律和行政法规可以利用，如由信息产业部牵头起草的《短消息服务管理办法》，但它们或是针对性不强或是难以对一些性质不太严重未触及刑法的行为进行制约，对于专门的短信广告监管指导性不强。我国《广告法》也没有对手机短信广告的法律法规责任作出明确、具体的规定。2005年1月国家工商总局与信息产业部联合下发的《关于禁止发布含有不良内容声讯、短信息等电信信息服务广告的通知》，也未对这一问题提出较为系统和具体的监管方案。

四、短信广告监管策略

(一) 国外监管策略

我国可以借鉴有些国家和地区的管理经验，对现实生活中发生的问题加以解决，同时对未来可能出现的问题进行前瞻性思考，从而建立一个有序而充满活力的手机短信广告市场。

1. 德国：短信推销需征得同意

德国手机号码实行入网登记实名制。买手机时，用户必须出示身份证，其身份证号码、住址等信息将被输入电信运营商的数据库。同时，新客户将签订一份合同，合同中明令禁止发送垃圾短信。

德国国会在2003年通过了"联邦反垃圾邮件法案"（包括短信）。它规定，向用户推销商品和服务的手机短信均要征得用户的书面同意。如果发送色情等非正常信息，将追究刑事责任。获得用户同意的广告商在发布手机短信广告时，必须注明"广告"字样和发送者的单位及电话等。

此外，德国政府和监察部门还成立了一个"联邦手机短信处理中心"，用来处理有关违规者及解答普通用户的问题，同时向用户宣传怎么杜绝垃圾短信。

在技术层面，德国规定各运营商和短信广告商必须签订杜绝滥发行为协议。为此，各运营商纷纷创新短信管理技术。如一公司推出的移动短信中心平台，用户可以自动屏蔽那些一天内发送量超过上百次的短信。2009年，该公司与300多个滥发短信的用户解除了合同。

2. 印度：违法传播信息的"黑名单"制度[①]

在印度，各运营商正在逐步完善"黑名单"制度。印度目前有数十个电信运营商，它们均被政府要求每年提交关于阻止垃圾短信传播的正式书面报告。目前被广泛应用的是来源追踪手段，查找每一条垃圾短信的初始来源，如果发现某一用户成为大量垃圾短信的集中地，便会将其列入"黑名单"，取消手机入网的资格。除此之外，部分运营商

---

① 申琦.试论我国手机广告法律监管.现代传播，2010 (2).

还利用一些如关键词屏蔽过滤、禁止大规模群发服务等手段,通过各种方法堵塞垃圾短信的传播渠道。

3. 韩国:完善手机短信的接收系统

韩国的立法工作极具借鉴意义。韩国注重完善手机短信的接收系统,规定广告商在发布手机短信广告时,必须注明"广告"字样和发送者的单位及联系方式。所有手机均应具有一种对短信"选择退出"功能,用户对不感兴趣的短信广告可以采取退出方式,同时,为了保护手机用户隐私权、安宁权、休息权等,限定商家在每天晚9时到第二天上午8时之间不得违规发送短信广告。滥发短信广告者将受到高额罚款。

(二)短信广告的监管对策

要根治垃圾短信,必须依靠相关立法、技术改革、运营商及各监管部门的监管、加强道德规范等因素之间的互动结合,实现短信息产业的良性发展。

1. 完善相关立法

我国目前在法律上对短信广告的监管并没有明确规定,在立法上还是空白。针对目前手机短信广告的种种特点,国家应对手机短信广告监管尽快立法,将手机短信广告纳入其调整的范围,建立和完善手机短信广告监管体系,明确运营商与广告经营者的法律责任,真正使手机短信商业广告这一新型广告形式得到合法有序发展。[①]

比如,运营商未经同意而强迫消费者接受手机短信广告的行为,可以要求运营商承担侵权损害连带赔偿责任;鉴于短信广告群发造成的一些问题,可出台法律,根据发布短信广告数量、内容虚假情况来确定罪与非罪的标准;短信广告在实行属地管辖为主的同时,对所有受到违法短信广告危害地区的工商行政管理机关也可以管理;另外,发布短信广告还可以要求通信运营商必须事先取得《广告经营许可证》方可对外承接短信广告业务等。

2. 加强监管力度

电信、网络公司要加强管理力度,明确责任,制定切实可行的预防措施,并相互协调,共同监督。要加强对短信广告内容监管的力度,密切关注合法途径发布的短信广告,同时认真审查短信广告的内容是否符合法律法规的规定。对短信息进行充分过滤,对涉及色情、人身攻击内容的短信要立即删除,对情节恶劣的要追究当事人的责任。

3. 强化技术手段

首先在短信广告内容设计方面要增强趣味性、针对性和互动性;其次可以设定统一的手机行业技术标准,用技术手段自动识别短信广告;第三,相关人士提出可以为手机安装防火墙软件,用户安装后,可以根据黑白名单等关键字和号码段的设置来自动拦截垃圾短信。

---

① 邵明涛. 手机短信广告合法性问题及对策思考. 现代企业教育,2009(8).

4. 加强运营商及各监管部门的监管

有业内人士认为：目前短信广告市场的混乱更大程度上归因于整个产业链的缺陷。电信运营商提供 SP 端口，广告代理商通过取得端口为广告主发布有偿广告，并与运营商进行利润分成，这三者属于相互合作的共赢关系，但目前这种合作缺少成熟的监管分工和问责机制。因此，要实现短信广告的规范化运作，必须建立一个主导型主体作为这三方与手机用户沟通的中介，而掌握重要端口资源的电信运营商是最佳选择。[1]

另外，运营商要严格短信息市场准入制，加强短信息服务提供商业务内容管理并对短信息用户身份进行有效掌握。

此外，还要加强对运营商责任意识培养和审查能力的培训。帮助运营商树立短信广告责任意识，提高他们的广告审查能力，做到"源头把关"。

5. 注重道德规范的作用

从道德上来规制短信广告主要是针对短信广告主、运营商和手机用户这 3 方主体，其中最重要的是短信广告主的道德意识，从源头上消灭不良短信广告，赢得消费者渐失的对短信的信任感；运营商要加强其责任意识，不随意将手机用户的号码泄露给短信广告主，加强保护消费者权益的意识；手机用户要增强自我防范意识和权利保护意识，不要因贪图小利而上当受骗。要认真鉴别短信广告，自觉对手机短信广告采取防控手段。同时要保证自身不制造、不传播不良短信，有效消除不良短信生存蔓延的空间。

---

[1] 聂晨曦. 短信广告的规范化运作. 现代广告, 2008（10）.

参 考 文 献

[1] 崔保国. 中国传媒产业蓝皮书：2007—2008 年中国传媒产业发展报告中国传媒产业蓝皮书. 北京：清华大学出版社，2008.
[2] 赵子忠. 内容产业论：数字新媒体的核心. 北京：中国传媒大学出版社，2005.
[3] 张建军. 网络广告实务. 南京：东南大学出版社，2002.
[4] 林升梁. 网络广告原理与实务. 厦门：厦门大学出版社，2009.
[5] 高丽华. 新媒体经营. 北京：机械工业出版社，2009.
[6] 陈刚. 新媒体与广告. 北京：中国轻工业出版社，2002.
[7] 巢乃鹏. 网络广告原理与实务. 福州：福建人民出版社，2005.
[8] 谢新洲. 网民分析. 北京：北京大学出版社，2004.
[9] 罗子明. 现代广告概论. 北京：清华大学出版社，2005.
[10] 丁俊杰. 现代广告通论. 北京：中国物价出版社，1996.
[11] 黄升民. 广告调查. 北京：中国物价出版社，1997.
[12] 胡晓云. 广告文案写作. 杭州：浙江大学出版社，2002.
[13] 郭小强. 售点的艺术. 北京：机械工业出版社，2008.
[14] 奥格威. 一个广告人的自白. 北京：中国物价出版社，2003.
[15] 海金斯. 广告写作艺术. 北京：中国友谊出版公司，1991.
[16] 默罕默德. 网络营销. 王刊良，译. 北京：中国财政经济出版社，2004.
[17] LEE K，SEDA C. 搜索引擎广告：网络营销的成功之路. 朱彤，译. 2 版. 北京：电子工业出版社，2010.
[18] 王长潇. 新媒体论纲. 广州：中山大学出版社，2009.
[19] 匡文波. 手机媒体概论. 北京：中国人民大学出版社，2006.
[20] 杜俊飞. 中国网络广告考察报告. 北京：社会科学文献出版社，2007.
[21] 喻国明. 从"内容为王"到"产品为王". 新闻与写作，2007（11）.
[22] 喻国明. "碎片化"语境下传播力量的构建. 新闻与传播，2006（4）.
[23] 匡文波. 2006 新媒体发展回顾. 中国记者，2007（1）.
[24] 钱伟刚. 第四媒体的定义和特征. 新闻实践，2000（7）.
[25] 洵磊. "陆军"与"空军"的完美结合 富媒体营销：公关要与广告相配合. 广告人，2007（8）.

[26] 孙世圃. 网络广告的设计原则. 装饰, 2001（4）.

[27] 黄嘉丽. 选择网络媒体的两个核心指标. 市场观察, 2006（10）.

[28] 辛普. 整合营销沟通. 熊英翔, 译. 5版. 北京：中信出版社, 2003.

[29] 门凤超, 苗军民. 试论搜索引擎的现状与发展. 现代情报, 2008（2）.

[30] 贾桂军, 蔡文艺, 王知军. 竞价排名搜索引擎广告盈利模式分析. 商业时代, 2009（28）.

[31] 戎彦. 即时通讯个人头像及签名位广告价值分析［D］. 宁波：浙江万里学院文化与传播学院, 2009.

[32] 庞怡, 许洪光, 姜媛. 即时通讯工具现状及发展趋势分析. 科技情报开发与经济, 2006（16）.

[33] 殷俊, 孟育耀. 微博的传播特性与发展趋势. 今传媒, 2010（4）.

[34] 许天颖. 中国微博能走多远. 传媒观察, 2010（3）.

[35] 杨蔚. SNS中的游戏体验式广告. 新媒体. 2009（9）.

[36] 孔琳. SNS：植入营销新趋势. 国际公关, 2009（4）.

[37] 石诚. 手机互动广告：叩开精准营销之门. 电子商务世界, 2006（10）.

[38] 赵高辉, 李小翠. 用发展的眼光理性透视：2007年新媒体研究综述. 新闻记者, 2008（4）.

[39] 上海市工商局. 注重效能优化提高广告监管工作的有效性. 工商行政管理, 2010（10）.

[40] 安娜. 网络广告监管的难点与对策. 中国工商管理研究, 2009（9）.

[41] 申琦. 试论我国手机广告法律监管. 现代传播, 2010（2）.

[42] 邵明涛. 手机短信广告合法性问题及对策思考. 现代企业教育, 2009（8）.

[43] 聂晨曦. 短信广告的规范化运作. 现代广告, 2008（10）.

[44] 贾宁. 即时通讯工具及其广告传播［D］. 上海：上海师范大学人文与传播学院, 2007.

[45] 肖珺. 2008年中国移动增值服务市场即将进入新一轮快速发展阶段. 易观国际.

[46] 朱学东博客, http://blog.sina.com.cn/u/4847721e01000528.

[47] http://www.cnii.com.cn/20080623/ca608828.htm.

[48] 艾瑞网, http://news.iresearch.cn/viewpoints/20060210/26102.shtml.

[49] 谷歌发布全球网站流量排行, 中国三家门户进入前20. http://money.163.com/10/0603/09/688CLJ0100251OB6.html.

[50] 张海艳. 网络广告文案的符号学解析. http://www.cce365.com/wenzhang_detail.asp?ID=55974&sPage=2.

[51] 艾瑞分析师孟玮."CPA：'效果'营销最佳拍档：网络广告计费模式价值分

析". 中国论文下载中心, http://www.studa.net/market/081212/11242585. html.

[52] IM进入垂直细分时代,网站即时通讯大放异彩. 搜狐网, http://it.sohu.com/20060913/n245324149.shtml.

[53] 方三文. 微博能不能帮新浪开拓广告蓝海. 凤凰网财经, http://finance.ifeng.com/usstock/realtime/20100804/2478424.shtml.

[54] 微博流行吸引广告植入. 评：新形式令监管陷入两难. 新浪网, http://news.sina.com.cn/c/2010-03-19/125619899126.shtml.

[55] 即时通讯广告的传播方式. 阿里巴巴博客, http://blog.china.alibaba.com/blog/qyjishitongxun/article/b0-i5234598.html.

[56] 对话链（Chatwords）：网络广告又现新形式. 网易, http://tech.163.com/05/0121/14/1AKKPAUN000915CE.html.

[57] 商刊：内嵌整合是即时通讯未来发展趋势. 硅谷动力网, http://www.enet.com.cn/article/2008/1118/A20081118390361.shtml.